Bescherelle
le chinois
pour tous

Joël Bellassen
Directeur de recherche à l'INALCO

Arnaud Arslangul
Maître de conférences à l'INALCO

© Hatier, Paris, juin 2014   ISSN 2101-1249   ISBN 978-2-218-97888-3

Toute représentation, traduction, adaptation ou reproduction, même partielle, par tous procédés, en tous pays, faite sans autorisation préalable est illicite et exposerait le contrevenant à des poursuites judiciaires.
Réf. : loi du 11 mars 1957, alinéas 2 et 3 de l'article 41.
Une représentation ou reproduction sans autorisation de l'éditeur ou du Centre Français d'Exploitation du droit de Copie (20, rue des Grands Augustins, 75006 Paris) constituerait une contrefaçon sanctionnée par les articles 425 et suivants du Code Pénal.

Conception graphique et réalisation :
c-album, Jean-Baptiste Taisne, Zaijia Huang
Illustrations : Nathalie Dieterlé
Suivi éditorial : Jin Yezhi et Mathilde Pyskir

PRÉSENTATION

Le Chinois pour tous est un ouvrage de référence **accessible à tous ceux qui souhaitent consolider leur chinois pour des raisons scolaires, professionnelles ou personnelles**. Il réunit en **un seul volume** les outils indispensables pour accompagner un apprentissage efficace du chinois.

Cet ouvrage correspond aux niveaux **A2-B1** du Cadre Européen Commun de Référence pour les Langues.

Un ouvrage en quatre parties

- Écriture
Les 125 composants les plus fréquents classés selon le nombre de traits pour repérer et mémoriser les éléments constitutifs des caractères.

- Grammaire
Elle est organisée en 36 chapitres, chacun traitant le point concerné de façon **synthétique** et clairement **hiérarchisée**. L'**exemple**, adapté au niveau visé, relaie et éclaire l'explication. La rubrique « **Notez bien** » cible les sources d'erreurs fréquentes.

- Vocabulaire
Organisé en 21 thèmes, le vocabulaire essentiel avec pour chacun :
  – des **listes** de mots classés par sous-thèmes ;
  – une série d'**énoncés** pour les apprendre en contexte
    (« Un peu de conversation ») ;
  – un « **mini quiz** » pour réactiver les mots clés.

- Traduction : trouver le mot juste
Classés par ordre alphabétique depuis le français, **105** points de passage « délicats » vers le chinois avec, pour chaque entrée, les solutions et leurs exemples.

Des compléments multimédia @

Sur le site www.bescherelle.com, vous trouverez :
– pour vous entraîner **en grammaire**, les **exercices** correspondant à chaque point abordé et **leur corrigé**;
– pour vous entraîner **à l'oral**, l'enregistrement intégral de la rubrique « Un peu de conversation ». Il est signalé par le pictogramme •»).

Ces contenus sont **accessibles gratuitement** pour les utilisateurs du livre par la saisie de mots clés figurant dans l'ouvrage.

SOMMAIRE

ÉCRITURE

LES 125 COMPOSANTS LES PLUS FRÉQUENTS p. 7

GRAMMAIRE

AUTOUR DU NOM

1. Les noms p. 52
2. Les classificateurs nominaux p. 56
3. Les nombres p. 60
4. Interrogatifs et indéfinis p. 66
5. Les pronoms personnels p. 70
6. La particule 的 *de* p. 73
7. Les démonstratifs p. 76
8. Les locatifs p. 78

AUTOUR DU VERBE

9. Les verbes : généralités p. 84
10. Le verbe 是 *shi* p. 90
11. Les verbes auxiliaires p. 92
12. Les qualificatifs p. 96
13. Les coverbes et autres prépositions p. 99
14. Les adverbes : généralités p. 104
15. Les adverbes de degré p. 111
16. 还 *hái*, 又 *yòu* et 再 *zài* p. 113
17. 就 *jiù* et 才 *cái* p. 115
18. L'aspect de l'action réalisée p. 118
19. L'aspect de l'état prolongé p. 122
20. L'aspect de l'expérience vécue p. 124
21. Le composé verbal d'appréciation p. 126
22. Le composé verbal résultatif p. 129
23. Le composé verbal d'obtention du résultat p. 132
24. Le composé verbal directionnel p. 136
25. Le complément de durée p. 141

AUTOUR DE LA PHRASE

26. La phrase : généralités p. 144
27. La phrase interrogative p. 147
28. La phrase exclamative p. 150
29. La particule finale d'actualisation 了 *le* p. 153
30. Les phrases d'existence p. 156
31. Les phrases à pivot p. 159
32. Les phrases comparatives p. 161
33. Le passif p. 166
34. La phrase en 把 *bǎ* p. 169
35. La construction 是……的 *shì... de* p. 173
36. Les phrases complexes p. 175

VOCABULAIRE

1. L'individu p. 184
2. La famille p. 189
3. Le corps, les sens, les mouvements p. 193
4. Les soins quotidiens et la santé p. 197
5. Les sentiments et les émotions p. 201
6. Pensée, opinion, croyance p. 204
7. La nourriture p. 208
8. La cuisine et les repas p. 213
9. La maison p. 216
10. Les courses p. 220
11. Les sports, la culture, les sorties p. 223
12. Les voyages p. 226
13. Le temps qui passe p. 230
14. Le climat p. 234
15. La nature et la protection de l'environnement p. 237
16. L'espace urbain p. 242
17. L'éducation p. 246
18. La vie professionnelle p. 249
19. Les médias p. 252
20. Les outils de communication p. 255
21. La vie en société p. 259

TRADUCTION : trouver le mot juste

105 ENTRÉES EN FRANÇAIS CLASSÉES PAR ORDRE ALPHABÉTIQUE p. 263

INDEX p. 331

****Écriture :**
les 125 composants
les plus fréquents

INTRODUCTION

L'unité première d'un caractère (appelé aussi sinogramme) est le **trait** (horizontal, vertical, descendant gauche, descendant droit, etc.), avec son orientation, son amorce, sa terminaison.
Pour mémoriser un caractère, il faut mémoriser les composants qui le constituent. Ont été sélectionnés ici les **125 composants les plus fréquents** parmi les **caractères les plus courants**.
Chacun est **nommé**, **décrit** et **illustré** par des **exemples**.

DESCRIPTION

Chaque composant peut être porteur de **sens** (valeur sémantique), de **son** (fonction phonétique), de **forme** arbitraire (fonction graphique).
Sont précisées la ou les fonctions possibles du composant, sa ou ses graphies, sa ou ses places dans le caractère.
Enfin, si un composant peut être aussi un caractère, le pinyin et le sens de ce caractère sont indiqués.

EXEMPLES

Quelques exemples de caractères comportant le composant sont proposés pour favoriser le repérage et la mémorisation des composants dans les caractères. Chaque caractère est donc décomposé.
Pour chacun de ses composants est donné son **sens** (entre parenthèses) quand il a une valeur sémantique, ses **traits** quand il a une fonction graphique, le **pinyin** quand il a une fonction phonétique.
Des **quiz** permettent de s'entraîner au repérage et à la mémorisation du composant.

Notez bien
Dans un dictionnaire, l'unité de classement est la clé.
Toutes les clés sont des composants, le plus souvent sémantiques, mais tous les composants ne sont pas des clés.

ÉCRITURE ▶ Introduction

LISTE DES COMPOSANTS

1 亻 l'homme	44 廾 les mains jointes	85 疒 la maladie
2 儿 le petit enfant	45 弓 l'arc	86 目 l'œil
3 八 la séparation	46 川 le cours d'eau	87 钅 le métal
4 宀 le toit à deux traits	47 彡 l'impression sensible	88 矢 la flèche
5 亠 le couvercle	48 彳 le pas du pied gauche	89 石 la pierre
6 讠 la parole	49 门 la porte	90 母 la mère
7 冫 la glace	50 也 le serpent	91 鸟 l'oiseau à queue longue
8 阝 le tertre	51 心 le cœur	92 白 la blancheur
9 阝 la ville	52 戈 la hallebarde	93 且 la natte d'offrande
10 几 la petite table à thé	53 户 le battant de porte	94 戋 la hallebarde brisée
11 刂 le couteau	54 斤 la hache	95 生 la croissance
12 力 la force	55 央 le jade ébréché	96 禾 la céréale
13 匕 l'homme renversé	56 方 l'espace	97 穴 la grotte
14 十 la dizaine	57 巴 le boa	98 立 la station debout
15 卜 la divination	58 日 le soleil	99 交 la liaison
16 厂 l'abri	59 月 la chair / la lune	100 亥 *hài*
17 厶 le privé	60 礻 les rites	101 西 l'ouest
18 又 la main droite	61 元 l'unité	102 竹 le bambou
19 口 la bouche	62 见 la vue	103 米 le riz
20 口 l'espace clos	63 贝 le coquillage	104 页 la tête
21 土 la terre	64 木 l'arbre	105 羊 le mouton
22 士 le lettré	65 欠 l'homme bouche ouverte	106 而 la barbe
23 夂 le pied renversé	66 歩 la vieillesse	107 耳 l'oreille
24 夕 le crépuscule	67 长 la longueur	108 自 le nez
25 辶 la marche rapide	68 殳 la main armée	109 至 la destination
26 亡 la disparition	69 攵 la main tenant un bâton	110 舟 la barque
27 大 la grandeur	70 氵 l'eau	111 艮 *gèn*
28 纟 la soie	71 火 le feu	112 虫 la bestiole
29 饣 la nourriture	72 车 le char	113 罒 le filet
30 女 la femme	73 爪 la griffe	114 角 la corne
31 子 l'enfant	74 牛 le bœuf	115 豆 la coupe à aliments
32 飏 *yáng*	75 犭 l'animal griffu	116 走 la marche
33 扌 la main	76 不 la négation	117 足 le pied
34 宀 le toit	77 止 l'orteil	118 身 le corps
35 艹 l'herbe	78 气 le souffle	119 酉 la boisson fermentée
36 寸 le pouce	79 反 l'opposition	120 里 le hameau
37 小 la petitesse	80 头 la tête	121 其 le tamis
38 尸 le cadavre	81 衤 le vêtement	122 隹 l'oiseau à queue courte
39 马 le cheval	82 玉 le jade	123 雨 la pluie
40 山 la montagne	83 乍 l'encolure de vêtement	124 青 le bleu-vert
41 工 le travail	84 田 le champ	125 革 le cuir travaillé
42 巾 le tissu		
43 广 le hangar		

1 L'HOMME

Ce composant a une valeur sémantique et symbolise l'être humain. Sous la forme 亻, il est placé à gauche. Il peut aussi se présenter sous la forme 人. Dans ce cas, sa place est variable. Le caractère 人 *(rén)* signifie « homme ».

们 *mén*   亻 + 门 *mén* = suffixe du pluriel
休 *xiū*   亻 + 木 (arbre) = repos
从 *cóng*   人 + 人 = suivre
众 *zhòng* 人 + 人 + 人 = foule

2 LE PETIT ENFANT

Ce composant peut avoir une valeur sémantique et dans ce cas symbolise l'homme. Il peut aussi avoir une fonction graphique. Il est placé en position inférieure. Le caractère 儿 *(ér)* signifie « petit enfant ».

元 *yuán*   二 (figurant une tête) + 儿 = tête
兄 *xiōng* 口 (bouche) + 儿 = frère aîné
说 *shuō*   讠 (parole) + 丷 + 口 (bouche) + 儿 = parler
党 *dǎng*   尚 *shàng* + 儿 = parti politique

3 LA SÉPARATION

Ce composant peut avoir une valeur sémantique et dans ce cas symbolise généralement la séparation. Il peut aussi avoir une fonction graphique. Il est placé en position supérieure ou inférieure. Le caractère 八 *(bā)* signifie « huit ».

分 *fēn*   八 + 刀 *dāo* (couteau) = diviser
份 *fèn*   亻 (homme) + 分 *fēn* (diviser) = part
公 *gōng*   八 + 厶 (privé) = public

Mini quiz

1 Retrouvez dans 粉 *fěn* le composant de la séparation.
2 Quel est le sens possible de 粉 : « panier », « farine » ou « marmite » ?

Corrigé
1 粉 (farine) = 米 (riz) + 分 *fēn* (diviser)
2 Farine.

ÉCRITURE ▶ 亻, 儿, 八, 冖, 宀, 讠

4 LE TOIT À DEUX TRAITS

Ce composant peut avoir une valeur sémantique et dans ce cas symbolise ce qui est recouvert. Il peut aussi avoir une fonction graphique. Il est placé en position supérieure.

写 xiě   冖 + 与 = écrire
军 jūn   冖 + 车 (char) = armée
冠 guān   冖 + 元 (tête) + 寸 (pouce) = couronne

5 LE COUVERCLE

Ce composant a le plus souvent une fonction graphique. Il peut avoir une valeur sémantique et dans ce cas symbolise la notion de recouvrir. Il est placé en position supérieure.

六 liù   亠 + 八 = six
市 shì   亠 + 巾 (tissu) = marché
京 jīng   亠 + 口 (bouche) + 小 (petit) = capitale

6 LA PAROLE

Ce composant a une valeur sémantique et symbolise le langage. Sous la forme 讠, il est placé le plus souvent à gauche. Sous la forme 言, il est souvent placé à droite ou en position inférieure. Le caractère 言 (yán) signifie « parole ».

话 huà   讠 + 舌 (langue) = parole
信 xìn   亻 (homme) + 言 = confiance ; lettre
谁 shéi   讠 + 隹 zhuī = qui ?
认 rèn   讠 + 人 rén (homme) = reconnaître

MINI QUIZ

1 De quels composants est constitué le caractère 六 liù ?
2 Combien de fois apparaît le composant de la parole dans cette suite de dix caractères : 到 · 细 · 设 · 连 · 辩 · 阁 · 谈 · 扑 · 和 · 猫 ?

CORRIGÉ
1 亠 (couvercle) + 八 (séparation) = 六 (six)
2 Trois fois : dans 设 shè (établir), 辩 biàn (débattre) et 谈 tán (discuter).

7 LA GLACE

Ce composant a une valeur sémantique et symbolise généralement le froid. Il est le plus souvent placé à gauche.

冰 bīng   冫 + 水 (eau) = glace
冷 lěng   冫 + 令 lìng = froid
冬 dōng   夂 (pied renversé) + 冫 = hiver

8 LE TERTRE

Ce composant a une valeur sémantique et symbolise le tertre, la colline. Il a la même forme que le composant de la ville, mais il est placé à gauche.

阳 yáng   阝 + 日 (soleil) = adret (versant ensoleillé d'une montagne)
阴 yīn   阝 + 月 (lune) = ubac (versant ombragé d'une montagne)
阵 zhèn   阝 + 车 (char) = rangée de soldats
院 yuàn   阝 + 完 wán = cour

9 LA VILLE

Ce composant a une valeur sémantique et symbolise la ville. Il a la même forme que le composant du tertre, mais il est placé à droite.

那 nà   冄 + 阝 = cela
哪 nǎ   口 (bouche) + 那 = où ?
都 dū   者 + 阝 = capitale

MINI QUIZ
De quels composants est constitué le caractère 队 duì ?

CORRIGÉ
阝 (tertre) + 人 (homme) = 队 (équipe)

ÉCRITURE ▶ 冫, 阝, 阝, 几, 刂, 力

10 LA PETITE TABLE À THÉ

Ce composant a une fonction phonétique ou graphique.
Le caractère 几 prononcé jī signifie « petite table à thé ».
Prononcé jǐ, il signifie « combien ? ».

机 jī   木 (arbre) + 几 = machine
凡 fán   几 + 丶 = ordinaire

11 LE COUTEAU

Ce composant a une valeur le plus souvent sémantique
et symbolise généralement l'action de couper.
Sous la forme 刂, il est placé à droite. Sous la forme 刀,
sa place est variable. Le caractère 刀 *(dāo)* signifie
« couteau ».

刃 rèn   刀 + 丶 (désignant la lame) = (le) tranchant
则 zé   贝 (ici : vase) + 刂 = règle de loi
利 lì   禾 (céréale) + 刂 = acéré ; intérêt
到 dào   至 (arriver) + 刂 = arriver

MINI QUIZ
Dans le caractère 到 *dào*, quel est la fonction du composant 刂 ?

Corrigé
La fonction du composant 刂 est phonétique.

12 LA FORCE

Ce composant a une valeur sémantique et symbolise
généralement le mouvement. Il est souvent placé à droite.
Le caractère 力 *(lì)* signifie « force ».

劝 quàn   又 + 力 = conseiller
加 jiā   力 + 口 (bouche) = ajouter
男 nán   田 (champ) + 力 = homme

13 L'HOMME RENVERSÉ

Ce composant a une valeur sémantique et symbolise généralement l'homme. Il est souvent placé à droite.
Le caractère 匕 *(bǐ)* signifie « cuiller ».

北 *běi*   扌 + 匕 = nord
比 *bǐ*   匕 + 匕 = comparer
老 *lǎo*   耂 (vieillesse) + 匕 = vieux

14 LA DIZAINE

Ce composant a généralement une fonction graphique. Sa position est variable.
Le caractère 十 *(shí)* signifie « dix ».

什 *shí*   亻 (homme) + 十 = escouade de dix personnes (vieilli)
什 *shén*   (dans 什么 *shénme*) = quoi ?
计 *jì*   讠 (parole) + 十 = calcul
古 *gǔ*   十 + 口 (bouche) = antique
支 *zhī*   十 + 又 (main droite) = soutenir

15 LA DIVINATION

Ce composant a généralement une fonction phonétique. Il est souvent placé à droite et en position supérieure.
Le caractère 卜 *(bǔ)* signifie « divination ».

补 *bǔ*   衤 (vêtement) + 卜 = raccommoder
外 *wài*   夕 (crépuscule) + 卜 = extérieur
占 *zhān*   卜 + 口 (bouche) = prédire l'avenir
站 *zhàn*   立 (station debout) + 占 *zhān* = se tenir debout

ÉCRITURE ▸ 匕, 十, 卜, 厂, 厶, 又

16 L'ABRI

Ce composant a une fonction graphique et figure un abri.
Il est placé en position supérieure.
Le caractère 厂 *(chǎng)* signifie « usine ».

厅 *tīng*   厂 + 丁 *dīng* = salle
历 *lì*   厂 + 力 *lì* = passé
压 *yā*   厂 + 土 (terre) + ` = presser

17 LE PRIVÉ

Ce composant peut avoir une fonction graphique.
Il peut aussi avoir une valeur sémantique.
Dans ce cas, il symbolise le privé. Sa position est variable.

么 *me*   丿 + 厶 = quoi ? (dans 什么 *shénme*)
去 *qù*   土 (terre) + 厶 = aller
私 *sī*   禾 (céréale) + 厶 = privé

MINI QUIZ
De quels composants est constitué le caractère 公 *gōng* ?

Corrigé : 八 (séparation) + 厶 (privé) = 公 (public)

18 LA MAIN DROITE

Ce composant a généralement une valeur sémantique
et dans ce cas symbolise la main. Il peut aussi avoir
une fonction graphique. Sa position est variable.
Le caractère 又 *(yòu)* signifie « encore ».

汉 *hàn*   氵 (eau) + 又 = l'ethnie Han
仅 *jǐn*   亻 (homme) + 又 = seulement
双 *shuāng*   又 + 又 = paire

19 LA BOUCHE

Ce composant a une valeur sémantique et symbolise généralement la bouche, mais parfois aussi un objet ou un espace. Il est souvent placé à gauche.
Le caractère 口 *(kǒu)* signifie « bouche ».

品 *pǐn* 口 + 口 + 口 = produit ; savourer
吃 *chī* 口 + 乞 *qǐ* = manger
和 *hé*   禾 *hé* (céréale) + 口 = harmonie
合 *hé*   人 + 一 (figurant un couvercle) + 口 = fermer ; réunir

20 L'ESPACE CLOS

Ce composant a une valeur sémantique et symbolise une enceinte, des limites. L'autre composant est placé à l'intérieur de 囗.

国 *guó* 囗 + 玉 (jade) = pays
园 *yuán* 囗 + 元 *yuán* = jardin
回 *huí* 囗 + 口 = revenir
困 *kùn* 囗 + 木 (arbre) = difficulté, entrave

21 LA TERRE

Ce composant a une valeur sémantique et symbolise la terre. Sa position est souvent à gauche. Le caractère 土 *(tǔ)* signifie « terre ».

地 *dì*   土 + 也 (serpent) = sol
在 *zài* 才 (才 *cái* déformé) + 土 = se trouver à
坐 *zuò* 人 (homme) + 人 + 土 = s'asseoir

ÉCRITURE ▸ 口, 囗, 土, 士, 夂, 夕

22 LE LETTRÉ

Ce composant peut symboliser l'homme. Il peut aussi avoir une fonction phonétique ou graphique. Il est généralement placé en position supérieure ou à droite. Le caractère 士 *(shì)* signifie « le lettré ».

声 shēng   士 + 尸 (pierre lithophone) = son
壮 zhuàng   丬 (pièce de bois) + 士 = vigoureux
志 zhì   士 + 心 (cœur) = volonté

23 LE PIED RENVERSÉ

Ce composant a généralement une fonction purement graphique. Il est placé le plus souvent en position supérieure.

冬 dōng   夂 + 冫 (glace) = hiver
务 wù   夂 + 力 (force) = tâche
夏 xià   頁 abrégé (tête) + 夂 = été

MINI QUIZ
De quels composants est constitué le caractère 处 *chù* ?

Corrigé : 夂 (pied renversé) + 卜 *bǔ* (divination) = 处 (lieu)

24 LE CRÉPUSCULE

Ce composant a une valeur sémantique et symbolise un croissant de lune ou parfois un objet, voire une bouche. Sa place est variable. Le caractère 夕 *(xī)* signifie « crépuscule ».

多 duō   夕 + 夕 = nombreux
名 míng   夕 + 口 (bouche) = nom
梦 mèng   林 (petite forêt) + 夕 = rêve

25 LA MARCHE RAPIDE

Ce composant a une valeur sémantique et symbolise le mouvement. Il est généralement placé à gauche.
Il résulte de la déformation du caractère 之 *(zhī)* qui est aujourd'hui une particule de détermination.

边 biān   辶 + 力 (force) = côté
这 zhè   辶 + 文 (langue écrite) = ceci
远 yuǎn   辶 + 元 *yuán* = loin
连 lián   辶 + 车 (char) = attacher

26 LA DISPARITION

Ce composant peut avoir une valeur sémantique et dans ce cas symbolise la disparition. Il peut aussi avoir une fonction phonétique. Sa position est variable. Le caractère 亡 *(wáng)* signifie « disparaître ».

忘 wàng   亡 + 心 (cœur) = oublier
忙 máng   忄 (cœur) + 亡 = occupé
望 wàng   亡 + 月 (lune) + 王 *wáng* = regarder au loin

> **Mini quiz**
> Le caractère 盲 *máng* est composé de 亡 (disparition) et de 目 (œil). Que signifie-t-il : « contempler », « fermer les yeux » ou « aveugle » ?

Corrigé : Aveugle.

27 LA GRANDEUR

Ce composant représente un homme. Il a parfois une fonction phonétique. Sa position est souvent axiale ou à droite. Le caractère 大 *(dà)* signifie « grand ».

太 tài   大 + 丶 = trop
天 tiān   一 + 大 = ciel
夫 fū   一 + 大 = personne adulte
达 dá   辶 (marche rapide) + 大 = atteindre

ÉCRITURE ▶ 辶, 亡, 大, 纟, 饣, 女, 子

28 LA SOIE

Ce composant a une valeur sémantique et symbolise généralement le fil.
Il est placé à gauche.

红 hóng   纟 + 工 gōng (travail) = rouge
线 xiàn   纟 + 戋 jiān (petit) = fil
级 jí   纟 + 及 jí (atteindre) = échelon

29 LA NOURRITURE

Ce composant a une valeur sémantique et symbolise le domaine du « manger ». Sous la forme 饣, il est placé à gauche. Il peut aussi se présenter sous la forme 食. Le caractère 食 (shí) signifie « nourriture ».

餐 cān   夘 + 食 = repas
饿 è   饣 + 我 wǒ = avoir faim

30 LA FEMME

Ce composant a une valeur sémantique et symbolise la femme. Il est souvent placé à gauche.
Le caractère 女 (nǚ) signifie « femme ».

如 rú   女 + 口 (bouche) = conformité
安 ān   宀 (toit) + 女 = paix
妇 fù   女 + 彐 (main renversée) = épouse

31 L'ENFANT

Ce composant a une valeur sémantique et symbolise l'enfant. Il est souvent placé à gauche. Le caractère 子 (zǐ) signifie « le petit de quelque chose ».

孙 sūn   子 + 小 (petit) = petit-fils
好 hǎo   女 (femme) + 子 = bon
学 xué   兴 (toit à cinq traits) + 子 = étudier

32 YÁNG

Ce composant a une fonction phonétique (finale *-ang*).
Il est placé à droite.

汤	tāng	氵 (eau) + 匆 = soupe
杨	yáng	木 (arbre) + 匆 = peuplier
场	chǎng	土 (terre) + 匆 = terrain

33 LA MAIN

Ce composant a une valeur sémantique et symbolise la main ou le geste manuel. Sous sa forme 扌, il est placé à gauche. Sous la forme 手, il est placé en position supérieure ou inférieure. Le caractère 手 *(shǒu)* signifie « main ».

扫	sǎo	扌 + 彐 (main renversée) = balayer
拿	ná	合 (fermer) + 手 = tenir
看	kàn	手 + 目 (œil) = regarder
抱	bào	扌 + 包 *bāo* (paquet) = envelopper de ses bras

34 LE TOIT

Ce composant a une valeur sémantique et symbolise le toit.
Il est placé en position supérieure.

家	jiā	宀 + 豕 (cochon) = famille
守	shǒu	宀 + 寸 (pouce) = garder
宝	bǎo	宀 + 玉 (jade) = trésor
宗	zōng	宀 + 示 (rituel) = ancêtre

MINI QUIZ

De quels composants est constitué le caractère 字 *zi* ?

CORRIGÉ ▸ 宀 (toit) + 子 *zi* (fils) = 字 (caractère)

35 L'HERBE

Ce composant a une valeur sémantique et symbolise l'herbe et le végétal en général. Il est placé en position supérieure.

英 yīng   艹 + 央 yāng = fine fleur
茶 chá   艹 + 人 (homme) + 木 (arbre) = thé
花 huā   艹 + 化 huà (changement) = fleur
苗 miáo   艹 + 田 (champ) = pousse

36 LE POUCE

Ce composant a généralement une valeur sémantique et dans ce cas symbolise la main. Il est souvent placé à droite ou en position inférieure. Le caractère 寸 *(cùn)* signifie « pouce » (unité de longueur).

对 duì   又 (main droite) + 寸 = faire face à
付 fù   亻 (homme) + 寸 = remettre
寺 sì   土 (terre) + 寸 = temple

37 LA PETITESSE

Ce composant peut avoir une valeur sémantique et symbolise la faible quantité. Il peut aussi avoir une fonction phonétique. Sa position est variable. Le caractère 小 *(xiǎo)* signifie « petit ».

少 shǎo   小 + 丿 = peu nombreux
沙 shā   氵 (eau) + 少 shǎo (peu nombreux) = sable
当 dāng   小 + 彐 (main renversée) = assumer une charge

38 LE CADAVRE

Ce composant a une valeur sémantique et symbolise aussi l'homme. Il est généralement placé en position supérieure. Le caractère 尸 (shī) signifie « cadavre ».

呢 ne   口 (bouche) + 尼 ní (尸 + 匕) = particule modale
尿 niào   尸 + 水 (eau) = urine
居 jū   尸 + 古 gǔ (ancien) = résider

39 LE CHEVAL

Ce composant symbolise souvent le cheval. Il est alors souvent placé à gauche. Il peut aussi avoir une fonction phonétique. Il est alors souvent placé à droite. Le caractère 马 (mǎ) (graphie traditionnelle : 馬) signifie « cheval ».

吗 ma   口 (bouche) + 马 = particule interrogative
妈 mā   女 (femme) + 马 = maman
骂 mà   口 (bouche) + 口 + 马 = insulter
骗 piàn   马 + 扁 biǎn = tromper

40 LA MONTAGNE

Ce composant a généralement une valeur sémantique et symbolise la montagne. Il est le plus souvent placé à gauche ou en position supérieure. Le caractère 山 (shān) signifie « montagne ».

仙 xiān   亻 (homme) + 山 = ermite
出 chū   山 + 山 = sortir
岁 suì   山 + 夕 (crépuscule) = année d'âge
岸 àn   山 + 厂 + 干 gān = rive

ÉCRITURE ▸ 尸, 马, 山, 工, 巾, 广

41 LE TRAVAIL

Ce composant a une fonction souvent phonétique.
Il représente une équerre. Sa position est variable.
Le caractère 工 (gōng) signifie « travail ».

左 zuǒ   𠂇 (main gauche) + 工 = gauche
江 jiāng   氵 (eau) + 工 = fleuve
功 gōng   工 + 力 (force) = mérite
巧 qiǎo   工 + 丂 qiǎo = ingénieux

42 LE TISSU

Ce composant peut avoir une valeur sémantique
et dans ce cas symbolise un morceau d'étoffe.
Il peut aussi avoir une fonction graphique.
Le caractère 巾 (jīn) signifie « pièce d'étoffe ».

币 bì   𠂉 + 巾 = monnaie
市 shì   亠 (couvercle) + 巾 = marché
布 bù   𠂇 (main gauche) + 巾 = tissu
师 shī   刂 + 市 abrégé = maître

43 LE HANGAR

Ce composant a une valeur sémantique et symbolise
un ensemble couvert. Il est placé en position supérieure.
Le caractère 广 (guǎng) signifie « large ».

庄 zhuāng   广 + 土 (terre) = hameau
床 chuáng   广 + 木 (arbre) = lit
库 kù   广 + 车 (char) = entrepôt
府 fǔ   广 + 付 fù = demeure

44 LES MAINS JOINTES

Ce composant a une valeur sémantique et symbolise l'action de deux mains jointes.
Il est souvent placé en position inférieure.

开	kāi	一 (barre) + 廾 = ouvrir
异	yì	已 yǐ + 廾 = opposé
弄	nòng	王 (jade abrégé) + 廾 = jouer avec ; faire

45 L'ARC

Ce composant a une valeur sémantique et symbolise l'arc.
Il est souvent placé à gauche.
Le caractère 弓 (gōng) signifie « arc ».

张	zhāng	弓 + 长 zhǎng = étaler
引	yǐn	弓 + 丨 (ici : figurant une flèche) = tirer

46 LE COURS D'EAU

Ce composant a une valeur sémantique et symbolise le cours d'eau. Il est souvent placé à droite. Le caractère 川 (chuān) signifie « cours d'eau ».

州	zhōu	川 + 丶丶丶 (figurant la terre émergée) = préfecture
洲	zhōu	氵 (eau) + 州 zhōu (terre sur l'eau) = continent
训	xùn	讠 (parole) + 川 = instruire ; réprimander

47 L'IMPRESSION SENSIBLE

Ce composant a une valeur sémantique et symbolise l'impression sensible (vue, ouïe). Il est placé à gauche ou à droite.

形	xíng	井 jǐng abrégé + 彡 = forme
彭	péng	壴 (tambour) + 彡 = bruit du tambour
彩	cǎi	采 cǎi (cueillir) + 彡 = couleur

ÉCRITURE ▸ 廾, 弓, 川, 彡, 彳, 门, 也

48 LE PAS DU PIED GAUCHE

Ce composant a une valeur sémantique et symbolise un demi-carrefour. Il est lié au mouvement. Il est placé à gauche.

很 hěn   彳 + 艮 gèn = très
行 xíng   彳 + 亍 (pas du pied droit) = marcher
役 yì   彳 + 殳 (pieu) = bataille

49 LA PORTE

Ce composant a une fonction souvent phonétique. L'autre composant est souvent placé à l'intérieur de 门. Le caractère 门 (mén) (graphie traditionnelle : 門) signifie « porte ».

们 men   亻 (homme) + 门 = suffixe du pluriel
问 wèn   门 + 口 (bouche) = demander
闷 mēn   门 + 心 (cœur) = étouffer

> **MINI QUIZ**
>
> Le caractère 闻 wén comporte le composant phonétique 门 mén et le composant sémantique 耳 (oreille). Que peut signifier ce caractère : « entendre », « fermer », « sentir » ?

> **CORRIGÉ**
> Entendre et sentir.

50 LE SERPENT

Ce composant peut avoir une valeur sémantique et dans ce cas symbolise un serpent. Il peut aussi avoir une fonction graphique. Il est souvent placé à droite. Le caractère 也 (yě) signifie « aussi ».

他 tā   亻 (homme) + 也 = il
地 dì   土 (terre) + 也 = sol
池 chí   氵 (eau) + 也 = étang

> **MINI QUIZ**
>
> Le caractère 她 tā est composé de 女 (femme) et de 也 (serpent). Que signifie-t-il ?

> **CORRIGÉ**
> 她 tā est l'équivalent féminin (elle) du pronom personnel 他 tā (lui).

51 LE CŒUR

Ce composant a une valeur sémantique et symbolise le cœur. Il est lié aux sentiments et à la pensée. Sous la forme 心, il est placé en position inférieure. Sous la forme 忄, il est placé à gauche. Le caractère 心 *(xīn)* signifie « cœur ».

念 *niàn* 今 (actuel) + 心 = garder présent à l'esprit
怕 *pà*   忄 + 白 *bái* (blanc) = avoir peur
忠 *zhōng* 中 *zhōng* (milieu) + 心 = fidèle
想 *xiǎng* 相 *xiāng* (réciproque) + 心 = penser

52 LA HALLEBARDE

Ce composant a le plus souvent une valeur sémantique et symbolise les armes. Il est généralement placé à droite. Le caractère 戈 *(gē)* signifie « hallebarde ».

战 *zhàn* 占 *zhān* + 戈 = guerre
戏 *xì*   又 (main droite) + 戈 = théâtre
找 *zhǎo* 扌 (main) + 戈 = chercher
伐 *fá*   亻 (homme) + 戈 = combattre

53 LE BATTANT DE PORTE

Ce composant a une valeur sémantique et symbolise la maisonnée. Il est généralement en position supérieure. Le caractère 户 *(hù)* signifie « famille ».

启 *qǐ*   户 + 口 (bouche) = ouvrir
护 *hù*   扌 (main) + 户 = protéger
房 *fáng* 户 + 方 *fāng* (espace) = maison

ÉCRITURE ▸ 心, 戈, 户, 斤, 夬, 方

54 LA HACHE

Ce composant peut avoir une valeur sémantique et dans ce cas symbolise une hache. Il peut aussi avoir une fonction phonétique. Il est généralement placé à droite. Le caractère 斤 (jīn) signifie « une livre » (unité de poids).

近 jìn ⻌ (marche rapide) + 斤 = proche
听 tīng 口 (bouche) + 斤 = écouter
所 suǒ 户 (battant de porte) + 斤 = (un) local
析 xī 木 (arbre) + 斤 = découper

55 LE JADE ÉBRÉCHÉ

Ce composant a souvent une fonction phonétique (guài).
Il est généralement placé à droite.

决 jué 冫 (la glace) + 夬 = décider
块 kuài 土 (la terre) + 夬 = morceau
快 kuài 忄 (cœur) + 夬 = rapide ; joyeux
筷 kuài ⺮ (bambou) + 快 kuài = baguettes

56 L'ESPACE

Ce composant a une fonction phonétique.
Il est souvent placé à droite.
Le caractère 方 (fāng) signifie « espace ».

放 fàng 方 + 攵 (main tenant un bâton) = lâcher
访 fǎng 讠 (parole) + 方 = rendre visite
防 fáng 阝 (tertre) + 方 = défense

57 LE BOA

Ce composant a une fonction phonétique. Il est souvent placé à droite. Le caractère 巴 (bā) représentait un boa. Il sert souvent à transcrire des noms étrangers.

把 bǎ   扌 (main) + 巴 = tenir dans sa main
吧 ba   口 (bouche) + 巴 = particule exclamative
爸 bà   父 (père) + 巴 = papa
肥 féi 月 (chair) + 巴 = gras

58 LE SOLEIL

Ce composant a une valeur sémantique et symbolise le soleil. Sa position est variable.
Le caractère 日 (rì) signifie « soleil ».

早 zǎo   日 + 十 (ici : figurant l'herbe) = tôt
明 míng 日 + 月 (lune) = clarté
星 xīng 日 + 生 shēng (naître) = étoile
旦 dàn   日 + 一 = aurore

59 LA CHAIR / LA LUNE

Ce composant a une fonction sémantique et symbolise sous cette forme soit la chair, soit la lune. Mais le caractère 月 (yuè) signifie uniquement « lune » et le caractère 肉 (ròu) uniquement la « chair ».

有 yǒu   ナ (main gauche) + 月 = avoir
肚 dù   月 + 土 tǔ (terre) = ventre
期 qī   其 qí + 月 = période

Mini quiz

Repérez le composant 月 et identifiez sa fonction sémantique dans chacun des cas suivants : 背 bèi (tourner le dos), 朗 lǎng (clair), 肴 yáo (mets), 期 qī (période) et 脸 liǎn (visage).

Corrigé
Dans 背 (tourner le dos), 肴 (mets) et 脸 (visage), 月 = la chair.
Dans 朗 (clair) et 期 (période), 月 = la lune.

ÉCRITURE ▶ 巴, 日, 月, 礻, 元, 见

60 LES RITES

Ce composant a souvent une valeur sémantique et symbolise les rituels. Sous la forme 礻, il est placé à gauche.
Sous la forme 示, il est souvent placé en position inférieure. Le caractère 示 *(shì)* signifie « manifester », « révéler ».

视 shì   礻 + 见 (voir) = voir
祝 zhù   礻 + 兄 (frère aîné) = souhaiter
票 piào   西 + 示 = billet
礼 lǐ   礻 + 乚 = rite

61 L'UNITÉ

Ce composant a une fonction généralement phonétique. Le plus souvent, il est placé à droite ou en position inférieure. Le caractère 元 *(yuán)* signifie « unité ».

远 yuǎn   辶 (marche rapide) + 元 = loin
园 yuán   囗 (enceinte) + 元 = jardin
完 wán   宀 (toit) + 元 = finir

62 LA VUE

Ce composant a le plus souvent une valeur sémantique et symbolise la vue. Il peut aussi avoir une fonction phonétique. Le caractère 见 *(jiàn)* (graphie traditionnelle : 見) signifie « voir ».

观 guān   又 + 见 = contempler
觉 jué   𰃦 (toit à cinq traits) + 见 = sensation
现 xiàn   王 (jade) + 见 = présent sous les yeux

63 LE COQUILLAGE

Ce composant a le plus souvent une valeur sémantique et symbolise la richesse. Il est souvent placé à gauche ou en position inférieure. Le caractère 贝 (bèi) (graphie traditionnelle : 貝) signifie « coquillage ».

财 cái   贝 + 才 cái = richesse
贵 guì   中 + 一 + 贝 = cher
资 zī   次 cì + 贝 = capitaux

64 L'ARBRE

Ce composant a une valeur sémantique et symbolise le bois. Il est souvent placé à gauche.
Le caractère 木 (mù) signifie « arbre », « bois ».

本 běn   木 + 一 (désignant la racine) = commencement
休 xiū   亻 (homme) + 木 = repos
桌 zhuō   卓 zhuó abrégé + 木 = table
林 lín   木 + 木 = petite forêt

> **MINI QUIZ**
> Devinez la signification des caractères suivants :
> 末 mò : 一 + 木 (arbre) = « branche », « fin » ou « feuille » ?
> 析 xī : 木 (arbre) + 斤 (hache) = « arbuste », « scie » ou « découper » ?
>
> **Corrigé**
> 末 = « fin » et 析 = « découper ».

65 L'HOMME BOUCHE OUVERTE

Ce composant a souvent une valeur sémantique et symbolise la joie. Il est placé à droite.
Le caractère 欠 (qiàn) signifie « être débiteur ».

次 cì   冫 (ici : déformation de 二 « deux ») + 欠 = secondaire ; fois
欢 huān   又 + 欠 = joie
吹 chuī   口 (bouche) + 欠 = souffler
欣 xīn   斤 jīn + 欠 = joyeux

ÉCRITURE ▶ 贝, 木, 欠, 耂, 长, 殳

66 LA VIEILLESSE

Ce composant a généralement une valeur sémantique et dans ce cas symbolise la vieillesse.
Il peut aussi avoir une fonction graphique.
Il est placé en position supérieure.

老 lǎo   耂 + 匕 (homme renversé) = vieux
孝 xiào   耂 + 子 (enfant) = piété filiale
教 jiào   孝 xiào (piété filiale) + 攵 (main tenant un bâton) = enseigner

MINI QUIZ
De quels composants est constitué le caractère 都 dū ?

CORRIGÉ
耂 (vieillesse) + 日 (soleil) + 阝 (ville) = 都 (capitale)

67 LA LONGUEUR

Ce composant a le plus souvent une fonction phonétique.
Il est placé à droite. Le caractère 长 (cháng) signifie « long ».
Le caractère 长 (zhǎng) (graphie traditionnelle : 長)
signifie « chef ».

账 zhàng   贝 (coquillage) + 长 = compte
张 zhāng   弓 (arc) + 长 = étendre
涨 zhǎng   氵 (eau) + 张 zhāng (étendre) = monter

68 LA MAIN ARMÉE

Ce composant a une valeur sémantique et symbolise une action, un geste. Il est placé à droite.

设 shè   讠 (parole) + 殳 = édifier
没 méi   氵 (eau) + 殳 = ne pas
没 mò   氵 (eau) + 殳 = sombrer
投 tóu   扌 (main) + 殳 = jeter

69 LA MAIN TENANT UN BÂTON

Ce composant a une valeur sémantique et symbolise l'action réalisée à l'aide d'un instrument.
Il est placé à droite.

放 fàng   方 fāng (espace) + 攵 = lâcher
改 gǎi   己 (figurant un serpent) + 攵 = transformer
收 shōu   丩 jiū + 攵 = recevoir

MINI QUIZ
De quels composants est constitué le caractère 教 jiào ?

Corrigé
孝 (piété filiale) + 攵 = 教 (enseigner)

70 L'EAU

Ce composant a une valeur sémantique et symbolise le liquide. Sous la forme 氵, il est placé à gauche.
Sous la forme 水, sa position est variable.
Le caractère 水 (shuǐ) signifie « eau ».

永 yǒng   丶 + 水 déformé = éternité
法 fǎ   氵 + 去 (aller) = loi
河 hé   氵 + 可 kě = fleuve

71 LE FEU

Ce composant a une valeur sémantique et symbolise le feu.
Sous la forme 火, il est placé à gauche.
Sous la forme 灬, il est placé en position inférieure.
Le caractère 火 (huǒ) signifie « feu ».

烟 yān   火 + 因 yīn = fumée
炒 chǎo   火 + 少 shǎo = faire sauter sur le feu
灭 miè   一 + 火 = anéantir
热 rè   执 zhí + 灬 = chaud

ÉCRITURE ▶ 攵, 氵, 火, 车, 爪, 牛

72 LE CHAR

Ce composant a une valeur sémantique et symbolise les véhicules. Il est souvent placé à gauche.
Le caractère 车 *(chē)* (graphie traditionnelle : 車) désigne les «véhicules à roues».

辆 *liàng*　车 + 两 *liǎng* (deux) = classificateur des véhicules à roues
军 *jūn*　冖 (toit à deux traits) + 车 = armée
连 *lián*　辶 (marche rapide) + 车 = attacher

MINI QUIZ
Le caractère 库 *kù* est composé de 广 (hangar) et de 车 (char). Que peut-il signifier : «grand char», «entrepôt» ou «armée»?

Corrigé : Entrepôt.

73 LA GRIFFE

Ce composant a une valeur sémantique et symbolise souvent l'action de la main. Sous la forme 爫, il est placé en position supérieure. Sous la forme 爪, il est souvent placé à droite.
Le caractère 爪 *(zhuǎ)* signifie «griffes».

抓 *zhuā*　扌 (main) + 爪 = attraper
爬 *pá*　爪 + 巴 *bā* = ramper
爱 *ài*　爫 + 冖 + 友 (amitié) = aimer
受 *shòu*　爫 + 冖 (figurant un objet) + 又 (main droite) = recevoir
采 *cǎi*　爫 + 木 (arbre) = cueillir

74 LE BŒUF

Ce composant a une valeur sémantique et symbolise les bovidés. Il est souvent placé à gauche ou en position inférieure. Le caractère 牛 *(niú)* signifie «bœuf».

特 *tè*　牛 + 寺 *sì* = particulier
牢 *láo*　宀 (toit) + 牛 = étable, prison
解 *jiě*　角 (corne) + 刀 (couteau) + 牛 = séparer, dénouer

75 L'ANIMAL GRIFFU

Ce composant a une valeur sémantique et symbolise les animaux à griffes. Sous la forme 犭, il est placé à gauche. Sous la forme 犬, il est placé à droite.
Le caractère 犬 *(quǎn)* signifie « chien ».

狗 *gǒu*　　犭 + 句 *gōu* = chien
猫 *māo*　　犭 + 苗 *miáo* = chat
然 *rán*　　月 (viande) + 犬 + 灬 (feu) = rôtir (vieilli) ; suffixe adverbial

76 LA NÉGATION

Ce composant a souvent une fonction graphique.
Il est généralement placé à droite.
Le caractère 不 *(bù)* signifie « ne… pas ».

否 *fǒu*　　不 + 口 (bouche) = négation
还 *hái*　　辶 (marche rapide) + 不 = encore ; rendre *(huán)*
坏 *huài*　　土 (terre) + 不 = mauvais
怀 *huái*　　忄 (cœur) + 不 = poitrine

77 L'ORTEIL

Ce composant a une valeur sémantique et symbolise les pieds et leur mouvement. Sa position est variable.
Le caractère 止 *(zhǐ)* signifie « s'arrêter ».

正 *zhèng*　　一 + 止 = droit, juste
证 *zhèng*　　讠 (parole) + 正 *zhèng* = attester
是 *shì*　　日 *rì* (soleil) + 正 déformé (droit) = exact
址 *zhǐ*　　土 (terre) + 止 = emplacement

ÉCRITURE ▸ 犭, 不, 止, 气, 反, 头, 衤

78 LE SOUFFLE

Ce composant a généralement une valeur sémantique et dans ce cas symbolise le souffle.
Il est souvent placé en position supérieure.
Le caractère 气 *(qì)* signifie « souffle ».

汽 qì   氵 (eau) + 气 = vapeur
氧 yǎng   气 + 羊 *yáng* = oxygène

79 L'OPPOSITION

Ce composant a une fonction phonétique.
Il se situe à droite.
Le caractère 反 *(fǎn)* signifie « s'opposer ».

饭 fàn   饣 (nourriture) + 反 = nourriture
板 bǎn   木 (arbre) + 反 = planche

80 LA TÊTE

Ce composant a une fonction graphique.
Il est placé en position inférieure.
Le caractère 头 *(tóu)* signifie « tête ».

买 mǎi   一 + 头 = acheter
卖 mài   十 + 买 (acheter) = vendre
实 shí   宀 (toit) + 头 = réel

81 LE VÊTEMENT

Ce composant a généralement une valeur sémantique et dans ce cas symbolise les vêtements. Il peut aussi avoir une fonction phonétique. Sous la forme 衤, il est placé à gauche. Sous la forme 衣, il est placé à droite ou en position inférieure. Le caractère 衣 *(yī)* signifie « vêtement ».

补 bǔ   衤 + 卜 *bǔ* = rapiécer
裤 kù   衤 + 库 *kù* = pantalon
依 yī   亻 (homme) + 衣 = dépendre

82 LE JADE

Ce composant a une valeur sémantique et symbolise le jade. Il peut se présenter sous les formes 玉 ou 王.
Il est le plus souvent placé à gauche et dans ce cas s'écrit sans point (王). Le caractère 玉 *(yù)* signifie « jade ».

玩 *wán*	王 + 元 *yuán*	= jouer
国 *guó*	囗 (espace clos) + 玉	= pays
弄 *nòng*	王 + 廾 (deux mains jointes)	= faire ; jouer avec

83 L'ENCOLURE DE VÊTEMENT

Ce composant a une fonction phonétique.
Il est généralement placé à droite.
Le caractère 乍 *(zhà)* signifie aujourd'hui « au début » ou « soudainement ».

怎 *zěn*	乍 + 心 (cœur)	= comment
作 *zuò*	亻(homme) + 乍	= faire
炸 *zhá*	火 (feu) + 乍	= frire
昨 *zuó*	日 (soleil) + 乍	= hier

84 LE CHAMP

Ce composant a une valeur sémantique et symbolise un champ, mais parfois aussi une tête.
Il est souvent placé en position axiale.
Le caractère 田 *(tián)* signifie « champ ».

男 *nán*	田 + 力 (force)	= homme
亩 *mǔ*	亠 (couvercle) + 田	= mu (unité de surface)
思 *sī*	田 + 心 (cœur)	= penser

ÉCRITURE ▶ 玉, 乍, 田, 疒, 目, 钅

85 LA MALADIE

Ce composant a une valeur sémantique et symbolise la maladie ou la douleur.
Il est placé en position supérieure.

病 bìng   疒 + 丙 bǐng = malade
疼 téng   疒 + 冬 dōng (hiver) = douloureux
痛 tòng   疒 + 甬 yǒng = douleur

86 L'ŒIL

Ce composant a une valeur sémantique et symbolise le regard. Il est généralement placé à gauche.
Le caractère 目 (mù) signifie « œil ».

眼 yǎn   目 + 艮 gèn = œil
泪 lèi   氵(eau) + 目 = larmes
睛 jīng 目 + 青 qīng (bleu-vert) = œil

― MINI QUIZ ―
Identifiez les composants et devinez le sens de 看 kàn.

CORRIGÉ
手 (la main) + 目 (l'œil) = 看 (regarder)

87 LE MÉTAL

Ce composant a une valeur sémantique et symbolise le métal. Il est la simplification de 金.
Il est placé à gauche.
Le caractère 金 (jīn) signifie « or ».

钱 qián   钅 + 戋 jiān (hallebarde brisée) = monnaie
银 yín   钅 + 艮 gèn = argent
钢 gāng   钅 + 冈 gāng = acier

88 LA FLÈCHE

Ce composant a généralement une valeur sémantique et dans ce cas symbolise la flèche. Il peut aussi avoir une fonction phonétique. Sa position est variable.
Le caractère 矢 *(shǐ)* signifie « flèche ».

知 zhī   矢 + 口 (bouche) = connaître
智 zhì   知 zhī (connaissance) + 日 (soleil) = sagesse
医 yī   匚 (boîte) + 矢 = médecine
短 duǎn   矢 + 豆 (ici : coupe à aliments) = court

89 LA PIERRE

Ce composant a une valeur sémantique et symbolise la roche. Il est le plus souvent placé à gauche.
Le caractère 石 *(shí)* signifie « pierre ».

研 yán   石 + 开 (ouvrir) = creuser
矿 kuàng   石 + 广 guǎng (vaste) = gisement
硬 yìng   石 + 更 gèng = dur

MINI QUIZ
Identifiez les composants du caractère 砂 *shā* et devinez son sens.

Corrigé : 石 (roche) + 少 (faible quantité) = 砂 (sable)

90 LA MÈRE

Ce composant a une fonction indistincte.
Sa place est variable.
Le caractère 母 *(mǔ)* signifie « mère ».

每 měi   𠂉 (initialement l'épingle à cheveu) + 母 = chaque
海 hǎi   氵 (eau) + 每 = mer
悔 huǐ   忄 (cœur) + 每 měi = regretter
敏 mǐn   每 měi + 攵 (main tenant un bâton) = habile

ÉCRITURE ▶ 矢, 石, 母, 鸟, 白, 且

91 L'OISEAU À QUEUE LONGUE

Ce composant a une valeur sémantique et symbolise les volatiles. Sa position est variable.
Le caractère 鸟 *(niǎo)* signifie « oiseau ».

乌	wū	鸟 (sans le point figurant l'œil) = corbeau
鸣	míng	口 (bouche) + 鸟 = gazouiller
岛	dǎo	鸟 + 山 (montagne) = île

MINI QUIZ
Identifiez les composants des caractères 鸡 *jī*, 鹅 *é* et 鸭 *yā* ainsi que leur(s) fonction(s).

CORRIGÉ
又 + 鸟 = 鸡 (poulet) ; 我, wǒ + 鸟 = 鹅 (oie) ; 甲 jiǎ + 鸟 = 鸭 (canard).
又 est composant graphique, 我 et 甲 composants phonétiques ; 鸟 est le composant sémantique commun.

92 LA BLANCHEUR

Ce composant a une fonction phonétique.
Il est souvent placé à droite.
Le caractère 白 *(bái)* signifie « blanc ».

百	bǎi	一 + 白 = centaine
怕	pà	忄(cœur) + 白 = avoir peur
柏	bǎi	木 (arbre) + 白 = cyprès

93 LA NATTE D'OFFRANDE

Ce composant a une fonction phonétique.
Il est placé à droite.
Le caractère 且 *(qiě)* signifie aujourd'hui « même ».

祖	zǔ	礻(rites) + 且 = ancêtre
组	zǔ	纟(soie) + 且 = constituer
租	zū	禾 (céréale) + 且 = louer

94 LA HALLEBARDE BRISÉE

Ce composant peut avoir une fonction phonétique.
Il peut aussi avoir une valeur sémantique
et dans ce cas symbolise ce qui est petit.
Il est placé le plus souvent à droite.

贱 jiàn   贝 (coquillage) + 戋 jiān = de médiocre valeur
践 jiàn   足 (pied) + 戋 = piétiner
钱 qián   钅(métal) + 戋 = argent

MINI QUIZ
Repérez les points communs sémantique et phonétique
entre 浅 qiǎn et 线 xiàn.

CORRIGÉ
Point commun sémantique : 戋 (petit) 氵(eau) + 戋 (petit) = 浅 (peu profond) ; 纟(soie) + 戋 (petit) = 线 (fil)
Point commun phonétique : finale -ian

95 LA CROISSANCE

Ce composant peut avoir une fonction phonétique. Il peut
aussi avoir une valeur sémantique et dans ce cas symbolise
la croissance. Il est souvent placé à droite et en position
inférieure. Le caractère 生 (shēng) signifie « naître ».

星 xīng   日 (soleil) + 生 = étoile
胜 shèng   月 (chair) + 生 = vaincre
牲 shēng   牛 (bœuf) + 生 = bétail

96 LA CÉRÉALE

Ce composant a généralement une valeur sémantique
et dans ce cas symbolise les céréales.
Il est placé à gauche.
Le caractère 禾 (hé) signifie « céréale ».

和 hé   禾 + 口 (bouche) = harmonie
季 jì   禾 + 子 (enfant) = saison
秋 qiū   禾 + 火 (feu) = automne

MINI QUIZ
De quels composants est constitué le caractère 愁 chóu ?

CORRIGÉ
秋 qiū + 心 (cœur) = 愁 (mélancolie)

ÉCRITURE ▸ 戈, 生, 禾, 穴, 立, 交

97 LA GROTTE

Ce composant a une valeur sémantique et symbolise la cavité. Il est placé en position supérieure.
Le caractère 穴 *(xué)* signifie « cavité », « point d'acupuncture ».

空 kōng   穴 + 工 gōng = vide
控 kòng   扌 (main) + 空 kōng = commander
挖 wā   扌 (main) + 穴 + 乙 = creuser
穿 chuān   穴 + 牙 (dent) = enfiler

98 LA STATION DEBOUT

Ce composant peut avoir une valeur sémantique et dans ce cas symbolise une position dans l'espace. Il peut aussi avoir une fonction graphique. Sa position est variable. Le caractère 立 *(lì)* signifie « édifier ».

站 zhàn   立 + 占 zhān = se tenir debout
位 wèi   亻 (homme) + 立 = position
亲 qīn   立 + 木 (arbre) = proche

99 LA LIAISON

Ce composant a souvent une fonction phonétique. Sa position est variable.
Le caractère 交 *(jiāo)* signifie « relier ».

校 xiào   木 (arbre) + 交 = école
效 xiào   交 + 攵 (main tenant un bâton) = effet

MINI QUIZ
De quels composants est constitué le caractère 饺 *jiào* ?

Corrigé
饣 (nourriture) + 交 *jiào* (relier) = 饺 (ravioli)

100 HÀI

Ce composant a une fonction phonétique.
Il est placé à droite.
Le caractère 亥 (hài) renvoie à la numération cyclique dont il est le douzième et dernier nombre.

孩 hái 子 (enfant) + 亥 = enfant
该 gāi 讠 (parole) + 亥 = devoir

101 L'OUEST

Ce composant a une fonction phonétique ou simplement graphique. Il est souvent placé à droite ou en position supérieure.
Le caractère 西 (xī) signifie « ouest ».

要 yào 西 + 女 (femme) = important ; vouloir
牺 xī   牛 (bœuf) + 西 = sacrifice

102 LE BAMBOU

Ce composant a une valeur sémantique et symbolise les objets faits en bambou ou liés au calcul. Il est souvent présenté sous la forme ⺮. Il est placé en position supérieure. Le caractère 竹 (zhú) signifie « bambou ».

笔 bǐ   ⺮ + 毛 (poil) = pinceau
简 jiǎn ⺮ + 间 jiān = lettre ; concis
筷 kuài ⺮ + 快 kuài = baguettes
算 suàn ⺮ + 目 (ici : boulier) + 廾 (deux mains jointes) = calculer

103 LE RIZ

Ce composant peut avoir une valeur sémantique et dans ce cas symbolise le riz. Il peut aussi avoir une fonction phonétique. Il est souvent placé à droite.
Le caractère 米 (mǐ) signifie « riz ».

迷 mí   辶 (marche rapide) + 米 = s'égarer
精 jīng 米 + 青 qīng = quintessence
楼 lóu   木 (arbre) + 娄 lóu (米 + 女) = pavillon à étages

ÉCRITURE ▸ 亥, 西, 竹, 米, 页, 羊, 而, 耳

104 LA TÊTE

Ce composant a généralement une valeur sémantique et dans ce cas symbolise la tête. Il est placé à droite.
Le caractère 页 (yè) (graphie traditionnelle : 頁) signifie «page».

顶 dǐng   丁 dīng + 页 = tenir tête
项 xiàng   工 gōng + 页 = nuque
须 xū   彡 (impression sensible) + 页 = barbe

105 LE MOUTON

Ce composant peut avoir une valeur sémantique et dans ce cas symbolise le mouton. Il peut aussi avoir une fonction phonétique. Il est souvent placé à droite.
Le caractère 羊 (yáng) signifie «mouton».

美 měi   羊 abrégé + 大 (grand) = beau
样 yàng   木 (arbre) + 羊 = modèle
洋 yáng   氵 (eau) + 羊 = océan

106 LA BARBE

Ce composant représente la barbe et peut en avoir la valeur sémantique. Il peut aussi avoir une fonction graphique.
Il est souvent placé en position inférieure.
Le caractère 而 (ér) signifie aujourd'hui «mais».

需 xū   雨 (pluie) + 而 = devoir
儒 rú   亻 (homme) + 需 xū = lettré

107 L'OREILLE

Ce composant a une valeur sémantique et symbolise l'oreille.
Il est souvent placé à gauche.
Le caractère 耳 (ěr) signifie «oreille».

取 qǔ   耳 + 又 (main droite) = retirer
最 zuì   日 (soleil) + 取 qǔ = le plus
聪 cōng   耳 + 总 zǒng = ouïe fine ; intelligence

108 LE NEZ

Ce composant a généralement une valeur sémantique et dans ce cas symbolise le nez.
Il est souvent placé en position supérieure.
Le caractère 自 (zi) signifie « soi-même ».

息 xī   自 + 心 (cœur) = souffle
熄 xī   火 (feu) + 息 xī = éteindre
鼻 bí   自 + 畀 bì = nez

109 LA DESTINATION

Ce composant peut avoir une fonction phonétique.
Il peut aussi avoir une valeur sémantique et dans ce cas symbolise la destination. Sa position est variable.
Le caractère 至 (zhi) signifie « atteindre ».

到 dào   至 + 刂 dāo = arriver
室 shì   宀 (toit) + 至 = salle
致 zhì   至 + 夂 (main tenant un bâton) = adresser

110 LA BARQUE

Ce composant a généralement une valeur sémantique et dans ce cas symbolise la navigation. Il est souvent placé à gauche. Le caractère 舟 (zhōu) signifie « barque ».

船 chuán   舟 + 㕣 yǎn = bateau
航 háng   舟 + 亢 kàng = naviguer
般 bān   舟 + 殳 (pieu) = ordinaire
搬 bān   扌 (main) + 般 bān = déplacer

ÉCRITURE ▶ 自, 至, 舟, 艮, 虫, 罒

111 *GÈN*

Ce composant a une fonction phonétique (finale *-en*).
Il est placé à droite.

很 hěn   亻 (pas du pied gauche) + 艮 = très
恨 hèn   忄 (cœur) + 艮 = haïr
跟 gēn   𧾷 (pied) + 艮 = suivre
根 gēn   木 (arbre) + 艮 = racine

112 LA BESTIOLE

Ce composant a généralement une valeur sémantique
et dans ce cas symbolise les animaux rampants et assimilés.
Il est souvent placé à gauche.
Le caractère 虫 *(chóng)* signifie « insecte ».

虽 suī   口 (bouche) + 虫 = bien que
虾 xiā   虫 + 下 *xià* = crevette
蛇 shé   虫 + 它 (figurant un serpent dans sa tanière) = serpent
独 dú   犭 (animal griffu) + 虫 = solitaire

113 LE FILET

Ce composant est la déformation de 网. Il a généralement
une valeur sémantique et dans ce cas symbolise le filet.
Il est placé en position supérieure.
Le caractère 网 *(wǎng)* signifie « filet ».

罢 bà   罒 + 去 (aller) = finir
罩 zhào   罒 + 卓 *zhuó* = couvrir
罗 luó   罒 + 夕 = contenir

114 LA CORNE

Ce composant a généralement une valeur sémantique et dans ce cas symbolise la corne.
Il est souvent placé à gauche ou en position inférieure.
Le caractère 角, prononcé *jiǎo*, signifie «corne», «coin».
Prononcé *jué*, il signifie «rôle».

解 *jiě*　　角 + 刀 (couteau) + 牛 (bœuf) = défaire
嘴 *zuǐ*　　口 (bouche) + 此 *cǐ* + 角 = bouche

115 LA COUPE À ALIMENTS

Ce composant a généralement une valeur sémantique et dans ce cas symbolise un récipient à support.
Sa position est variable.
Le caractère 豆 *(dòu)* signifie «soja».

短 *duǎn*　　矢 (flèche) + 豆 = court
登 *dēng*　　癶 (jambes arquées) + 豆 = gravir
鼓 *gǔ*　　壴 (十 + 豆 = tambour) + 支 (main tenant un instrument)
　　　　　　= tambour

116 LA MARCHE

Ce composant a une valeur sémantique et symbolise le mouvement. Il est placé généralement à gauche.
Le caractère 走 *(zǒu)* signifie «marcher».

起 *qǐ*　　走 + 己 *jǐ* = se lever
赶 *gǎn*　　走 + 干 *gān* = rattraper
越 *yuè*　　走 + 戉 *yuè* = dépasser
徒 *tú*　　彳 (pas du pied gauche) + 走 = à pied

ÉCRITURE ▶ 角, 豆, 走, 足, 身, 酉

117 LE PIED

Ce composant a une valeur sémantique et symbolise le mouvement.
Il est placé à gauche.
Le caractère 足 (zú) signifie « pied ».

跳 tiào   足 + 兆 zhào = sauter
路 lù   足 + 各 gè = route
跟 gēn   足 + 艮 gèn = suivre

118 LE CORPS

Ce composant a une valeur sémantique et symbolise le corps.
Il est le plus souvent placé à gauche.
Le caractère 身 (shēn) signifie « corps ».

射 shè   身 + 寸 (pouce) = tirer à l'arc
谢 xiè   讠 + 射 shè = remercier
躬 gōng   身 + 弓 gōng (arc) = se tenir courbé
躺 tǎng   身 + 尚 shàng = être allongé

119 LA BOISSON FERMENTÉE

Ce composant a une valeur généralement sémantique et symbolise les boissons fermentées. Il est souvent placé à gauche. Le caractère 酉 (yǒu) renvoie à la numération cyclique en douze dont il est le dixième nombre.

酒 jiǔ   氵 (eau) + 酉 = alcool
尊 zūn   丷 + 酉 + 寸 cùn (pouce) = respect
醋 cù   酉 + 昔 (passé) = vinaigre
酱 jiàng   将 jiāng simplifié + 酉 = pâte de soja fermenté

120 LE HAMEAU

Ce composant est constitué de deux composants : le champ 田 et la terre 土. Sa fonction est généralement phonétique. Il est placé à droite ou en position inférieure. Le caractère 里 *(lǐ)* signifie « unité de longueur » ou « intérieur ».

埋 *mái*   土 (terre) + 里 = enfouir
理 *lǐ*   王 (jade) + 里 = disposer de façon ordonnée
重 *zhòng*   千 + 里 = lourd
童 *tóng*   立 (station debout) + 里 = enfant

121 LE TAMIS

Ce composant a une fonction phonétique et figure un tamis tressé. Il est souvent placé à droite. Le caractère 其 *(qí)* est un pronom possessif (le sien…) ou démonstratif (ceci…).

基 *jī*   其 + 土 (terre) = base
棋 *qí*   木 (arbre) + 其 = jeu d'échecs
旗 *qí*   方 (bannière) + 其 = drapeau
期 *qī*   其 + 月 (lune) = période

122 L'OISEAU À QUEUE COURTE

Ce composant représente un oiseau à queue courte. Il peut avoir une valeur sémantique et dans ce cas symbolise les volatiles. Il peut aussi avoir une fonction phonétique (finale *-ui*). Il est souvent placé à droite ou en position supérieure.

难 *nán*   又 (main droite) + 隹 = difficile
谁 *shéi*   讠 (parole) + 隹 = qui ?
集 *jí*   隹 + 木 (arbre) = se rassembler
焦 *jiāo*   隹 + 灬 (feu) = brûlé

ÉCRITURE ▶ 里,其,隹,雨,青,革

123 LA PLUIE

Ce composant a généralement une valeur sémantique et dans ce cas symbolise la pluie.
Il est placé le plus souvent en position supérieure.
Le caractère 雨 *(yǔ)* signifie « pluie ».

雪 xuě   雨 + 彐 (main renversée) = neige
雷 léi   雨 + 田 (champ) = tonnerre
零 líng   雨 + 令 *ling* = menu, épars, zéro
需 xū   雨 + 而 = devoir

124 LE BLEU-VERT

Ce composant a une fonction généralement phonétique.
Il est le plus souvent placé à droite.
Le caractère 青 *(qīng)* signifie « bleu-vert ».

清 qīng   氵 (eau) + 青 = clair
请 qǐng   讠 (parole) + 青 = inviter
静 jìng   青 + 争 (lutte) = calme
精 jīng   米 (riz) + 青 = raffiné

MINI QUIZ

De quels composants est constitué le caractère 晴 *qíng* ?
Quelles sont leurs fonctions respectives ?

Corrigé
日 (soleil) + 青 *qīng* (bleu-vert) = 晴 (beau temps)
日 est composant sémantique, 青 est composant phonétique et sémantique.

125 LE CUIR TRAVAILLÉ

Ce composant a une valeur sémantique et symbolise le cuir.
Il est généralement placé à gauche.
Le caractère 革 *(gé)* signifie « cuir ».

鞋 xié   革 + 土 (terre) + 土 = chaussure
靴 xuē   革 + 化 (changer) = botte

Grammaire

Abréviations utilisées

qqn : quelqu'un
qqch. : quelque chose
masc. : masculin
fém. : féminin
litt. : littéralement
S : sujet
V : verbe

1 Les noms

▶ Les noms chinois, à la différence des noms français, s'emploient sans article et désignent ce qu'ils nomment comme une matière brute, indéterminée.

CARACTÉRISTIQUES DES NOMS

Les noms chinois sont **invariables** en genre et en nombre.

- 他是大学生。
  Tā shì dàxuéshēng.
  Il est étudiant.

- 她们都是大学生。
  Tāmen dōu shì dàxuéshēng.
  Elles sont toutes étudiantes.

Les noms propres ne se distinguent pas des noms communs, les majuscules n'existant pas dans l'écriture chinoise.

- 去找王总吧!
  Qù zhǎo Wáng zǒng ba!
  Allons voir le directeur Wang!

En chinois moderne, la majorité des noms est composée de deux caractères, voire plus.

教师	银行	工程师
jiàoshī	*yínháng*	*gōngchéngshī*
enseignant	banque	ingénieur

Lorsqu'un nom est précédé d'un démonstratif ou d'un nombre, un **classificateur** (voir p. 56) s'intercale entre celui-ci et le nom.

这个人	三个人
zhè ge rén	*sān ge rén*
cette personne	trois personnes

Un nom peut être commentaire d'une phrase sans verbe.

- 我，老王!
  Wǒ, Lǎo Wáng! [thème : *wǒ* ; commentaire : *Lǎo Wáng*]
  C'est moi, Lao Wang! (au téléphone)

- 老李，四川人。
  Lǎo Lǐ, Sìchuānrén. [thème : *Lǎo Lǐ* ; commentaire : *Sìchuānrén*]
  Lao Li est Sichuanais.

- 今天三号!
  Jīntiān sān hào! [thème : *jīntiān* ; commentaire : *sān hào*]
  Aujourd'hui, nous sommes le trois!

GRAMMAIRE ▸ Les noms

STRUCTURE DES NOMS

- Il existe des noms monosyllabiques : 书 *shū* (livre), 肉 *ròu* (viande).

- Pour les noms dissyllabiques, plusieurs combinaisons sont possibles.

Déterminant-déterminé	
牛肉 *niúròu*	viande de bœuf [bœuf – viande]
电脑 *diànnǎo*	ordinateur [éclair, électrique – cerveau]
Juxtaposition	
山水 *shānshuǐ*	paysage [montagne – eau]
Opposition	
大小 *dàxiǎo*	taille [grand – petit]
动静 *dòngjìng*	activité, signe de vie [mouvement – tranquillité]
熊猫 *xióngmāo*	panda [ours – chat]
买卖 *mǎimài*	commerce [acheter – vendre]
Duplication (pour certains noms de parenté ou des noms visant à généraliser)	
哥哥 *gēge*	frère aîné
弟弟 *dìdi*	frère cadet
天天 *tiāntiān*	chaque jour, tous les jours
星星 *xīngxing*	étoiles

- L'omission de 人 *rén* (homme) ou 东西 *dōngxi* (chose) après le groupe verbal + 的 *de* permet dans certains cas de créer des noms.

开车的	教书的	吃的	用的
kāichē de	*jiāoshū de*	*chī de*	*yòng de*
chauffeur	enseignant	nourriture	objets d'usage quotidien
[celui qui conduit]	[celui qui enseigne]	[ce qui se mange]	[ce dont on se sert]

- Les abréviations se forment souvent à partir du premier caractère de chaque mot : 地铁 *dìtiě* pour 地下铁道 *dìxià tiědào* (métro), 北大 *Běidà* pour 北京大学 *Běijīng Dàxué* (université de Pékin), 环保 *huánbǎo* pour 环境保护 *huánjìng bǎohù* (protection de l'environnement).

PRÉFIXES ET SUFFIXES

Certains caractères se retrouvent fréquemment en début ou en fin de noms et sont alors assimilés à des préfixes (placés au début) ou des suffixes (placés à la fin).

- **Préfixes vides de sens, par exemple 老 lǎo-.**

老虎	老鼠	老大	老二
lǎohǔ	lǎoshǔ	lǎodà	lǎo'èr
tigre	rat	aîné	cadet

- **Préfixes précisant le genre animal : 公 gōng- (mâle) et 母 mǔ- (femelle).**

公鸡	公牛	母鸡	母牛
gōngjī	gōngniú	mǔjī	mǔniú
coq	taureau	poule	vache

- **Préfixe ordinal : 头 tóu- (le premier).**

头两次	头三个月	头两天	头几本书
tóu liǎng cì	tóu sān ge yuè	tóu liǎng tiān	tóu jǐ běn shū
les deux premières fois	les trois premiers mois	les deux premiers jours	les premiers livres

- **Préfixe négatif : 非 fēi- (non-).**

非会员	非正常情况	非饮用水
fēihuìyuán	fēizhèngcháng qíngkuàng	fēiyǐnyòngshuǐ
non-membre [d'une association]	situation anormale	eau non potable

- **Suffixes vides de sens : 子 -zi (de loin le plus fréquent) ou 头 -tou :** ils permettent de former des noms et d'éviter ainsi des confusions dues à l'homophonie ; c'est le cas des suffixes nominaux. À noter : l'absence de tonalisation, reflet du sens vide de ces suffixes.

饺子	筷子	木头	势头
jiǎozi	kuàizi	mùtou	shìtou
raviolis	baguettes	bois	conjoncture

- **Suffixes produisant des séries.**

所 -suǒ [notion de local]	厕所 cèsuǒ toilettes	派出所 pàichūsuǒ commissariat de police	
家 -jiā [notion de spécialiste]	作家 zuòjiā écrivain	画家 huàjiā peintre	思想家 sīxiǎngjiā penseur
化 -huà [notion de changement]	老化 lǎohuà vieillissement	绿化 lǜhuà reboisement	
员 -yuán [notion d'appartenance à un groupe social]	教员 jiàoyuán enseignant	服务员 fúwùyuán employé de service	演员 yǎnyuán acteur
者 -zhě [notion de personne]	作者 zuòzhě auteur	读者 dúzhě lecteur	记者 jìzhě journaliste

GRAMMAIRE ▶ Les noms

NOTEZ BIEN

– 们 *men* est un suffixe « totalisant », marqueur de groupe humain. Il est utilisé par exemple quand on s'adresse à des personnes envisagées comme des totalités.

女士们、先生们！
*Nǚshì**men**, xiānshēng**men**!*
Mesdames, messieurs !

– La combinaison 人们 *rénmen* est désormais un mot « soudé » signifiant « les gens ».

LE SUFFIXE 儿 -r

Le suffixe 儿 *-r* a plusieurs emplois.

● Il peut être porteur d'une coloration affective ou familière.
　　小孩儿 *xiǎoháir* (enfant)　　蛐蛐儿 *qūqur* (grillon)

● Il peut servir à lever l'ambiguïté sur la nature de certains mots.
　　画 *huà* (peindre, peinture) [nom ou verbe] ≠ 画儿 *huàr* (peinture) [nom]
　　活 *huó* (vivre, vivant, travail) [nom ou verbe] ≠ 活儿 *huór* (boulot) [nom]

● Il est aussi la marque de l'accent pékinois.
　　门儿 *ménr* (porte)　　地儿 *dìr* (endroit)

COORDINATION DES NOMS

● 和 *hé* coordonne deux noms, mais ne peut relier deux propositions.

老师和学生
*lǎoshī **hé** xuésheng*
le professeur et les élèves

● 及 *jí* coordonne deux noms, avec l'idée d'une extension.

中文及其它语言
*zhōngwén **jí** qítā yǔyán*
le chinois et les autres langues

La variante 及其 *jíqí* permet d'introduire un possessif.

中国作家及其代表作
*Zhōngguó zuòjiā **jíqí** dàibiǎozuò*
les écrivains chinois et leurs œuvres représentatives

● 与 *yǔ* relève du style écrit.

《红与黑》
« *Hóng **yǔ** hēi* »
le *Rouge et le Noir*

▶ LES LOCATIFS P. 78

2 Les classificateurs nominaux

▶ Les classificateurs nominaux, appelés également « spécificatifs », classent le nom dans une catégorie : individu, moyen de transport, surface… Ils s'apparentent donc à des expressions françaises comme « un **paquet** de cigarettes » ou « une **cartouche** de cigarettes », « un **brin** d'herbe » ou « une **touffe** d'herbe ». Mais dans la plupart des cas, on ne les traduit pas. Il existe une centaine de classificateurs nominaux.

QUELQUES CLASSIFICATEURS FRÉQUENTS

把 *bǎ* [ce qui mobilise le creux de la main]	一把椅子 *yī bǎ yǐzi* une chaise	一把米 *yī bǎ mǐ* une poignée de riz
本 *běn* [objets reliés]	两本书 *liǎng běn shū* deux livres	
部 *bù* [films, romans]	这部电影 *zhè bù diànyǐng* ce film	
次 *cì* [événements ponctuels]	这次会议 *zhè cì huìyì* cette réunion (de cette fois)	
份儿 *fènr* [parts, exemplaires]	两份儿古老肉 *liǎng fènr gǔlǎoròu* deux porcs au caramel	一份儿报纸 *yī fènr bàozhǐ* un exemplaire de journal
个 *ge* [individus ; classificateur général]	三个人 *sān ge rén* trois personnes	
口 *kǒu* [personnes vues sous l'angle d'une famille (bouches à nourrir)]	几口人？ *Jǐ kǒu rén?* Combien êtes-vous ?	
路 *lù* [lignes d'autobus]	一路车 *yī lù chē* le bus n° 1	
位 *wèi* [personnes, avec une nuance de respect]	这位老师 *zhè wèi lǎoshī* ce professeur	
张 *zhāng* [objets ayant une certaine étendue ou surfaces planes]	这张床 *zhè zhāng chuáng* ce lit	这张纸 *zhè zhāng zhǐ* cette feuille de papier	两张桌子 *liǎng zhāng zhuōzi* deux tables

GRAMMAIRE ▶ Les classificateurs nominaux

- Le classificateur 个 *ge* peut parfois se substituer à des classificateurs spécifiques.

  • 这部电影不错！／这个电影不错！
  Zhè bù diànyǐng búcuò ! / Zhè ge diànyǐng búcuò !
  Ce film est pas mal !

  NOTEZ BIEN

  À l'oral, 个 *ge* s'intercale parfois entre le verbe et son complément d'objet, ou entre le verbe et son résultatif, pour donner du rythme à l'action.

  打个电话
  dǎ ge diànhuà
  passer un coup de fil

- Un même nom peut être « classé » par différents classificateurs, selon le point de vue où l'on se place. Comparez :

  一个人   一对人
  yī ge rén   *yī duì rén*
  une personne   un couple de personnes

  一帮人   一群人
  yī bāng rén   *yī qún rén*
  une bande de personnes un groupe de personnes

EMPLOIS DES CLASSIFICATEURS

De façon générale, un classificateur doit être employé dans deux cas :

- **Entre un adjectif démonstratif et un nom** (cet homme…), ainsi qu'avec l'interrogatif correspondant 哪 *nǎ* (lequel ?).

  • 这个同事你认识吗？ — 你说的是哪个同事？
  Zhè ge tóngshì nǐ rènshi ma ? – Nǐ shuō de shì nǎ ge tóngshì ?
  Connais-tu ce collègue ? – De quel collègue parles-tu ?

- **Entre un adjectif numéral et un nom** (trois personnes, cinq films…), ainsi qu'avec l'interrogatif correspondant 几 *jǐ* (combien de… ?).

  • 他们几个人？ — 他们三个人。
  Tāmen jǐ ge rén ? – Tāmen sān ge rén.
  Combien sont-ils ? – Ils sont trois.

  • 我昨天看了五部电影。
  Wǒ zuótiān kànle wǔ bù diànyǐng.
  Hier, j'ai vu cinq films.

  NOTEZ BIEN

  Le nom placé après le classificateur peut être sous-entendu.

  这里的光盘，我都没有……要这个！
  Zhèlǐ de guāngpán, wǒ dōu méiyǒu… Yào zhè ge !
  Je n'ai aucun de ces CD… Je veux celui-ci !

LA QUANTITÉ INDÉTERMINÉE

- Le classificateur 些 *xiē* permet d'envisager les choses sous l'angle d'une **certaine quantité indéterminée**.

  - 昨天来了一些朋友。
    *Zuótiān láile yī **xiē** péngyou.*
    Des amis sont venus hier.

- Il peut être combiné avec les démonstratifs 这 *zhè* et 那 *nà* ou l'interrogatif 哪 *nǎ*, ainsi que de façon figée avec 一 *yī*.

  - 你买了一些什么？ – 我买了一些水果。
    *Nǐ mǎile yī **xiē** shénme ? – Wǒ mǎile yī **xiē** shuǐguǒ.*
    Qu'est-ce que tu as acheté [un-peu-de-quoi] ? – J'ai acheté des fruits [quelques fruits].

  - 这些照片都是谁的？
    *Zhè **xiē** zhàopiàn dōu shì shéi de ?*
    À qui sont toutes ces photos ?

- Dans une langue ignorant le pluriel, 些 *xiē* équivaut souvent de fait au pluriel des démonstratifs.

  这些同事
  *zhè **xiē** tóngshì*
  ces collègues

- En position de sujet, le nom modifié par 一些 *yī xiē* est précédé de 有 *yǒu*.

  - 有一些书，别的地方找不到。
    *Yǒu yī **xiē** shū, biéde dìfang zhǎo bu dào.*
    Il y a des livres qu'on ne trouve pas ailleurs.

  Notez bien

  À la différence de 一点(儿) *yī diǎn(r)*, qui exprime uniquement une quantité non dénombrable, 一些 *yī xiē* peut renvoyer à une quantité dénombrable.

  路边有一些人散步。[有一点人]
  *Lù biān yǒu yī **xiē** rén sànbù.*
  Il y a des gens qui se promènent au bord de la route.

  瓶子里有一点儿水。
  *Píngzi lǐ yǒu yī **diǎnr** shuǐ.*
  Il y a un peu d'eau dans la bouteille.

GRAMMAIRE ▸ Les classificateurs nominaux

LES MOTS DE MESURE

- Toute mesure au sens strict (un litre de, un mètre de…) ou au sens large (une bouteille de, un verre de…) joue le rôle d'un classificateur.

两斤苹果	五杯水	两瓶啤酒	三杯茶
liǎng **jīn** píngguǒ	wǔ **bēi** shuǐ	liǎng **píng** píjiǔ	sān **bēi** chá
deux livres de pommes	cinq verres d'eau	deux bouteilles de bière	trois tasses de thé

- Mesure du temps.

一分钟	一秒钟
yī **fēn** zhōng	yī **miǎo** zhōng
une minute	une seconde

  NOTEZ BIEN

  天 tiān et 年 nián étant assimilés à des mesures du temps, ils fonctionnent comme des classificateurs.

一天	一年
yī **tiān**	yī **nián**
un jour	un an

- Leçons (en tant qu'unités de mesure d'un manuel scolaire).

  ● 我们学了三课书。
  Wǒmen xuéle sān kè shū.
  On a étudié trois leçons [de manuel].

- Monnaie.
  块 kuài, 毛 máo et 分 fēn sont les classificateurs relatifs à la monnaie. Ils renvoient respectivement au yuan ou à l'unité principale de toute monnaie, à son dixième et à son centième. 块 kuài signifiant « morceau » (de pierre) est plus généralement classificateur de la mesure d'un morceau.

一分(钱)	一毛(钱)	两块(钱)
yī **fēn** (qián)	yī **máo** (qián)	liǎng **kuài** (qián)
un centime	un décime	deux yuans

- Distance entre deux stations.

  ● 到东方商场还有三站。
  Dào Dōngfāng shāngchǎng hái yǒu sān zhàn.
  Il y a encore trois stations avant le Marché de l'Orient.

3 Les nombres

▶ Le chinois marque sa différence à la fois dans la façon de compter et dans la façon de transcrire ce que l'on compte ou numérote.

LES NOMBRES CARDINAUX DE 0 À 10

Chiffre arabe	Graphie simple	Graphie complexe	Prononciation
0	〇, 零	零	líng
1	一	壹	yī, yí, yì, yāo
2	二, 两	贰	èr, liǎng
3	三	叁	sān
4	四	肆	sì
5	五	伍	wǔ
6	六	陆	liù
7	七	柒	qī
8	八	捌	bā
9	九	玖	jiǔ
10	十	拾	shí

Notez bien

Les graphies complexes sont utilisées pour les billets de banque et les chèques afin de prévenir d'éventuelles falsifications.

LES RANGS DE NUMÉRATION AU-DELÀ DE 10

十	shí	dix
百	bǎi	la centaine
千	qiān	le millier
万	wàn	le dix millier
亿	yì	le cent millions

GRAMMAIRE ▸ Les nombres

● **Jusqu'à 9999,** les rangs de numération sont identiques à ceux du français.

十一	*shíyī*	11 [10 + 1]
三百	*sānbǎi*	300 [3 × 100]
一百二十五	*yībǎi èrshíwǔ*	125 [1 × 100 + 2 × 10 + 5]
九千九百九十九	*jiǔqiān jiǔbǎi jiǔshíjiǔ*	9999 [9 × 1 000 + 9 × 100 + 9 × 10 + 9]

● **Au-delà de 9999,** il y a un décalage entre le chinois et le français. Ce décalage est souvent source de difficultés.

三万	*sānwàn*	trente mille
三十万	*sānshí wàn*	trois cents mille
三百万	*sānbǎi wàn*	trois millions
三千万	*sānqiān wàn*	trente millions
三亿	*sānyì*	trois cents millions
三十亿	*sānshí yì*	trois milliards
三百亿	*sānbǎi yì*	trente milliards
三千亿	*sānqiān yì*	trois cents milliards
三兆	*sānzhào*	un trillion

Un rang apparaît ainsi à chaque 10^4 (10 000) et non à chaque 10^3 (1 000) :
33 000 = 3 × 万 (3 × 10 000) + 3 × 千 (3 × 1 000)
= 三万三千 *sānwàn sānqiān*
456 000 = 45 × 万 (45 × 10 000) + 6 × 千 (6 × 1 000)
= 四十五万六千 *sìshíwǔ wàn liùqiān*

● 法国人口有六千五百万。
Fǎguó rénkǒu yǒu liùqiān wǔbǎi wàn.
La France a une population de 65 millions d'habitants [6 500 × 10 000].

● 中国人口有十四亿。
Zhōngguó rénkǒu yǒu shísì yì.
La Chine a une population de 1,4 milliard d'habitants [14 × 100 000 000].

● Le rang de la dizaine s'énonce 十 *shí* lorsqu'il est seul ou en tête d'un nombre, et 一十 *yīshí* dans les autres cas.

十二 *shí'èr* (12)　　　　　　　一百一十二 *yībǎi yīshí'èr* (112)

● 百 *bǎi* (la centaine), 万 *wàn* (le dix millier), 亿 *yì* (le cent million) se lisent toujours avec 一 *yī*.

一万一千一百一十 *yīwàn yīqiān yībǎi yīshí* (11 110)

Mais on n'utilise pas 一 *yī* devant 十万 *shíwàn* (cent mille), puisque 十 *shí* est en tête du nombre.

● 零 *líng* (zéro) s'énonce seulement une fois lorsqu'un ou plusieurs rangs ne présentent pas d'unités à l'intérieur d'un nombre.

一百零九 *yībǎi líng jiǔ* (109) 　　一万零九 *yīwàn líng jiǔ* (10 009)

> **NOTEZ BIEN**
> Lorsqu'un nombre se termine par un ou plusieurs zéro(s), on peut se passer de préciser le dernier rang.
> 四百五十 *sìbǎi wǔshí* (450) peut être abrégé en 四百五 *sìbǎi wǔ*.
> 四千五百 *sìqiān wǔbǎi* (4500) peut être abrégé en 四千五 *sìqiān wǔ*.

LE CHIFFRE 1

Si le chiffre 1 renvoie à la graphie la plus simple qui soit, 一, sa prononciation en revanche est très changeante :

● *yī* **au 1ᵉʳ ton** lorsqu'il est épelé de façon isolée, pour exprimer l'année ou un numéro de téléphone, à la fin d'un nombre :
一九九六年 *yī jiǔ jiǔ liù nián* (année 1996) ;

● *yí* **au 2ᵉ ton** lorsqu'il précède un caractère au 4ᵉ ton au sein d'un même mot : 一定 *yídìng* (défini, certain, sûrement) ;

● *yì* **au 4ᵉ ton** dans les autres cas : 一起 prononcé *yìqǐ* (ensemble) ;

● *yāo* **en lieu et place de** *yī* lorsqu'il est épelé avec d'autres chiffres afin d'éviter les confusions à l'oral :
三一一路车 *sān yāo yāo lù chē* (bus 311),
一〇一房间 *yāo líng yāo fángjiān* (chambre 101)

DEUX FAÇONS DE DIRE 2

● 二 *èr* est employé dans les cas suivants :

2 est un simple chiffre épelé (numéros de téléphone, de chambre, etc.).
二三二房间 *èr sān èr fángjiān* (chambre 232)

2 est final, après une unité plus grande.
十二 *shí'èr* (12)　　　三十二 *sānshí'èr* (32)

2 est suivi de 十 *shí* (dix) ou de 百 *bǎi* (cent).
二十 *èrshí* (vingt)　　　二百 *èrbǎi* (deux cents)

2 suit le préfixe ordinal 第 *dì*.
第二年 *dì-èr nián* (la deuxième année ; l'année suivante)

GRAMMAIRE ▸ Les nombres **3**

2 dénombre des unités de mesure traditionnelles.
　　二斤 *èr jīn* (deux livres)　　　　二寸 *èr cùn* (deux pouces)

● 两 *liǎng* est employé dans les cas suivants :

2 dénombre deux choses, deux personnes, avec emploi d'un classificateur (voir p. 57).
　　两个人 *liǎng ge rén* (deux personnes)

2 dénombre des unités de mesure récentes.
　　两米 *liǎng mǐ* (deux mètres)　　　两公斤 *liǎng gōngjīn* (deux kilos)

2 est suivi de 千 *qiān* (mille), 万 *wàn* (dix mille) et 亿 *yì* (cent millions) (même si 二 *èr* est possible).　　　　　　　▸ **DEUX P. 286**

LES NOMBRES ORDINAUX

● Les nombres ordinaux se forment à l'aide du préfixe 第 *dì*.
　第一 *dì-yī* (le premier)

● Le préfixe ordinal **n'est pas employé** dans les cas suivants.

Lignée	拿破仑一世 *Nápòlún yī shì* (Napoléon 1er)
Siècles	二十世纪 *èrshí shìjì* (XXe siècle)
Date et heure	三月二日上午九点 *sānyuè èr rì shàngwǔ jiǔ diǎn* (9 h, le 2 mars)
Rang dans la fratrie	老大 *lǎodà* (aîné, aînée) 老二 *lǎo'èr* (cadet, cadette)
Abréviations dans nombre de situations quotidiennes	八中 *bāzhōng* pour 第八中学 *dì bā zhōngxué* (Lycée n° 8) 三楼五门一号四层 *sān lóu wǔ mén yī hào sì céng* (appartement n° 1, porche n° 5, bâtiment 3, 4e étage)
Numéros de bus ou de train	三三三路汽车 *sān sān sān lù qìchē* (bus 333)

● En cas de dénombrement groupé (par exemple « les trois premiers »), on a recours à d'autres préfixes, tels 头 *tóu* ou 前 *qián* (les premiers).

头十个人　　前十个人
tóu shí ge rén　*qián shí ge rén*
les dix premières personnes

NOTEZ BIEN

Le chinois peut aussi avoir recours à la série dite « des Dix troncs célestes », ancien système cyclique de numérotation et de datation encore utilisé en astrologie, pour classifier, à la manière d'un système ordinal.

甲 乙 丙 丁 戊 己 庚 辛 壬 癸
jiǎ yǐ bǐng dīng wù jǐ gēng xīn rén guǐ

甲流感 jiǎ liúgǎn (grippe A)

甲组乙组 jiǎ zǔ yǐ zǔ (groupe A et groupe B)

POURCENTAGES, FRACTIONS ET DÉCIMALES

● **Les pourcentages et les fractions** s'expriment à l'aide de la détermination en 之 zhī (dont 的 de est l'équivalent en chinois moderne).

百分之一
bǎifēn **zhī** yī
1 %

三分之一
sānfēn **zhī** yī
1/3

● **La décimale** se dit à l'aide du mot 点 diǎn (point) et s'écrit à l'aide du point (.).

三点一四一六 [3.1416]
sān **diǎn** yī sì yī liù
3,1416

● Pour exprimer **la moitié** d'une unité, 半 bàn (demi) se place juste **avant** le classificateur.

半瓶
bàn píng
une demi-bouteille

半个小时
bàn ge xiǎoshí
une demi-heure

Pour ajouter une moitié à une unité, 半 bàn (demi) se place **après** le classificateur.

一天半
yī tiān **bàn**
un jour et demi

一个半小时
yī ge **bàn** xiǎoshí
une heure et demie

L'APPROXIMATION

Elle s'exprime par différents moyens :

● La simple juxtaposition, pour des chiffres qui se suivent.

四五万人民币
sì wǔwàn Rénmínbì
40 à 50 000 RMB

GRAMMAIRE ▸ Les nombres

● L'usage de l'indéfini 几 *jǐ* (quelques).

- 我有几百本中文书。
  *Wǒ yǒu **jǐ** bǎi běn zhōngwén shū.*
  J'ai quelques centaines de livres en chinois.

● 多 *duō* (ici : « plus de ») après le nombre, pour indiquer une quantité supérieure à l'unité indiquée, mais inférieure à la suivante.

- 他们班有二十多个同学。
  *Tāmen bān yǒu èrshí **duō** ge tóngxué.*
  Ils sont une vingtaine dans leur classe [entre 20 et 30].

NOTEZ BIEN

– 多 *duō* se place **avant** le classificateur avec les nombres ronds supérieurs à dix.

二十多个人	一百多年
*èrshí **duō** ge rén*	*yībǎi **duō** nián*
plus de vingt personnes	plus de cent ans

– 多 *duō* se place **après** le classificateur avec les nombres à une seule unité ou comportant une unité.

三年多	三点多钟	十五块多
*sān nián **duō***	*sān diǎn **duō** zhōng*	*shíwǔ kuài **duō***
plus de trois ans	un peu plus de trois heures	un peu plus de quinze yuans

● 来 *lái* (environ) employé après 10, 100, 1 000… ou après une unité de mesure.

- 我有十来支毛笔。
  *Wǒ yǒu shí **lái** zhī máobǐ.*
  J'ai dix pinceaux environ.

● 左右 *zuǒyòu* et 上下 *shàngxià* (environ) placés après le nombre.

十五个人左右	三十岁上下
*shíwǔ ge rén **zuǒyòu***	*sānshí suì **shàngxià***
quinze personnes environ	trente ans environ

● 大概 *dàgài* et 差不多 *chàbuduō* (à peu près) avant le nombre.

- 他今年大概十八十九岁了。
  *Tā jīnnián **dàgài** shíbā shíjiǔ suì le.*
  Il a environ 18, 19 ans.

- 他中文已经学了差不多三年了。
  *Tā zhōngwén yǐjīng xuéle **chàbuduō** sān nián le.*
  Cela fait à peu près trois ans qu'il fait du chinois.

4 Interrogatifs et indéfinis

▶ En chinois, les mêmes mots peuvent servir d'interrogatifs et d'indéfinis (qui ? / n'importe qui, quoi ? / n'importe quoi…). Les interrogatifs occupent dans la question la place de l'élément réponse, illustrant la grande stabilité de l'ordre des mots dans la phrase.
▶ **LA PHRASE INTERROGATIVE P. 147**

LES PRINCIPAUX INTERROGATIFS

谁？ *shéi ?* qui ?	谁去？ ***Shéi** qù ?* Qui y va ?	
什么？ *shénme ?* quoi ? quel ?	这是什么？ *Zhè shì **shénme** ?* Qu'est-ce que c'est ?	他做什么工作？ *Tā zuò **shénme** gōngzuò ?* Quel métier fait-il ?
什么时候？ *shénme shíhou ?* quand ?	你什么时候去？ *Nǐ **shénme shíhou** qù ?* Quand y vas-tu ?	
多少？ *duōshao ?* combien ?	这个手机多少钱？ *Zhè ge shǒujī **duōshao** qián ?* Combien coûte ce téléphone portable ?	
多长时间？ *duō cháng shíjiān ?* combien de temps ?	你等了多长时间？ *Nǐ děngle **duō cháng shíjiān** ?* Combien de temps as-tu attendu ?	
多久？ *duō jiǔ ?* combien de temps ?	你在法国多久了？ *Nǐ zài Fǎguó **duō jiǔ** le ?* Depuis quand (*ou* combien de temps) es-tu en France ?	
多大？ *duō dà ?* combien grand ? [âge ou surface]	你多大了？ *Nǐ **duō dà** le ?* Quel âge as-tu ?	这个房间（有）多大？ *Zhè ge fángjiān (yǒu) **duō dà** ?* Quelle est la surface de cette chambre ?
多重？ *duō zhòng ?* combien lourd ?	这台钢琴（有）多重？ *Zhè tái gāngqín (yǒu) **duō zhòng** ?* Quel est le poids de ce piano ?	
多远？ *duō yuǎn ?* combien loin ?	到地铁站，还（有）多远？ *Dào dìtiě zhàn, hái (yǒu) **duō yuǎn** ?* Quelle distance y a-t-il encore jusqu'au métro ?	
多长？ *duō cháng ?* combien long ?	黄河（有）多长？ *Huánghé (yǒu) **duō cháng** ?* Quelle est la longueur du fleuve Jaune ?	

GRAMMAIRE ▸ Interrogatifs et indéfinis **4**

多宽？ *duō kuān ?* combien large ?	楼道有多宽？有一米宽吗？ *Lóudào yǒu **duō kuān**? Yǒu yī mǐ kuān ma?* Quelle est la largeur du couloir ? 1 mètre de large ?	
几？ *jǐ?* combien ?	你买了几本书？ *Nǐ mǎile **jǐ** běn shū?* Combien de livres as-tu acheté ?	
哪？ *nǎ ?/něi?* lequel ?	你要哪一个？ *Nǐ yào **nǎ** yī ge?* Lequel veux-tu ?	
哪儿？／哪里？ *nǎr ?/nǎli?* où ?	你去哪儿？ *Nǐ qù **nǎr**?* Où vas-tu ?	你在哪里？ *Nǐ zài **nǎli**?* Où es-tu ?
怎么？ *zěnme ?* comment ? [moyen]	你怎么去？ *Nǐ **zěnme** qù?* Comment y vas-tu ?	他怎么还没到呢？ *Tā **zěnme** hái méi dào ne?* Comment se fait-il qu'il ne soit pas encore arrivé ?
怎么样？ *zěnmeyàng ?* comment ? [manière]	这个电影怎么样？ *Zhè ge diànyǐng **zěnmeyàng**?* Comment est ce film ?	他汉语说得怎么样？ *Tā hànyǔ shuō de **zěnmeyàng**?* Comment parle-t-il chinois ?
为什么？ *wèishénme ?* pourquoi ?	他为什么不在？ *Tā **wèishénme** bù zài?* Pourquoi n'est-il pas là ?	
干吗？ *gànmá ?* pour quoi faire ?	去找他干吗？ *Qù zhǎo tā **gànmá**?* Aller le voir… pour quoi faire ?	
……还是……？ *… háishi…?* ou (bien) ?	你今天上班还是休息？ *Nǐ jīntiān shàngbān **háishi** xiūxi?* Tu travailles aujourd'hui ou tu es en congé ?	

NOTEZ BIEN

怎么了？ *zěnme le ?*, expression interrogative, porte sur une situation survenue de façon inattendue.
他最近怎么了？
*Tā zuìjìn **zěnme le**?*
Que lui arrive-t-il ces derniers temps ?

NE CONFONDEZ PAS !

▶ Les adjectifs interrogatifs 什么？ *shénme ?* et 哪？ *nǎ ?* peuvent tous deux se traduire par « quel ? ».

Cependant :

什么 shénme interroge sur la nature de la chose et peut aussi être pronom interrogatif.

- 他做什么工作?
  Tā zuò **shénme** gōngzuò?
  Que fait-il comme métier? [adjectif interrogatif]
- 你星期天喜欢做什么?
  Nǐ xīngqītiān xǐhuan zuò **shénme**?
  Qu'aimes-tu faire le dimanche? [pronom interrogatif]

哪 nǎ interroge sur un choix à faire (lequel?), entraîne l'emploi d'un classificateur et ne peut pas être employé comme pronom interrogatif.

- 这三个相机,你喜欢哪一个?
  Zhè sān ge xiàngjī, nǐ xǐhuan **nǎ** yī ge?
  De ces trois appareils photos, lequel préfères-tu? [adjectif interrogatif]

怎么样 zěnmeyàng interroge sur la qualité ou sur l'état (comment est-il?), alors que 怎么 zěnme interroge sur le moyen. Comparez :

- 他写得怎么样?
  Tā xiě de **zěnmeyàng**?
  Comment écrit-il? [bien? pas bien?]
- 这个字怎么写?
  Zhè ge zì **zěnme** xiě?
  Comment écrire ce caractère? [avec quels traits?]

几 jǐ s'emploie pour des quantités n'excédant pas dix, alors que 多少 duōshao s'emploie quelle que soit la quantité.

- 你们家有几个孩子?
  Nǐmen jiā yǒu **jǐ** ge háizi?
  Combien avez-vous d'enfants dans la famille?
- 这家公司有多少职员?
  Zhè jiā gōngsī yǒu **duōshao** zhíyuán?
  Combien y a-t-il d'employés dans cette société?

LES PRONOMS INDÉFINIS

Les pronoms interrogatifs peuvent jouer le rôle de pronoms indéfinis dans deux cas :

Avec l'adverbe 都 dōu (ou 也 yě dans les phrases négatives) en reprise.

什么都/也	谁都/也	哪儿都/也	哪个都/也
shénme dōu/yě	shéi dōu/yě	nǎr dōu/yě	nǎ ge dōu/yě
n'importe quoi	tout le monde / personne	n'importe où	n'importe lequel

GRAMMAIRE ▸ Interrogatifs et indéfinis

- 谁都知道这件事。
  Shéi dōu zhīdào zhè jiàn shì.
  Tout le monde est au courant de cette affaire.

- 他哪儿都没去。
  *Tā **nǎr dōu** méi qù.*
  Il n'est allé nulle part.

- 到现在,谁也不能回答这个问题。
  *Dào xiànzài, **shéi yě** bù néng huídá zhè ge wèntí.*
  À ce jour, personne ne peut répondre à cette question.

- 广东人什么都吃。
  *Guǎngdōngrén **shénme dōu** chī.*
  Les Cantonais mangent de tout.

▶ Avec la reprise du même indéfini dans une seconde proposition ponctuée par 就 *jiù*.

- 想去哪儿,就去哪儿!
  *Xiǎng qù **nǎr**, jiù qù **nǎr**!*
  Allez où vous voulez !

- 你什么时候需要,你就什么时候来找我!
  *Nǐ **shénme shíhou** xūyào, nǐ jiù **shénme shíhou** lái zhǎo wǒ!*
  Viens me voir quand tu en auras besoin !

- 他怎么做,你就怎么做!
  *Tā **zěnme** zuò, nǐ jiù **zěnme** zuò!*
  Fais comme lui ! [litt. : Fais comme il fait !]

- 他做什么,你就做什么!
  *Tā zuò **shénme**, nǐ jiù zuò **shénme**!*
  Fais ce qu'il fait !

- 谁去过那个地方,谁就带路!
  ***Shéi** qùguo nà ge dìfang, **shéi** jiù dàilù!*
  Que celui qui y est déjà allé montre le chemin !

5 Les pronoms personnels

▶ Les pronoms personnels chinois jouent le même rôle que les pronoms personnels français, mais ils sont invariables quelle que soit leur fonction dans la phrase (sujet ou objet).

FORMES

SINGULIER	PLURIEL
我 *wǒ* je, moi, me	我们 / 咱们 *wǒmen / zánmen* nous / nous [inclusif]
你 *nǐ* tu, toi, te	你们 *nǐmen* vous
他 *tā* il, lui, le [masc.]	他们 *tāmen* ils, eux, les [masc.]
她 *tā* elle, la [fém.]	她们 *tāmen* elles, les [fém.]
它 *tā* il, elle, le, la [neutre]	它们 *tāmen* ils, elles, eux, les [neutre]

● Les pronoms personnels étant invariables, le chinois ne fait pas de distinction entre «je», «me» et «moi».

• 你不来找我，我去找你！
Nǐ bù lái zhǎo wǒ, wǒ qù zhǎo nǐ!
Si tu ne viens pas à moi, j'irai à toi !

Notez bien

On peut retrouver un pronom personnel «soudé» à l'intérieur d'un mot, ce qui explique l'absence de 们 *men* ou de 的 *de* (voir p. 74).

| 我国 *wǒguó* national, notre pays [mon-pays] | 我校 *wǒxiào* notre établissement [mon-école] | 你方 *nǐfāng* votre côté [ton-côté] |

● Le pluriel des pronoms personnels est marqué par le suffixe 们 *men*.

我 *wǒ* → 我们 *wǒmen*   你 *nǐ* → 你们 *nǐmen*   他 *tā* → 他们 *tāmen*

GRAMMAIRE ▶ Les pronoms personnels 5

NOTEZ BIEN
Il ne faut pas pour autant assimiler 们 *men* au pluriel, les noms en chinois n'étant pas variables en nombre ou en genre (voir p. 52).
很多人都走了。
Hěn duō rén dōu zǒu le.
Beaucoup de gens sont partis.

- Au XXᵉ siècle, à côté du pronom de la 3ᵉ personne 他, sont apparus les pronoms 她 (spécifiquement féminin) et 它 (neutre), la prononciation restant la même dans tous les cas : *tā*.

PARTICULARITÉS

- Il existe en chinois deux équivalents de « nous » : 咱们 *zánmen* et 我们 *wǒmen*. 咱们 *zánmen* comprend l'interlocuteur alors que 我们 *wǒmen* ne l'inclut pas nécessairement. Comparez :

  • 我们是北京人，你们是香港人，可咱们都说普通话！
  *Wǒmen shì Běijīngrén, nǐmen shì Xiānggǎngrén, kě **zánmen** dōu shuō pǔtōnghuà!*
  Nous sommes de Pékin, vous de Hong Kong, mais nous parlons tous mandarin !

  • 我们走了，咱们再见吧！
  *Wǒmen zǒu le, **zánmen** zài jiàn ba!*
  On y va, à la prochaine fois !

- Le pronom neutre de 3ᵉ personne se rapporte aux animaux ou aux objets.

  • 你的小猫真可爱！它叫什么名字？
  *Nǐ de xiǎomāo zhēn kě'ài! **Tā** jiào shénme míngzi?*
  Ton petit chat est vraiment mignon ! Comment s'appelle-t-il ?

- Le pronom indéfini 人家 *rénjia* peut remplacer un pronom personnel :

  À la 1ʳᵉ personne, dans la langue orale, et souvent sur un ton de reproche.

  • 人家不愿意，你为什么要人家做呢？
  ***Rénjia** bù yuànyì, nǐ wèishénme yào **rénjia** zuò ne?*
  Je refuse de le faire. Pourquoi insistes-tu ?

  À la 3ᵉ personne définie (il, elle).

  • 他对你那么好，你要感谢人家！
  *Tā duì nǐ nàme hǎo, nǐ yào gǎnxiè **rénjia**!*
  Il est si gentil avec toi, tu devrais le remercier !

  À la 3ᵉ personne indéfinie (autrui).

  • 要学习人家的长处。
  *Yào xuéxí **rénjia** de chángchu.*
  Il faut prendre exemple sur les qualités d'autrui.

▶ ON P. 307

MARQUES DE POLITESSE

- À la 2ᵉ personne, il existe un pronom de politesse : 您 *nín* (vous), plus employé qu'auparavant. Notez qu'il ne peut pas être suivi du suffixe du pluriel 们 *men*.

  - 王先生，您什么时候走？
    *Wáng xiānsheng, **nín** shénme shíhou zǒu ?*
    Monsieur Wang, quand partez-vous ?

- Certaines marques de politesse tiennent lieu de pronoms personnels :

  À la 2ᵉ personne (sens mélioratif).

  - 贵姓？
    Guìxìng ?
    À qui ai-je l'honneur ? [Honorable nom ?]

  - 久闻大名。
    Jiǔwén dàmíng.
    Il y a longtemps que j'entends parler de vous. [J'ai entendu longtemps votre grand nom.]

  - 久仰大名。
    Jiǔyǎng dàmíng.
    J'ai beaucoup entendu parler de vous. [J'ai levé longtemps la tête vers votre grand nom.]

  - 拜读大作。
    Bàidú dàzuò.
    J'ai lu votre ouvrage. [J'ai lu les mains jointes votre grande œuvre.]

  - 惠函
    huìhán
    votre lettre [votre missive bienveillante]

  À la 1ʳᵉ personne (sens péjoratif).

  - 敝姓……
    Bìxìng…
    Mon nom de famille est… [Mon nom délabré est…]

  - 贱姓……
    Jiànxìng…
    Mon nom de famille est… [Mon humble nom est…]

- D'autres expressions de politesse sont plus ou moins tombées en désuétude : 补壁 *bǔbì* (pour cacher les trous du mur) et 覆瓿 *fùbù* (pour boucher le pot à légumes) sont deux expressions de modestie, utilisées respectivement par quelqu'un qui offre une peinture de sa composition ou un écrit dont il est l'auteur.

6 La particule 的 *de*

▶ 的 *de* est le plus utilisé de tous les caractères chinois (plus de quatre fois tous les cent caractères).
C'est une particule de détermination qui sert de lien entre le(s) déterminant(s) et le nom.

EMPLOIS DE 的 *de*

- Le chinois emploie la particule 的 *de* à chaque fois qu'une information ponctuelle, particulière, affecte le nom. Cette particule rattache cette information (déterminant), placée avant, au nom (déterminé), placé après : **déterminant** + 的 *de* + **déterminé**.

    王先生的车
    *Wáng xiānsheng **de** chē*
    la voiture de Monsieur Wang

- L'information (déterminant) peut être un nom, un pronom, un qualificatif ou une proposition toute entière. Ainsi, à un possessif (**mon** stylo), un adjectif qualificatif (une **belle** chanson) ou une proposition relative (le plat **que j'aime manger**) correspond en chinois une **relation en** 的 *de*.

    - 我坐过他的车。
      *Wǒ zuòguo tā **de** chē.*
      J'ai déjà pris sa voiture.

    - 这是一辆很漂亮的车。
      *Zhè shì yī liàng hěn piàoliang **de** chē.*
      C'est une belle voiture.

    - 是他去年买的车。
      *Shì tā qùnián mǎi **de** chē.*
      C'est la voiture qu'il a achetée l'an dernier.

- L'information peut être également un pronom interrogatif.

    - 是谁的车?
      *Shì **shéi de** chē?*
      À qui est la voiture ?

- Le nom peut être sous-entendu. Dans ce cas, la place après 的 *de* reste vide.

    - 这个酒店的房间，有便宜的，有贵的。
      *Zhè ge jiǔdiàn de fángjiān, yǒu piányi **de**, yǒu guì **de**.*
      Des chambres, dans cet hôtel, il y en a des bon marché et des chères.

    - 这个背包是我的。
      *Zhè ge bèibāo shì wǒ **de**.*
      Ce sac à dos est le mien.

NOTEZ BIEN

Une des principales difficultés de compréhension écrite consiste à repérer le « noyau » du groupe nominal, lorsque l'information qui lui est rattachée en amont est longue et comporte plusieurs 的 *de*. Le « noyau » doit être cherché après le dernier 的 *de*.

我哥哥的邻居昨天送我的那套文房四宝……
Wǒ gēge de línjū zuótiān sòng wǒ de nà tào wénfáng sìbǎo…
Cet ensemble à calligraphie que le voisin de mon frère aîné m'a offert hier…

CAS OÙ 的 *de* NE S'EMPLOIE PAS

- La particule 的 *de* n'est pas employée lorsque le nom et l'information qui le précise forment un seul mot qui désigne un tout, une catégorie. Comparez :

老实人
lǎoshirén
les honnêtes hommes
[une catégorie de personnes]

很老实的人
hěn lǎoshi de rén
une personne honnête
[jugement ponctuel, particulier]

伟大领袖
wěidà lǐngxiù
le grand-dirigeant
[il relève de cette catégorie]

很伟大的领袖
hěn wěidà de lǐngxiù
un grand dirigeant
[un dirigeant que l'on considère comme grand]

写信人
xiěxìnrén
l'expéditeur

写信的人
xiěxìn de rén
celui qui écrit la lettre

- Autres exemples

法国人
Fǎguórén
le(s) Français

英文报
yīngwénbào
les journaux en anglais

好学生
hǎoxuésheng
un bon élève [la catégorie des…]

好人和坏人
hǎorén hé huàirén
les bons et les méchants

新书
xīnshū
les nouveautés [en librairie]

漂亮话
piàolianghuà
les belles paroles

- 的 *de* est souvent omis dans l'expression d'une relation humaine proche.

我太太
wǒ tàitai
ma femme

我孩子
wǒ háizi
mon enfant

我弟弟
wǒ dìdi
mon frère cadet

他妈妈
tā māma
sa mère

王大明家
Wáng Dàmíng jiā
chez Wang Daming

我朋友
wǒ péngyou
mon ami

GRAMMAIRE ▸ **La particule** 的 *de*

NOTEZ BIEN
Lorsqu'une relation de détermination relie plusieurs relations proches, 的 *de* n'est généralement employé qu'une fois, avant le déterminé.
是我女朋友哥哥的同学。
Shì wǒ nǚpéngyou gēge de tóngxué.
C'est le camarade de classe du grand frère de ma petite amie.

的 *de* est aussi omis pour indiquer l'appartenance à une institution.

他们学校
tāmen xuéxiào
leur école

我们单位
wǒmen dānwèi
notre lieu de travail

NOTEZ BIEN
Ne vous fiez pas aux apparences ! L'absence de la particule 的 *de* n'est pas nécessairement une omission : ce peut être le signe d'un double thème de phrase. Comparez :
你身体好吗?
Nǐ shēntǐ hǎo ma ?
Tu vas bien ? [« En ce qui te concerne-la santé-c'est bon ? » ; deux thèmes : 你 *nǐ* et 身体 *shēntǐ* ; 你身体 *nǐ shēntǐ* n'est donc pas la contraction de 你的身体 *nǐ de shēntǐ*.]
你的身体好吗?
Nǐ de shēntǐ hǎo ma ?
Tu vas bien ? [« Ta-santé-est bonne ? » ; un thème : 你的身体 *nǐ de shēntǐ*.]
Si la traduction en français ne rend pas la distinction, les deux phrases sont construites différemment en chinois.

7 Les démonstratifs

▶ Les démonstratifs, adjectifs ou pronoms, désignent soit ce qui est proche, soit ce qui est éloigné. Attention : les adjectifs démonstratifs sont suivis d'un classificateur.

LES ADJECTIFS DÉMONSTRATIFS

- Les adjectifs démonstratifs sont 这 *zhè* (souvent prononcé *zhèi*, en raison de la fusion avec 一 *yī*) pour les objets et les personnes **proches** et 那 *nà* (également prononcé *nèi*) pour les objets et les personnes **éloignés**.

- Entre l'adjectif démonstratif et le nom (lequel peut être sous-entendu), on emploie obligatoirement un **classificateur** (voir p. 57).

    • 这个背包是我的，那个呢？
    Zhè ge bèibāo shì wǒ de, nà ge ne?
    Ce sac à dos est à moi. Et celui-là ?

- Lorsque le nom est précédé d'un complément, 这 *zhè* et 那 *nà* ont une fonction de reprise et de focalisation sur l'objet.

    • 你上次给我看的那本书不错！
    Nǐ shàngcì gěi wǒ kàn de nà běn shū bùcuò!
    Le livre que tu m'as montré la dernière fois est pas mal !

    ### Notez bien
    Chercher ses mots en chinois revient à désigner plus ou moins indéfiniment quelque chose de sous-entendu :
    这个这个这个 *zhè ge zhè ge zhè ge* ou 那个那个那个 *nà ge nà ge nà ge*
    (« heu… heu… », soit : « ce… ce… »).

- 此 *cǐ* est un démonstratif relevant du style écrit.

    • 此地禁止吸烟。
    Cǐdì jìnzhǐ xīyān.
    Il est interdit de fumer ici.

LES PRONOMS DÉMONSTRATIFS

- Les pronoms démonstratifs sont 这 *zhè* (prononcé souvent *zhèi*) pour les personnes et les objets **proches** et 那 *nà* (prononcé également *nèi*) pour les personnes et les objets **éloignés**. Ils peuvent être sous-entendus.

    • (这)是什么？
    (Zhè) shì shénme?
    Qu'est-ce que c'est ?

Grammaire ▸ Les démonstratifs **7**

● Les pronoms démonstratifs **locatifs** sont 这儿 *zhèr* ou 这里 *zhèli* (ici) pour les lieux **proches** et 那儿 *nàr* ou 那里 *nàli* (là-bas) pour les lieux **éloignés**. 那儿 *nàr* ou 那里 *nàli* précédés d'un nom de personne peuvent signifier « chez » (au sens propre comme au sens figuré).

我朋友那儿
*wǒ péngyou **nàr***
chez mon ami

雨果那儿
*Yǔguǒ **nàr***
chez Victor Hugo

▸ **Chez p. 276**

● Les pronoms démonstratifs 这样 *zhèyàng* et 那样 *nàyàng* (de la sorte, ainsi) expriment la **manière**.

- 他不应该那样问你。
  *Tā bù yīnggāi **nàyàng** wèn nǐ.*
  Il n'aurait pas dû te poser la question ainsi.

- 这样拿笔不对。
  ***Zhèyàng** ná bǐ bù duì.*
  Tenir son pinceau comme ça n'est pas correct.

● Les pronoms démonstratifs 这么 *zhème* et 那么 *nàme* (si, tellement) expriment le **degré d'une appréciation** devant un verbe qualificatif ou un verbe de sentiment.

- 我买了这么大的西瓜！
  *Wǒ mǎile **zhème** dà de xīguā!*
  J'ai acheté une pastèque grosse comme ça !

- 那么大的房间，一定很贵吧！
  ***Nàme** dà de fángjiān, yīdìng hěn guì ba!*
  Une si grande chambre est sûrement très chère !

- 我孩子已经有我这么高了！
  *Wǒ háizi yǐjing yǒu wǒ **zhème** gāo le!*
  Mon fils est déjà aussi grand que moi !

La forme négative est 不那么 *bù nàme*. Comparez :

- 这儿的东西怎么这么/那么贵？
  *Zhèr de dōngxi zěnme **zhème/nàme** guì?*
  Comment se fait-il que les choses soient si chères ici ?

- 我的儿子不那么爱看书。
  *Wǒ de érzi **bù nàme** ài kànshū.*
  Mon fils n'aime pas tellement lire.

▸ **Autant p. 270**

Notez bien

这么 *zhème* et 那么 *nàme* (comme ça) peuvent aussi être employés devant un verbe d'action pour exprimer la manière.

那就这么办吧！
*Nà jiù **zhème** bàn ba!*
Alors faisons comme ça !

8 Les locatifs

▶ Les locatifs servent à localiser dans l'espace et dans le temps, certains étant polyvalents. Ils correspondent en français à des adverbes de temps et de lieu (devant, après…) ou à des locutions prépositionnelles (au-dessus de, à l'intérieur de…).

CARACTÉRISTIQUES DES LOCATIFS

- Les locatifs peuvent être monosyllabiques.

    桌子上
    zhuōzi **shàng**
    sur la table

    五年前
    wǔ nián **qián**
    cinq ans avant

- Ils peuvent être dissyllabiques.

    桌子上边
    zhuōzi **shàngbian**
    sur la table

    五年以前
    wǔ nián **yǐqián**
    cinq ans avant

- Les locatifs dissyllabiques peuvent s'employer **seuls**, en tête de phrase.

    • 外面很冷。
    Wàimian hěn lěng.
    Il fait froid dehors.

- Employés **avec un nom,** les locatifs se placent après lui.

    • 动物园东边就是三三路车站。
    Dòngwùyuán **dōngbian** jiù shì sān sān lù chēzhàn.
    À l'est du zoo, c'est l'arrêt du bus 33.

- Les locatifs peuvent former une circonstance autonome ou un thème de phrase.

    Circonstance

    • 我以前没去过那儿。
    Wǒ **yǐqián** méi qùguo nàr.
    Je n'y étais jamais allé avant.

    Thème

    • 以前，交通不方便。
    Yǐqián, jiāotōng bù fāngbiàn.
    Avant, les transports n'étaient pas pratiques.

- Ils peuvent former un **déterminant** du nom.

    • 以前的电脑太重。
    Yǐqián de diànnǎo tài zhòng.
    Les ordinateurs d'avant étaient trop lourds.

- Les locatifs temporels peuvent également former une **proposition** de temps.

    • 上班以前，我们去茶馆喝茶。
    Shàngbān **yǐqián**, wǒmen qù cháguǎn hē chá.
    Avant le travail, nous allons à la maison de thé.

GRAMMAIRE ▸ Les locatifs

LOCATIFS SPATIAUX

Les locatifs spatiaux dissyllabiques se forment avec les locatifs monosyllabiques, précédés de 以 yǐ ou 之 zhī ou suivis de 边 bian (litt. « côté »), 面 mian (litt. « face ») ou 头 tou, plus oral.

	边 bian	面 mian	头 tou	以 yǐ	之 zhī	
上 shàng	上边 shàngbian	上面 shàngmian	上头 shàngtou	以上 yǐshàng	之上 zhīshàng	au-dessus de
下 xià	下边 xiàbian	下面 xiàmian	下头 xiàtou	以下 yǐxià	之下 zhīxià	au-dessous de
前 qián	前边 qiánbian	前面 qiánmian	前头 qiántou	∅	之前 zhīqián	devant
后 hòu	后边 hòubian	后面 hòumian	后头 hòutou	∅	之后 zhīhòu	derrière
左 zuǒ	左边 zuǒbian	左面 zuǒmian	∅	∅	∅	à gauche de
右 yòu	右边 yòubian	右面 yòumian	∅	∅	∅	à droite de
旁 páng	旁边 pángbiān	∅	∅	∅	∅	à côté de
里 lǐ	里边 lǐbian	里面 lǐmian	里头 lǐtou	∅	∅	à l'intérieur de
内 nèi	∅	∅	∅	以内 yǐnèi	之内 zhīnèi	en deçà de
外 wài	外边 wàibian	外面 wàimian	外头 wàitou	以外 yǐwài	之外 zhīwài	à l'extérieur de, au-delà de
北 běi	北边 běibian	北面 běimian	北头 běitou	[peu fréquent]		au nord de
南 nán	南边 nánbian	南面 nánmian	南头 nántou	[peu fréquent]		au sud de
东 dōng	东边 dōngbian	东面 dōngmian	东头 dōngtou	[peu fréquent]		à l'est de
西 xī	西边 xībian	西面 xīmian	西头 xītou	[peu fréquent]		à l'ouest de

中 zhōng	中间 zhōngjiān	当中 dāngzhōng	其中 qízhōng	之中 zhīzhōng	au milieu de, entre, parmi
间 jiān		∅	∅	之间 zhījiān	

- 这本书里边有很多有意思的故事。
  Zhè běn shū **lǐbian** yǒu hěn duō yǒu yìsi de gùshi.
  Il y a beaucoup d'histoires intéressantes dans ce livre.

- 你坐在我旁边吧!
  Nǐ zuòzài wǒ **pángbiān** ba!
  Assieds-toi donc à côté de moi!

- 旅馆后边是一个小花园。
  Lǚguǎn **hòubian** shì yī ge xiǎo huāyuán.
  Derrière l'hôtel, il y a un petit jardin.

- 我在医院南面那个停车场等你!
  Wǒ zài yīyuàn **nánmian** nà ge tíngchēchǎng děng nǐ!
  Je t'attends au parking au sud de l'hôpital!

▶ Points cardinaux p. 314

中间 zhōngjiān signifie à la fois « au milieu de deux extrêmes » et « au sein d'un ensemble », 之间 zhījiān « au milieu de deux extrêmes » et 中 zhōng « au sein d'un ensemble ».

- 从北京到天津,火车中间要停一次。
  Cóng Běijīng dào Tiānjīn, huǒchē **zhōngjiān** yào tíng yī cì.
  Le train s'arrête une fois entre Pékin et Tianjin.

- 我们中间,王文最年轻。
  Wǒmen **zhōngjiān**, Wáng Wén zuì niánqīng.
  Wang Wen est le plus jeune d'entre nous.

- 苏州在南京和上海之间。
  Sūzhōu zài Nánjīng hé Shànghǎi **zhījiān**.
  Suzhou est entre Nankin et Shanghai.

- 她信中提到了你。
  Tā xìn **zhōng** tídàole nǐ.
  Elle a parlé de toi dans son courrier.

中间 zhōngjiān (au milieu, entre) et 当中 dāngzhōng (parmi) sont d'un emploi comparable, mais 当中 dāngzhōng ne peut pas être déterminant direct d'un nom, à la différence de 中间 zhōngjiān.

- 我们当中的许多人都有工作经验。
  Wǒmen **dāngzhōng** de xǔduō rén dōu yǒu gōngzuò jīngyàn.
  Plusieurs d'entre nous ont une expérience professionnelle.

以上 yǐshàng / 之上 zhīshàng et 以下 yǐxià / 之下 zhīxià ont un sens spatial, mais 以上 yǐshàng et 以下 yǐxià peuvent aussi être employés seuls et porter sur un chiffre (âge, température, mesure...).

- 以下是我的一些想法。
  Yǐxià shì wǒ de yī xiē xiǎngfǎ.
  Quelques-unes de mes idées se trouvent ci-après.

- 十个人以上可以买团体票。
  Shí ge rén **yǐshàng** kěyǐ mǎi tuántǐpiào.
  Au-dessus de dix personnes, on peut avoir un tarif de groupe.

- 今天的气温在零度以下。
  Jīntiān de qìwēn zài líng dù **yǐxià**.
  La température d'aujourd'hui est en dessous de zéro.

GRAMMAIRE ▸ Les locatifs

LOCATIFS TEMPORELS

- Les locatifs monosyllabiques 前 qián (avant de) et 后 hòu (après) peuvent s'employer avec des noms.

  - 三十年前，房租很便宜。
    *Sānshí nián **qián**, fángzū hěn piányi.*
    Il y a trente ans, les loyers étaient très bon marché.

  - 我爷爷喜欢饭后散步。
    *Wǒ yéye xǐhuan fàn **hòu** sànbù.*
    Mon grand-père aime se promener après le repas.

- Les locatifs dissyllabiques se forment avec les locatifs monosyllabiques, précédés de 以 yǐ ou 之 zhī.

	以 yǐ	之 zhī	
前 qián avant (de)	以前 yǐqián	之前 zhīqián	我们吃饭以前去找他，好吗？ *Wǒmen chīfàn **yǐqián** qù zhǎo tā, hǎo ma?* Et si on allait le voir avant de manger ?
			三个月之前，他就离开北京去上海工作了。 *Sān ge yuè **zhīqián**, tā jiù líkāi Běijīng qù Shànghǎi gōngzuò le.* Il a quitté Pékin il y a trois mois pour aller travailler à Shanghai.
后 hòu après	以后 yǐhòu	之后 zhīhòu	开会以后，要写一份报告。 *Kāihuì **yǐhòu**, yào xiě yī fèn bàogào.* Après la réunion, il faudra rédiger un rapport.
内 nèi en l'espace de, en deçà de [période]	以内 yǐnèi	之内 zhīnèi	三天之内要完成任务。 *Sān tiān **zhīnèi** yào wánchéng rènwù.* Il faut terminer la tâche dans les trois jours.
			一个月以内把文章写完，好吗？ *Yī ge yuè **yǐnèi** bǎ wénzhāng xiěwán, hǎo ma?* Rédigez l'article en moins d'un mois, d'accord ?
Ø depuis [période écoulée jusqu'au moment où l'on parle]	以来 yǐlái	Ø	他当市长以来，城市发生了很大的变化。 *Tā dāng shìzhǎng **yǐlái**, chéngshì fāshēngle hěn dà de biànhuà.* Depuis qu'il est maire, cette ville a connu de grands changements.
			三个月以来，没有人见到过他。 *Sān ge yuè **yǐlái**, méiyǒu rén jiàndào guo tā.* Personne ne l'a vu depuis trois mois.

- Les locatifs monosyllabiques 前 qián et 后 hòu ne peuvent pas s'employer de façon isolée, en tête de phrase par exemple.

Les locatifs dissyllabiques 以前 yǐqián / 之前 zhīqián et 以后 yǐhòu / 之后 zhīhòu sont d'un emploi plus ordinaire. Eux seuls peuvent se combiner avec les locutions composées 很久 hěn jiǔ et 很早 hěn zǎo : 很久以前 hěn jiǔ yǐqián (longtemps avant), 很久以后 hěn jiǔ yǐhòu (longtemps après).

- 以前，他没有这么多钱。
  Yǐqián, tā méi yǒu zhème duō qián.
  Avant, il n'avait pas autant d'argent.

- 以后再联系！
  Yǐhòu zài liánxì !
  Recontactons-nous par la suite !

- 这是很早以前的事情了。
  Zhè shì hěn zǎo yǐqián de shìqing le.
  Cela remonte à il y a très longtemps.

- 很多老人每天起床以后都要去公园打太极拳。
  Hěn duō lǎorén měi tiān qǐchuáng yǐhòu dōu yào qù gōngyuán dǎ tàijíquán.
  Tous les matins après le réveil, beaucoup de personnes âgées vont au parc faire du taichi.

LOCATIFS À SENS FIGURÉ

除了……之外/以外 *chúle… zhīwài/yǐwài* à part	除了汉语之外，你还会哪一种语言？ *Chúle hànyǔ zhīwài, nǐ hái huì nǎ yī zhǒng yǔyán ?* À part le chinois, quelle langue connais-tu ?
以上 *yǐshàng* ci-dessus, plus de (+ chiffre)	以上只是我的看法。 *Yǐshàng zhǐ shì wǒ de kànfǎ.* Ce qui précède n'est que mon avis. 十斤以上的西瓜很少。 *Shí jīn yǐshàng de xīguā hěn shǎo.* Il y a peu de pastèques de plus de dix livres.
以外/除了……以外 *yǐwài/chúle… yǐwài* au-delà de, outre	长城以外 *Chángchéng yǐwài* au-delà de la Grande Muraille 除了中文书以外 *chúle zhōngwén shū yǐwài* outre les livres en chinois
以下 *yǐxià* ci-dessous, en dessous de	以下只是我的看法。 *Yǐxià zhǐ shì wǒ de kànfǎ.* Ce qui suit n'est que mon avis. 今天很冷，零度以下吧？ *Jīntiān hěn lěng, líng dù yǐxià ba ?* Il fait froid aujourd'hui, en dessous de zéro, non ?

GRAMMAIRE ▸ Les locatifs 8

(在)……上 (zài)... shàng dans le domaine de, sur le plan de	经济上比较困难。 Jīngjì **shàng** bǐjiào kùnnan. C'est assez difficile au plan économique.
在……中 zài... zhōng dans le cours de, dans le cadre de, au sein de	他还在治疗中。 Tā hái **zài** zhìliáo **zhōng**. Il est encore sous traitement.
在……下 zài... xià dans les conditions	在大家的帮助下，问题终于解决了。 **Zài** dàjiā de bāngzhù **xià**, wèntí zhōngyú jiějué le. Avec l'aide de tous, le problème a finalement été résolu.

EMPLOIS PARTICULIERS

▸ 其中 qízhōng est un locatif autonome qui s'emploie sans nom : il a une valeur pronominale (parmi ces personnes ou ces choses).

- 今天来了三个人，其中一个我不认识。
  Jīntiān láile sān ge rén, **qízhōng** yī ge wǒ bù rènshi.
  Trois personnes sont venues aujourd'hui ; parmi elles, il y en a une que je ne connais pas.

▸ 里边 lǐbian et 外边 wàibian ne s'emploient pas avec les noms propres géographiques.

- 北京骑车越来越不方便了。
  Běijīng qí chē yuèláiyuè bù fāngbiàn le.
  Il est de moins en moins commode de circuler à vélo dans Pékin.

La particule de détermination 的 de est souvent omise.

工厂外边
gōngchǎng wàibian
à l'extérieur de l'usine

房间里边
fángjiān lǐbian
à l'intérieur de la chambre

NOTEZ BIEN

Certains locatifs monosyllabiques, « soudés » à des noms, forment des expressions figées.

家里
jiāli
la famille

楼上
lóushàng
dans les étages

身旁
shēnpáng
aux côtés de qqn

9 Les verbes : généralités

▶ Les verbes en chinois ne sont pas modifiés par le mode ou le temps : ils ne se conjuguent pas. Ils portent des marques d'aspect (de l'action réalisée, de l'expérience vécue, de l'état prolongé), le temps étant exprimé par des moyens lexicaux. La nature particulière de certains verbes détermine la possibilité, la fréquence ou l'impossibilité de certaines constructions.

LES VERBES D'ACTION

Les verbes d'action ont pour particularité de ne pas simplement désigner l'action, mais de refléter la réalité effective d'un **processus**. Les verbes d'action n'aiment pas la solitude. Ils sont donc la plupart du temps **complétés** par un objet, une appréciation, un résultat, une direction.

La plupart des verbes d'action peuvent être modifiés par les **suffixes d'aspect** du verbe : 了 *le* (aspect de l'action réalisée, voir p. 118), 过 *guo* (aspect de l'expérience vécue, voir p. 124), 着 *zhe* (aspect de l'état prolongé, voir p. 122). Mais ils ne peuvent pas être modifiés par des adverbes de degré.

LES VERBES QUALIFICATIFS

En chinois, ce qui qualifie a valeur de verbe : 大 *dà* (être grand), 少 *shǎo* (être peu nombreux). On parle de **verbes qualificatifs** ou **verbes adjectifs** ou **verbes de qualité** (voir p. 96). Ils peuvent être l'élément principal de la phrase (prédicat ou commentaire de phrase) et peuvent être modifiés par des adverbes de degré.

LE VERBE 是 *shì* (ÊTRE)

Le verbe 是 *shì* (être) est d'un emploi plus restreint que le verbe « être » (voir p. 90). Il ne peut pas être associé aux suffixes d'aspect. Il ne s'utilise pas pour qualifier quelque chose ou quelqu'un (« être grand », « être content », voir p. 96), ni pour dire « être quelque part » (在 *zài*).

LES VERBES AUXILIAIRES

Appelés aussi « verbe modaux », ils **aident** le verbe qu'ils introduisent à exprimer la volonté, la capacité, l'obligation… (voir p. 92).

GRAMMAIRE ▸ Les verbes : généralités

LE VERBE 有 *yǒu* (AVOIR)

Le verbe 有 *yǒu* exprime la possession (avoir quelque chose) ou l'existence (voir p. 156).

- 他有一本汉英词典。
  Tā yǒu yī běn hànyīng cídiǎn.
  Il a un dictionnaire chinois-anglais.

- 桌子上有不少东西。
  Zhuōzi shàng yǒu bù shǎo dōngxi.
  Il y a pas mal de choses sur la table.

Il possède une négation particulière : 没 *méi*.

- 他没有钱。
  Tā méiyǒu qián.
  Il n'a pas d'argent.

Il peut être associé aux suffixes d'aspect.

- 最近，他的汉语有了很多进步。
  Zuìjìn, tā de hànyǔ yǒule hěn duō jìnbù.
  Son chinois a beaucoup progressé récemment.

Il se compose avec certains noms pour former des verbes qualificatifs, et peut de ce fait être modifié par des adverbes de degré (voir p. 111).

- 他很有名。
  Tā hěn yǒumíng.
  Il est très célèbre [avoir-nom].

- 他很有钱。
  Tā hěn yǒuqián.
  Il est très riche. [avoir-argent]

- 他很有头脑。
  Tā hěn yǒu tóunǎo.
  Il est très intelligent. [avoir-tête]

- 他很有才能。
  Tā hěn yǒu cáinéng.
  Il est très talentueux. [avoir-talent]

LES COMPOSÉS VERBE-OBJET

Un composé verbe-objet est un verbe prolongé d'un complément direct « soudé » à lui et ayant une valeur générique (le verbe chinois n'aime pas l'emploi désincarné). C'est le cas par exemple de 走路 *zǒulù* (« marcher », litt. « marcher-route ») ou de 睡觉 *shuìjiào* (« dormir », litt. « dormir-somme »). De tels composés sont nécessairement intransitifs.

- 他喜欢看书。
  Tā xǐhuan kànshū.
  Il aime lire.
  [看书 *kànshū* : litt. lire-livres]

- 他想吃饭。
  Tā xiǎng chīfàn.
  Il a envie de manger.
  [吃饭 *chīfàn* : litt. manger-nourriture]

● Pour un **emploi transitif** (lire un roman) ou pour porter une appréciation particulière (lire beaucoup), il faut défaire le composé et remplacer l'objet générique par l'objet particulier.

- 他天天看报。
  Tā tiāntiān kàn bào.
  Il lit tous les jours le journal.

- 他不想吃早饭。
  Tā bù xiǎng chī zǎofàn.
  Il n'a pas envie de prendre son petit-déjeuner.

● **Autres exemples de composés verbe-objet.**

说话　　　　　见面　　　　　结婚
shuōhuà　　　jiànmiàn　　　jiéhūn
parler [parler-paroles]　rencontrer [voir-visage]　se marier [nouer-mariage]

唱歌　　　　　洗澡
chànggē　　　xǐzǎo
chanter [chanter-chanson]　se laver [laver-bain]

LES VERBES À DOUBLE OBJET

Certains verbes impliquant l'idée de donner, de destiner quelque chose à quelqu'un peuvent entraîner deux objets, successivement indirect et direct.

- 我给他书。
  Wǒ **gěi** tā shū.
  Je lui donne des livres.

- 我要送她一件礼物。
  Wǒ yào **sòng** tā yī jiàn lǐwù.
  Je vais lui offrir un cadeau.

- 我教他汉语。
  Wǒ **jiāo** tā hànyǔ.
  Je lui enseigne le chinois.

- 我问他一个问题。
  Wǒ **wèn** tā yī ge wèntí.
  Je lui pose une question.

LES VERBES DE POSTURE

Les verbes de posture 站 zhàn (être debout), 坐 zuò (être assis), 躺 tǎng (être allongé), 蹲 dūn (être accroupi), 跪 guì (être agenouillé), etc. sont du fait de leur sens souvent associés au suffixe 着 zhe (aspect de l'état prolongé, voir p. 122).

- 他坐着。
  Tā zuòzhe.
  Il est assis.

GRAMMAIRE ▸ Les verbes : généralités

LES VERBES SUBJECTIFS

- Ils peuvent être transitifs ou intransitifs.
  喜欢 xǐhuan (aimer)   饿 è (avoir faim)

- Comme les verbes qualificatifs, ils peuvent être modifiés par les adverbes de degré 很 hěn (très), 太 tài (trop), etc. (voir p. 111).

  ● 我很想家。
  Wǒ hěn xiǎng jiā.
  Je pense beaucoup à ma famille.

  ● 我非常喜欢他。
  Wǒ fēicháng xǐhuan tā.
  Je l'adore.

  ● 我最讨厌人家不说真心话！
  Wǒ zuì tǎoyàn rénjiā bù shuō zhēnxīnhuà!
  Je déteste par-dessus tout qu'on ne dise pas ce qu'on pense !

  ● 我特别渴！
  Wǒ tèbié kě!
  J'ai particulièrement soif !

LA DUPLICATION DES VERBES

- Avec les verbes d'action, la duplication indique que l'action est exécutée brièvement ou à titre d'essai. 一 yī peut être intercalé lorsque le verbe est monosyllabique. Comparez :

吃	吃(一)吃	休息	休息休息
chī	chī (yī) chī	xiūxi	xiūxi xiūxi
manger	manger un peu	se reposer	faire une pause

  ● 今天想吃什么？ – 我想吃一吃烤鸭。
  Jīntiān xiǎng chī shénme? – Wǒ xiǎng chī yī chī kǎoyā.
  Que veux-tu manger aujourd'hui ? – Je voudrais essayer [litt. manger un peu] le canard laqué.

  ● 你试一试这件衣服，看看合适不合适！
  Nǐ shì yī shì zhè jiàn yīfu, kànkan héshì bù héshì!
  Essaie ce vêtement pour voir s'il te va !

- Avec les verbes qualificatifs, la duplication ravive l'intensité ou la coloration descriptive des qualificatifs. La duplication est incompatible avec 很 hěn. Elle n'est pas applicable à tous les verbes qualificatifs et prend les formes suivantes :

AA (monosyllabes)	AABB	ABAB (métaphore)
高高的	高高兴兴	雪白雪白
gāogāo de	gāogāoxìngxìng	xuěbái xuěbái
très haut	très content	tout blanc comme neige

LES CLASSIFICATEURS VERBAUX

Si les classificateurs nominaux (voir p. 56) découpent le réel sous l'angle de telle forme ou de telle contenance, les classificateurs verbaux servent à découper une action, à la rythmer.

Les principaux classificateurs verbaux

一遍
yī biàn
[« une fois » du début à la fin]

再看一遍
zài kàn yī biàn
relire une fois

一场
yī chǎng
[une séance, une mi-temps…]

大哭一场
dà kū yī chǎng
pleurer un grand coup

一次
yī cì
[« une fois »]

去一次
qù yī cì
y aller une fois

一点儿
yī diǎnr
[« un peu » : quantité]

好一点儿
hǎo yī diǎnr
un peu mieux

一顿
yī dùn
[« une fois » : action brève et forte]

骂一顿
mà yī dùn
insulter [un coup]

一回
yī huí
[« une fois » : plus oral]

有一回
yǒu yī huí
il était une fois

一会儿
yī huìr
[« un peu » : courte durée]

等一会儿
děng yī huìr
attendre un peu

一声
yī shēng
[émission d'un bruit]

叫一声
jiào yī shēng
pousser un cri

一趟
yī tàng
[« une fois » : trajet aller-retour]

去一趟
qù yī tàng
y aller une fois

一下
yī xià
[« un peu » : très courte durée]

等一下
děng yī xià
attendre un peu

一阵
yī zhèn
[apparition brève et forte d'une action]

雨下了一阵。
Yǔ xiàle yī zhèn.
Il a plu un moment.

▸ Fois p. 298

GRAMMAIRE ▸ Les verbes : généralités

- De façon générale, les classificateurs verbaux se placent **après** le verbe.

  - 他昨天去了一次。
    Tā zuótiān qùle yī cì.
    Il y est allé une fois hier.

  - 再听一遍！
    Zài tīng yī biàn!
    Écoutez encore une fois !

  - 你看一下！
    Nǐ kàn yī xià!
    Jette un coup d'œil !

- Lorsque le complément est un pronom personnel, le classificateur verbal se place après celui-ci. Dans les autres cas, il se place juste après le groupe verbal.

  - 我见过他一次。
    Wǒ jiànguo tā yī cì.
    Je l'ai déjà vu une fois.

  - 我去过两次中国。
    Wǒ qùguo liǎng cì Zhōngguó.
    Je suis déjà allé deux fois en Chine.

- Lorsque le verbe est un composé verbe-objet, le classificateur est placé entre le verbe et son objet.

  - 我们见过一次面。
    Wǒmen jiànguo yī cì miàn.
    Nous nous sommes déjà vus une fois.

10 Le verbe 是 shì

▶ Le verbe 是 shì est d'un emploi plus restreint que le verbe « être » en français (voir p. 96). Son sens premier est « être exact ».

SENS ET EMPLOIS

● Le verbe 是 shì sert à exprimer une identité, une équivalence ou l'appartenance à un ensemble.

> 她们不是中国人，是日本人。
> Tāmen bù **shì** Zhōngguórén, **shì** Rìběnrén.
> Ce ne sont pas des Chinoises, mais des Japonaises.

NOTEZ BIEN
À la différence de la plupart des verbes d'action en chinois, 是 shì ne peut pas être modifié par les suffixes d'aspect 了 le (aspect de l'action réalisée, voir p. 118), 过 guo (aspect de l'expérience vécue, voir p. 124) et 着 zhe (aspect de l'état prolongé, voir p. 122).

● À l'origine, 是 shì signifiait « être exact ». On retrouve ce sens dans les expressions :

> ……，是不是？
> …, shìbushì ?
> n'est-ce pas ? [vrai ou pas vrai ?]

> ……，不是吗？
> …, bù shì ma ?
> n'est-ce pas vrai que… ? [en fin de proposition affirmative]

> 是的！
> Shì de !
> C'est exact !

● Le verbe 是 shì placé devant une proposition signifie « il est exact que ». Il est dans ce cas prononcé de façon tonique.

> 这里的毛笔是便宜。
> Zhèli de máobǐ **shì** piányi.
> C'est vrai que les pinceaux sont bon marché ici.

> 北京冬天是很冷。
> Běijīng dōngtiān **shì** hěn lěng.
> C'est vrai qu'il fait froid en hiver à Pékin.

GRAMMAIRE ▸ **Le verbe** 是 *shì*

CAS OÙ 是 *shì* NE S'EMPLOIE PAS

Le verbe 是 *shì* (être) ne s'emploie généralement pas pour qualifier quelqu'un ou quelque chose (voir p. 96).

- 手机很方便。
  Shǒujī hěn fāngbiàn.
  Le téléphone portable, c'est pratique.

- 他很热情。
  Tā hěn rèqíng.
  Il est très sympathique.

De plus, dans certaines expressions où le français utilise le verbe « être », le chinois emploie le verbe 有 *yǒu* (avoir).

有用
yǒuyòng [avoir de l'utilité]
être utile

有力
yǒulì [avoir de la force]
être fort

有效
yǒuxiào [avoir de l'effet]
être efficace

有意思
yǒu yìsi [avoir du sens]
être intéressant

有名
yǒumíng [avoir un nom]
être célèbre

有钱
yǒuqián [avoir de l'argent]
être riche

Le verbe 是 *shì* (être) ne s'emploie pas non plus pour signifier « être quelque part ». On a recours dans ce cas au verbe 在 *zài* (se trouver quelque part).

- 他在家。
  Tā zài jiā.
  Il est à la maison.

▸ ÊTRE P. 293

11 Les verbes auxiliaires

▶ Les verbes auxiliaires (aussi appelés « verbes modaux ») ont pour fonction d'**aider** les verbes qu'ils introduisent à exprimer une idée de volonté, de projet, de capacité, de probabilité, d'obligation, de nécessité.

LES PRINCIPAUX VERBES AUXILIAIRES

Volonté, projet

打算	肯	要
dǎsuan	kěn	yào
compter (faire qqch.)	accepter de	vouloir

敢	想	愿意
gǎn	xiǎng	yuànyì
oser	avoir l'intention de	désirer

Capacité, probabilité

会	可能	能够
huì	kěnéng	nénggòu
savoir (faire qqch.) / il est probable que	être possible	être capable de

可以	能
kěyǐ	néng
pouvoir	pouvoir

Obligation, nécessité

必须	要	应该
bìxū	yào	yīnggāi
être obligé de	devoir	devoir

应	该	应当	得
yīng	gāi	yīngdāng	děi
devoir	devoir	devoir	devoir

▸ Pouvoir p. 316
▸ Devoir p. 287
▸ Probablement p. 318

EMPLOIS DES VERBES AUXILIAIRES

Les verbes auxiliaires ont pour particularité d'introduire un deuxième verbe. À la différence des autres verbes, ils ne peuvent être ni dupliqués, ni associés aux suffixes d'aspect 了 *le* (aspect de l'action réalisée), 过 *guo* (aspect de l'expérience vécue) et 着 *zhe* (aspect de l'état prolongé).

GRAMMAIRE ▸ Les verbes auxiliaires

- Un verbe auxiliaire peut introduire un autre verbe auxiliaire.
    - 他已经两岁半了,应该会说话了。
    Tā yǐjing liǎng suì bàn le, **yīnggāi huì** shuōhuà le.
    Il a déjà deux ans et demi, il devrait savoir parler.

- Le verbe auxiliaire est le verbe central de la phrase : c'est sur lui que porte la négation ou l'interrogation et c'est lui qui est repris en réponse brève à une question.
    - 今晚王文能不能来? – 能。
    Jīnwǎn Wáng Wén **néng bù néng** lái ? – **Néng**.
    Wang Wen peut-il venir ce soir ? – Oui.
    - 他不会参加明天的晚会。
    Tā **bù huì** cānjiā míngtiān de wǎnhuì.
    Il ne va pas participer à la soirée demain.

- Moteur de la phrase, le verbe auxiliaire **précède** les prépositions (dont les coverbes, voir p. 99) et les adverbes de manière (voir p. 106).
    - 这个周末你们应该把报告写完。
    Zhè ge zhōumò nǐmen **yīnggāi** bǎ bàogào xiěwán.
    Vous devez terminer le rapport ce week-end.
    - 这个问题需要好好地商量。
    Zhè ge wèntí **xūyào** hǎohāo de shāngliang.
    Il faut bien discuter de ce problème.

应该 yīnggāi

- 应该 yīnggāi (devoir) exprime avant tout le **devoir subjectif**.
    - 你应该认错!
    Nǐ **yīnggāi** rèncuò !
    Tu dois reconnaître ton erreur !

- Comme le verbe « devoir » en français, 应该 yīnggāi (ou 该 gāi en style oral) sert aussi à exprimer la **probabilité**, la prévision fondée sur l'expérience ou la raison. Il est donc souvent accompagné de la particule finale d'actualisation 了 le (voir p. 153).
    - 三点钟出发,现在应该到了。
    Sān diǎn zhōng chūfā, xiànzài **yīnggāi** dào **le**.
    Parti à 15 h, il devrait arriver maintenant.

会 huì

会 huì exprime le fait de **savoir faire quelque chose** à la suite d'un entraînement.

- 他会做饭。
  Tā **huì** zuòfàn.
  Il sait faire la cuisine.

会 huì exprime également la **probabilité future**.

- 明天不会下雨。
  Míngtiān bù **huì** xiàyǔ.
  Il ne devrait pas pleuvoir demain.

能 néng ET 可以 kěyǐ

能 néng et 可以 kěyǐ (pouvoir) expriment la **capacité de faire quelque chose**.

- 他能看中文报纸。
  Tā **néng** kàn zhōngwén bàozhǐ.
  Il peut lire des journaux chinois.

- 我可以帮助他。
  Wǒ **kěyǐ** bāngzhù tā.
  Je peux l'aider.

- 你一会儿可以／能抽时间跟他谈谈吗？—可以／能。
  Nǐ yī huǐr **kěyǐ**／**néng** chōu shíjiān gēn tā tántan ma ? – **Kěyǐ**／**néng**.
  Auras-tu le temps dans un instant de discuter avec lui ? – Oui.

NOTEZ BIEN

La forme négative d'une action future est 不能 bù néng et non 不可以 bù kěyǐ (dont le sens est « ne pas être autorisé à »).
明天是节日，不能（不可以）办手续。
Míngtiān shì jiérì, **bù néng** (bù kěyǐ) bàn shǒuxù.
Demain c'est férié, on ne peut pas faire les formalités.

可以 kěyǐ peut exprimer une **évaluation positive** (c'est pas mal, ça vaut la peine...), contrairement à 能 néng.

- 他的想法很好，可以考虑。
  Tā de xiǎngfǎ hěn hǎo, **kěyǐ** kǎolǜ.
  Son idée est bonne, on peut y réfléchir.

可以 kěyǐ peut être commentaire de phrase (ce qu'on dit du thème, voir p. 144), et donc apparaître en fin de phrase, contrairement à 能 néng.

- 你一个人去也可以。
  Nǐ yī ge rén qù yě **kěyǐ**.
  Tu peux aussi y aller seul.

GRAMMAIRE ▸ Les verbes auxiliaires

得 *děi*

得 *děi* exprime la **nécessité de faire quelque chose** (négation : 不用 *bù yòng* ou 不要 *bù yào*).

- 我得走了！
  Wǒ děi zǒu le!
  Je dois partir !

- 我得谢谢你。– 不用谢我。
  Wǒ děi xièxiè nǐ. – Bù yòng xiè wǒ.
  Je dois te remercier. – Ce n'est pas la peine.

- 妈妈的病不用住院。
  Māma de bìng bù yòng zhùyuàn.
  La maladie de maman ne nécessite pas l'hospitalisation.

要 *yào*

要 *yào* peut exprimer le **souhait fort**, la **volonté** (négation : 不想 *bù xiǎng*).

- 他要出院。
  Tā yào chūyuàn.
  Il veut sortir de l'hôpital.

- 王文这几天不想出去。
  Wáng Wén zhè jǐ tiān bù xiǎng chūqu.
  Wang Wen ne veut pas sortir ces jours-ci.

要 *yào* peut exprimer la **nécessité objective** (négation : 不用 *bù yòng*, « il est inutile de »).

- 路不好走，要小心！
  Lù bù hǎozǒu, yào xiǎoxīn!
  La route n'est pas bonne, il faut faire attention !

- 不用打电话，他马上来！
  Bù yòng dǎ diànhuà, tā mǎshàng lái!
  Ce n'est pas la peine de téléphoner, il arrive tout de suite !

不要 *bù yào*, ou 别 *bié* en style oral, expriment l'interdiction.

- 不要/别大声说话！
  Bù yào / Bié dàshēng shuōhuà!
  Ne parlez pas trop fort !

NOTEZ BIEN

想 *xiǎng* et 要 *yào* peuvent être des verbes ordinaires : 想 *xiǎng* signifie « penser à » et 要 *yào* « commander » (une consommation). Ils peuvent dans ce cas être affectés de suffixes verbaux.

他想家。
Tā xiǎng jiā.
Il pense à sa famille.

饮料要了吗？
Yǐnliào yàole ma?
Les boissons, tu les as commandées ?

12 Les qualificatifs

▶ Qualifier quelque chose ou quelqu'un est une source majeure d'erreurs en raison du fait que le chinois n'utilise pas dans ce cas le verbe 是 *shì* («être», voir p. 90), mais le plus souvent des verbes qualificatifs.

LES VERBES QUALIFICATIFS

- Les verbes qualificatifs sont également appelés «**verbes adjectifs**» ou «**verbes de qualité**». Aux adjectifs français «grand», «petit», «beau», «cher» correspondent en chinois autant de verbes qualificatifs : «être grand» (大 *dà*), «être petit» (小 *xiǎo*), «être beau» (好看 *hǎokàn*), «être cher» (贵 *guì*).

- Les verbes qualificatifs ont un **sens relatif**. Afin de rendre les verbes qualificatifs plus absolus, on emploie l'adverbe de degré 很 *hěn*. Comparez :

  - 中国大。
    Zhōngguó dà.
    La Chine est grande.
    [relativement parlant, par rapport à un autre pays]

  - 中国很大。
    *Zhōngguó **hěn** dà.*
    La Chine est (très) grande.
    [en soi, non comparée à d'autres pays]

- Ils peuvent être employés comme commentaire (élément principal de la phrase).

- À la différence des verbes d'action, ils sont susceptibles d'être directement modifiés par des **adverbes de degré** tels que 很 *hěn* («très» atténué), 太 *tài* (trop), 非常 *fēicháng* et 挺 *tǐng* (très), ce dernier étant très employé à l'oral.

  - 他个子很高。
    *Tā gèzi **hěn** gāo.*
    Il est grand de taille.

- Ils peuvent aussi être employés comme adverbes, avec parfois des changements de sens (voir p. 110) :

  白 *bái* (blanc) employé comme adverbe signifie « en vain », « pour rien ».

  - 他白去了。
    *Tā **bái** qù le.*
    Il y est allé pour rien.

  老 *lǎo* (vieux) employé comme adverbe signifie « tout le temps ».

  - 他老去中国。
    *Tā **lǎo** qù Zhōngguó.*
    Il va tout le temps en Chine.

- Comme les verbes d'action, les verbes qualificatifs peuvent être suivis :

  de compléments de quantité ;

  - 大了一点儿!
    Dà le yī diǎnr !
    C'est un peu trop grand !

  de compléments d'appréciation ;

  - 大得不得了!
    *Dà de **bùdéliǎo** !*
    C'est vachement grand !

  de suffixes d'aspect du verbe (de façon limitée) ;

  - 我从来没胖过。
    *Wǒ cónglái méi pàng**guo**.*
    Je n'ai jamais été gros.

  de directionnels complexes.

  - 好起来了。
    *Hǎo **qǐlai** le.*
    Cela s'est amélioré.

LES QUALIFICATIFS NON VERBAUX

Les qualificatifs sont pour la plupart utilisés comme verbes. Certains cependant n'ont pas cette propriété (qualificatifs non prédicatifs).

- Les qualificatifs non prédicatifs peuvent être employés comme **déterminants d'un nom** et constituer une catégorie spécifique.

彩色	彩色电视	主要	主要人物
cǎisè	*cǎisè diànshì*	*zhǔyào*	*zhǔyào rénwù*
en couleur	télévision couleur	principal	personnage principal

Ils peuvent également être affectés de la **marque de détermination** 的 *de*, la place du déterminé restant vide. Ils renvoient alors à la propriété de quelque chose.

真 *zhēn* vrai	是真的。 *Shì zhēn de.* C'est vrai. [C'est quelque chose de vrai.]
假 *jiǎ* faux	是假的。 *Shì jiǎ de.* C'est faux. [C'est quelque chose de faux.]
男 *nán* masculin	是男的。 *Shì nán de.* C'est un homme.
女 *nǚ* féminin	是女的。 *Shì nǚ de.* C'est une femme.
主要 *zhǔyào* principal	不是不想来，主要的是他没空。 *Bù shì bù xiǎng lái, zhǔyào de shì tā méi kòng.* Ce n'est pas qu'il ne veuille pas venir, c'est avant tout qu'il n'est pas libre.

13 Les coverbes et autres prépositions

▶ Les prépositions introduisent les circonstances d'une action, elles plantent le décor avant l'action. Certaines d'entre elles sont appelées coverbes : verbes à l'origine, ils fonctionnent comme des verbes secondaires qui introduisent les éléments donnés d'une action. C'est d'ailleurs généralement sur eux que porte la négation 不 *bù* (ne... pas).

▸ Les locatifs p. 78
▸ Les phrases comparatives p. 161
▸ La phrase en 被 *bèi* p. 166
▸ La phrase en 把 *bǎ* p. 169

LES PRINCIPAUX COVERBES

从 *cóng* de, depuis ; par [point de départ ; lieu par où l'on passe]	你从哪儿来? *Nǐ cóng nǎr lái ?* D'où viens-tu ? 从这座桥过去! *Cóng zhè zuò qiáo guòqu !* Passez par ce pont !
从……到 *cóng... dào* de, depuis... à, jusqu'à [point de départ et destination]	从六月初到现在 *cóng liùyuè chū dào xiànzài* de début juin à maintenant 从西安到上海 *cóng Xī'ān dào Shànghǎi* de Xi'an à Shanghai
打 *dǎ* de [point de départ] (oral)	你打哪儿来? *Nǐ dǎ nǎr lái ?* D'où viens-tu ?
到 *dào* à, jusqu'à [destination]	他到我家去。 *Tā dào wǒ jiā qù.* Il va chez moi. 到现在也没有他的消息。 *Dào xiànzài yě méiyǒu tā de xiāoxi.* Jusqu'à maintenant, je n'ai pas eu de ses nouvelles.
对 *duì* à ; avec [interlocuteur de l'action]	他对客人说:"干杯!" *Tā duì kèren shuō : « gānbēi ! »* « À la vôtre ! », dit-il à ses hôtes. 他对我很客气。 *Tā duì wǒ hěn kèqi.* Il est très attentionné avec moi.

给 *gěi* à [attribution]	我给他打电话。 *Wǒ **gěi** tā dǎ diànhuà.* Je lui téléphone.
跟 *gēn* avec [accompagnement]	你跟谁去？ *Nǐ **gēn** shéi qù?* Avec qui y vas-tu ?
离 *lí* par rapport à [distance]	这儿离你家有多远？ *Zhèr **lí** nǐ jiā yǒu duō yuǎn?* Quelle est la distance d'ici à chez toi ? 离放假就只有三天了！ *Lí fàngjià jiù zhǐ yǒu sān tiān le!* Il y a seulement trois jours d'ici les vacances !
骑 *qí* à [moyens de transport qui se chevauchent : vélo, moto, cheval]	我骑自行车去。 *Wǒ **qí** zìxíngchē qù.* J'y vais à vélo.
替 *tì* à la place de	你替我讲话！ *Nǐ **tì** wǒ jiǎnghuà!* Fais le discours à ma place !
往 *wǎng* en direction de	往前走！ ***Wǎng** qián zǒu!* Allez tout droit !
向 *xiàng* en direction de ; à [direction ; destinataire de l'action]	向您表示感谢！ ***Xiàng** nín biǎoshì gǎnxiè!* Je vous exprime mes remerciements !
用 *yòng* à l'aide de [moyen]	中国人用筷子吃饭。 *Zhōngguórén **yòng** kuàizi chīfàn.* Les Chinois mangent avec des baguettes.
由 *yóu* de ; par [point de départ ; lieu par où l'on passe]	由东门进去。 ***Yóu** dōngmén jìnqu.* Entrer par la porte Est.
在 *zài* à ; en [lieu dans lequel se tient l'action du verbe principal]	他在外地工作。 *Tā **zài** wàidì gōngzuò.* Il travaille en province. 他不在北京工作。 *Tā bù **zài** Běijīng gōngzuò.* Il ne travaille pas à Pékin.
坐 *zuò* en [moyens de transport : train, avion, bus]	我坐飞机去。 *Wǒ **zuò** fēijī qù.* J'y vais en avion.

GRAMMAIRE ▸ Les coverbes et autres prépositions 13

NOTEZ BIEN

– 自 zì (de [point de départ]) relève du style écrit et peut s'employer après le verbe (postposition).
他们来自法国各地。
Tāmen láizì Fǎguó gè dì.
Ils viennent de tous les coins de France.

– Placés après le verbe, 到 dào ou 在 zài expriment le résultat et s'intègrent au composé verbal résultatif (voir p. 129).
你住在哪儿?
Nǐ zhùzài nǎr?
Où habites-tu ?

LA PLACE DES COVERBES

- La **négation** se place généralement avant le coverbe, et non avant le verbe principal.
  - 我没跟他一起去。
    Wǒ **méi** gēn tā yīqǐ qù.
    Je n'y suis pas allé avec lui.
  - 我平时不用筷子吃饭。
    Wǒ píngshí **bù** yòng kuàizi chīfàn.
    En général, je ne mange pas avec des baguettes.

- Le **verbe auxiliaire** introduit un autre verbe, ainsi que les éventuels coverbes, mais c'est lui qui est le moteur de l'action. La négation porte de ce fait sur le verbe auxiliaire.
  - 我不愿意跟他一起去。
    Wǒ **bù yuànyì** gēn tā yīqǐ qù.
    Je ne souhaite pas y aller avec lui.

- Lorsqu'il y a plusieurs éléments de décor de l'action, le général prime sur le particulier. Le temps englobe l'espace et donc le précède.
  - 我们下星期一在办公室开会。
    Wǒmen xià xīngqīyī zài bàngōngshì kāihuì.
    On aura une réunion lundi prochain au bureau.

NOTEZ BIEN

Les verbes de déplacement impliquant un lieu comme « objet » de l'action tels que 去 qù (aller), 过 guò (passer par, traverser), 进 jìn (entrer) ou 出 chū (sortir) sont suivis directement du complément de lieu.
我去商店买东西。
Wǒ qù shāngdiàn mǎi dōngxi.
Je vais faire des courses au magasin.

NE CONFONDEZ PAS 给 *gěi*, 跟 *gēn* ET 对 *duì* !

- 给 *gěi* introduit une personne qui bénéficie de l'action ou au contraire qui la subit.
  - 机票，我已经给他买了。
    *Jīpiào, wǒ yǐjing **gěi** tā mǎi le.*
    Je lui ai déjà acheté le billet d'avion.

- 跟 *gēn* introduit une personne qui apporte son concours à l'action.
  - 我明天会跟他见面。
    *Wǒ míngtiān huì **gēn** tā jiànmiàn.*
    Je le rencontrerai demain.

- 对 *duì* introduit la personne à qui s'adresse l'action et qui peut y réagir.
  - 这次实习对我帮助很大。
    *Zhè cì shíxí **duì** wǒ bāngzhù hěn dà.*
    Ce stage m'a été d'une grande aide.

  对 *duì* introduit également une question à laquelle on fait face.
  - 他对这个问题有什么看法？
    *Tā **duì** zhè ge wèntí yǒu shénme kànfǎ?*
    Quel est son avis face à ce problème ?

- Lorsqu'ils introduisent une personne, 给 *gěi*, 跟 *gēn* et 对 *duì* (à) peuvent être interchangeables.
  - 你的意见，可以给/跟/对大家说一说！
    *Nǐ de yìjian, kěyǐ **gěi**/**gēn**/**duì** dàjiā shuō yī shuō!*
    Tu peux parler un peu de ton idée à tout le monde !

  Il y a cependant certaines nuances. Comparez :
  - 你跟张三说一说。
    *Nǐ **gēn** Zhāng Sān shuō yī shuō.*
    Parles-en à Zhang San. [concerte-toi avec lui]
  - 你对张三说一说。
    *Nǐ **duì** Zhāng Sān shuō yī shuō.*
    Parles-en à Zhang San. [adresse-toi à lui]
  - 你给张三说一说。
    *Nǐ **gěi** Zhāng Sān shuō yī shuō.*
    Parles-en à Zhang San. [fais-lui part de cette question]

GRAMMAIRE ▸ Les coverbes et autres prépositions

LES PRÉPOSITIONS

关于 *guānyú* au sujet de	关于这个问题，他们有不同的看法。 **Guānyú** zhè ge wèntí, tāmen yǒu bùtóng de kànfǎ. Sur ce sujet, ils ont des points de vue différents.
对于 *duìyú* au sujet de	对于你们的建议，我们下次再研究。 **Duìyú** nǐmen de jiànyì, wǒmen xià cì zài yánjiū. Pour ce qui est de votre proposition, nous l'étudierons la prochaine fois.
至于 *zhìyú* quant à	至于具体怎么做，还得听听大家的意见。 **Zhìyú** jùtǐ zěnme zuò, hái děi tīngting dàjiā de yìjian. Quant à savoir comment procéder concrètement, il faut écouter tous les avis.
对……来说 *duì… lái shuō* en ce qui concerne	对我来说，无所谓。 **Duì** wǒ **lái shuō**, wúsuǒwèi. En ce qui me concerne, cela m'est égal.
为了 *wèile* en vue de	为了买这个手机，他跑遍了所有的店。 **Wèile** mǎi zhè ge shǒujī, tā pǎobiànle suǒyǒu de shāngdiàn. Pour trouver ce mobile, il a fait tous les magasins. 为了练习我的汉语，我经常去中国城。 **Wèile** liànxí wǒ de hànyǔ, wǒ jīngcháng qù Zhōngguóchéng. Pour pratiquer mon chinois, je vais souvent dans le quartier chinois.
按(照) *àn(zhào)* selon, d'après, conformément à	你应该按照医生的话去做。 Nǐ yīnggāi **ànzhào** yīshēng de huà qù zuò. Tu dois suivre les conseils de ton médecin.
(根)据 *(gēn)jù* selon, d'après	根据我个人的经验，这种事不太可能发生。 **Gēnjù** wǒ gèrén de jīngyàn, zhè zhǒng shì bù tài kěnéng fāshēng. Sur la base de mon expérience personnelle, il est peu probable que ce genre de chose se produise.
随着 *suízhe* suite à, par suite de, au fur et à mesure	随着中国经济的发展，就业机会多起来了。 **Suízhe** Zhōngguó jīngjì de fāzhǎn, jiùyè jīhuì duō qǐlái le. Avec le développement économique de la Chine, les opportunités d'emploi se font plus nombreuses.
除了……(以外) *chúle… (yǐwài)* sauf, excepté	除了江西以外，其它地方我都去过。 **Chúle** Jiāngxī **yǐwài**, qítā dìfang wǒ dōu qùguo. À l'exception du Jiangxi, je suis allé partout.

14 Les adverbes : généralités

▶ **Les adverbes prennent des formes variées en chinois. Ils modifient des verbes, et se placent donc devant eux.**

▸ Les adverbes de degré p. 111
▸ 还 *hái*, 又 *yòu*, 再 *zài* p. 113
▸ 就 *jiù* et 才 *cái* p. 115

LES ADVERBES DE TEMPS ASSOCIÉS AU PASSÉ

➤ 已经 *yǐjīng* (déjà) peut s'abréger en 已 *yǐ* dans le style écrit.
- 他的孩子都已经结婚了。 来信已收到。
  Tā de háizi dōu yǐjīng jiéhūn le. *Láixìn yǐ shōudào.*
  Ses enfants sont déjà tous mariés. J'ai reçu votre lettre.

➤ 曾(经) *céng(jīng)* (dans le passé) renvoie à un **passé lointain**. Il est souvent associé aux suffixes 过 *guo* (aspect de l'expérience vécue, voir p. 124) ou 了 *le* (aspect de l'action réalisée, voir p.118).
- 我曾经到过美国。
  Wǒ céngjīng dàoguo Měiguó.
  Dans le passé, je suis déjà allé aux États-Unis.

➤ 刚(刚) *gāng(gāng)* (à peine) renvoie à un **passé proche**.
- 他刚到。
  Tā gāng dào.
  Il vient d'arriver.

➤ La forme négative des adverbes du passé est 还没(有) *hái méi(yǒu)* ou 没(有) *méi(yǒu)* + verbe + 过 *guo*.
- 你的邮件，我还没收到。
  Nǐ de yóujiàn, wǒ hái méi shōudào.
  Je n'ai pas encore reçu ton mail.
- 我没到过美国。
  Wǒ méi dàoguo Měiguó.
  Je ne suis jamais allé aux États-Unis.

LES ADVERBES DE TEMPS ASSOCIÉS AU FUTUR

➤ 将 *jiāng* (style écrit) et 将要 *jiāngyào* expriment l'**action à venir**.
- 我们六月底将要考试。
  Wǒmen liùyuè dǐ jiāngyào kǎoshì.
  Nous passerons l'examen fin juin.
- 王文将在这里工作两个月。
  Wáng Wén jiāng zài zhèli gōngzuò liǎng ge yuè.
  Wang Wen va travailler ici deux mois.

GRAMMAIRE ▸ Les adverbes : généralités

- 就要 *jiùyào* renvoie à un **avenir proche**.
  - 后天就要放假了！
    Hòutiān jiùyào fàngjià le !
    Après-demain, c'est les vacances !

- 快 *kuài* et 快要 *kuàiyào* expriment l'**action imminente**.
  - 春节快要到了！
    Chūnjié kuàiyào dào le !
    C'est bientôt la fête du Printemps !
  - 我们认识快一年了！
    Wǒmen rènshi kuài yī nián le !
    Cela va faire un an qu'on se connaît !
  - 他的身体快好了！
    Tā de shēntǐ kuài hǎo le !
    Il sera bientôt remis !

LES ADVERBES DE FRÉQUENCE

常常 *chángcháng*, 经常 *jīngcháng* et 往往 *wǎngwǎng* (souvent) expriment la fréquence élevée d'une action. S'ils peuvent être interchangeables, certaines différences existent.

- 常常 *chángcháng* exprime la **fréquence d'une action.**
  - 王文常常去看电影。
    Wáng Wén chángcháng qù kàn diànyǐng.
    Wang Wen va souvent au cinéma.

- 经常 *jīngcháng* exprime la fréquence d'une action et peut avoir de plus une fonction de qualificatif.
  - 我们经常见面。
    Wǒmen jīngcháng jiànmiàn.
    Nous nous rencontrons souvent.
  - 不吃午饭对他来讲是经常的事。
    Bù chī wǔfàn duì tā lái jiǎng shì jīngcháng de shì.
    Ne pas manger à midi est chose courante pour lui.

- 往往 *wǎngwǎng* ne s'emploie qu'en référence à une **action habituelle**, s'étant déroulée dans le passé ou jusqu'au moment présent, dans des conditions définies. Comparez :

Action habituelle ≠ Fréquence dans le futur.
  - 周末王文往往去市场买菜。
    Zhōumò Wáng Wén wǎngwǎng qù shìchǎng mǎi cài.
    Le week-end, Wang Wen va souvent au marché faire ses courses.
  - 以后常来！
    Yǐhòu cháng lái !
    À l'avenir, reviens quand tu veux [litt. viens souvent] !

Fréquence générale ≠ Fréquence spécifiée.

- 王文常常唱歌。
  *Wáng Wén **chángcháng** chànggē.*
  Wang Wen chante souvent.

- 王文往往跟朋友一起唱歌。
  *Wáng Wén **wǎngwǎng** gēn péngyou yīqǐ chànggē.*
  Wang Wen chante souvent avec ses amis.

往往 *wǎngwǎng* exprime également l'idée de régularité générale et se traduit par « souvent » au sens de « en général ».

- 孩子的问题往往是家长的影子。
  *Háizi de wèntí **wǎngwǎng** shì jiāzhǎng de yǐngzi.*
  Les problèmes des enfants sont souvent hérités des parents.

NOTEZ BIEN

– 常常 *chángcháng* peut s'abréger en 常 *cháng* lorsque le verbe est monosyllabique.
他常来。
*Tā **cháng** lái.*
Il vient souvent.

– La négation de 常常 *chángcháng* est 不常 *bù cháng*.
她不常看电视。
*Tā **bù cháng** kàn diànshì.*
Elle ne regarde pas souvent la télé.

– 往往 *wǎngwǎng* n'a pas de forme négative.

▸ SOUVENT P. 325

LES ADVERBES DE MANIÈRE

地 est un suffixe adverbial de manière et se prononce dans ce cas *de*. Il permet de transformer le mot qui le précède (le plus souvent un verbe qualificatif) en adverbe de manière. Le mot transformé doit être dissyllabique, ou précédé de 很 *hěn* s'il est monosyllabique.

- 他愉快地度过了他的二十岁生日。
  *Tā **yúkuài de** dùguòle tā de èrshí suì shēngrì.*
  Il a passé joyeusement son vingtième anniversaire.

- 他很快地写好了。
  *Tā **hěn kuài de** xiěhǎo le.*
  Il a fini d'écrire, rapidement.

▸ PHRASES COMPARATIVES P. 161

GRAMMAIRE ▸ Les adverbes : généralités

L'ADVERBE DE RESTRICTION 只 zhǐ

▸ L'adverbe 只 zhǐ (seulement, ne… que…) peut être employé avec tous les types de verbes, sauf les verbes qualificatifs.

- 只有王文来过这里。
  Zhǐ yǒu Wáng Wén láiguo zhèli.
  Seul Wang Wen est déjà venu ici.

▸ S'il précède un nom, c'est que le verbe (有 *yǒu*, 是 *shì*…) est sous-entendu.

- 这次会只王文一个人没参加。
  Zhè cì huì zhǐ Wáng Wén yī ge rén méi cānjiā.
  Seul Wang Wen n'a pas participé à cette réunion.

L'ADVERBE DE TOTALITÉ 都 dōu

▸ L'adverbe 都 *dōu* (en totalité) reprend un ensemble nécessairement déjà évoqué.

- 中国北方和南方，我都想去。
  Zhōngguó běifāng hé nánfāng, wǒ dōu xiǎng qù.
  J'aimerais aller dans le nord et dans le sud de la Chine.

▸ À la forme négative, ne confondez pas 都不 *dōu bù* + verbe et 不都 *bù dōu* + verbe.
Avec 都不 *dōu bù* + verbe, c'est le verbe qui est nié.
Avec 不都 *bù dōu* + verbe, c'est sur l'adverbe 都 *dōu* que porte la négation.
Comparez :

- 他们都不是南方人。
  Tāmen dōu bù shì nánfāngrén.
  Aucun d'eux n'est du Sud. [Ils / en totalité / pas être du Sud]

- 他们不都是南方人。
  Tāmen bù dōu shì nánfāngrén.
  Ils ne sont pas tous du Sud. [Ils / pas en totalité / être du Sud]

NOTEZ BIEN
Dans le style oral, 都 *dōu* peut signifier « déjà ».
都两点了，他还没来。
Dōu liǎng diǎn le, tā hái méi lái.
Déjà deux heures, il n'est toujours pas là.

▸ DÉJÀ P. 283

L'ADVERBE 也 yě (AUSSI)

- Comme tout adverbe, 也 yě (aussi) se place avant le verbe et nécessite la présence de celui-ci.
  - 他喜欢看电影，我也喜欢。
    Tā xǐhuan kàn diànyǐng, wǒ yě xǐhuan.
    Il aime regarder des films, moi aussi.

- En présence d'autres adverbes, 也 yě est placé en premier.
  - 他不懂电脑，我也不懂。
    Tā bù dǒng diànnǎo, wǒ yě bù dǒng.
    Il ne comprend rien aux ordinateurs, moi non plus.

- Dans certains cas, 也 yě exprime l'idée que ce qui précède n'a pas de conséquence sur ce qui suit.
  - 下大雨，我也要出去。
    Xià dàyǔ, wǒ yě yào chūqu.
    Même s'il pleut, je sortirai.

  NOTEZ BIEN
  En cas de double proposition régie par un verbe introducteur d'autres verbes, 也 yě porte sur le verbe introducteur lui-même, qui doit être repris.
  我喜欢看电影，也喜欢踢足球。
  Wǒ xǐhuan kàn diànyǐng, yě xǐhuan tī zúqiú.
  J'aime regarder des films et aussi jouer au football.

LES ADVERBES DE NÉGATION

- 不 bù est la négation de la volonté subjective, des verbes auxiliaires, des verbes qualificatifs et des verbes d'actions inscrites dans le présent et le futur.
  - 我不参加明天的晚会。
    Wǒ bù cānjiā míngtiān de wǎnhuì.
    Je ne participerai pas à la soirée de demain.
  - 我以前不会骑车。
    Wǒ yǐqián bù huì qíchē.
    Avant, je ne savais pas faire du vélo.
  - 我明天不上班。
    Wǒ míngtiān bù shàngbān.
    Je n'irai pas travailler demain.

GRAMMAIRE ▸ Les adverbes : généralités   **14**

- 没(有) *méi(yǒu)* est la négation du verbe 有 *yǒu* (avoir), de la narration objective, de l'action apparue et réalisée ou de l'état prolongé. Elle n'a pas trait aux actions dans le futur.
  - 今天没有作业。
    *Jīntiān **méi**yǒu zuòyè.*
    Il n'y a pas de devoir à faire aujourd'hui.
  - 我昨天没(有)去上班。
    *Wǒ zuótiān **méi(yǒu)** qù shàngbān.*
    Hier, je ne suis pas allé au travail.
  - 大门没开着。
    *Dàmén **méi** kāizhe.*
    La grande porte n'est pas ouverte.

  NOTEZ BIEN
  À la différence des autres verbes auxiliaires, 能 *néng* et 能够 *nénggòu* (pouvoir) et 敢 *gǎn* (oser) acceptent aussi 没(有) *méi(yǒu)*.
  很抱歉，我昨天没能来。   我没敢跟我妈说实话。
  *Hěn bàoqiàn, wǒ zuótiān **méi** néng lái.*   *Wǒ **méi** gǎn gēn wǒ mā shuō shíhuà.*
  Désolé, je n'ai pas pu venir hier.   Je n'ai pas osé dire la vérité à ma mère.

- 别 *bié* est la négation de l'interdiction.
  - 别去！
    Bié qù !
    N'y va pas !

- 否 *fǒu* s'utilise dans 是否 *shìfǒu* (oui ou non), 能否 *néngfǒu* et 可否 *kěfǒu* (pouvoir ou non), afin d'exprimer une alternative affirmative ou négative.
  - 请告诉我你是否参加节目。
    *Qǐng gàosu wǒ nǐ **shìfǒu** cānjiā jiémù.*
    Veuillez m'indiquer si vous participerez (ou non) à cette émission.

- 甭 *béng* est la contraction dans le style oral de 不用 *bù yòng* (inutile de).
  - 甭去！
    Béng qù !
    l'as la peine d'y aller !

NOTEZ BIEN
非 *fēi*, 无 *wú* et 勿 *wù* sont des adverbes de négation du chinois ancien. En chinois moderne :
– 非 *fēi* est intégré à des mots composés ;
非法 *fēifǎ* (illégal)

– 无 *wú* est intégré à des mots composés ou à des expressions figées ;
无法无天 *wú fǎ wú tiān* (sans foi ni loi)

– 勿 *wù* (style écrit) est utilisé sur les panneaux d'interdiction.
请勿打扰。   *Qǐng **wù** dǎrǎo.* (Ne pas déranger, s'il vous plaît.)

LES VERBES QUALIFICATIFS EMPLOYÉS COMME ADVERBES

Certains verbes qualificatifs monosyllabiques sont également employés comme adverbes, en particulier dans des injonctions :
多 duō (davantage), 少 shǎo (moins), 快 kuài (vite), 慢 màn (lentement), 早 zǎo (en avance), 晚 wǎn (en retard), 新 xīn (nouvellement)…

- 少说话，多干实事！
  Shǎo shuōhuà, **duō** gàn shíshì !
  Parlons moins et faisons davantage de choses concrètes !

很少 hěn shǎo (peu, rarement) placé devant un verbe indique la faible fréquence de l'action.

- 他平时很少出去。
  Tā píngshí **hěn shǎo** chūqu.
  En temps normal, il sort peu.

AUTRES ADVERBES FRÉQUENTS

本来 běnlái à l'origine, en fait	到底 dàodǐ au bout du compte	却 què en revanche	一块/一起 yīkuài/yīqǐ ensemble
必然 bìrán nécessairement	忽然 hūrán soudain	随时 suíshí à tout moment	一直 yīzhí toujours, sans interruption
差点儿 chàdiǎnr presque (faillir)	简直 jiǎnzhí carrément	突然 tūrán soudain	已经 yǐjing déjà
从来 cónglái depuis toujours	立刻 lìkè aussitôt	也许 yěxǔ peut-être	尤其 yóuqí surtout
当然 dāngrán bien sûr	马上 mǎshàng immédiatement	一定 yīdìng sûrement	原来 yuánlái en fait
到处 dàochù partout	全 quán totalement	一共 yīgòng en tout	总 zǒng toujours

Notez bien

到处 dàochù (partout) ne peut être que « décor » ; il se place de ce fait **avant** le verbe et il est souvent repris par 都 dōu.

房间里到处都是土。
Fángjiān lǐ **dàochù dōu** shì tǔ.
Il y a de la terre partout dans la pièce.

15 Les adverbes de degré

▶ Les adverbes de degré servent à préciser le degré de ce qu'exprime le verbe. Ils peuvent modifier les verbes qualificatifs (voir p. 96) et les verbes subjectifs (voir p. 87), mais pas les verbes d'action (voir p. 84).

LES PRINCIPAUX ADVERBES DE DEGRÉ

很	非常	比较	十分
hěn	fēicháng	bǐjiào	shífēn
très	très, extrêmement	relativement, assez	très
好	太	特别	挺
hǎo	tài	tèbié	tǐng [oral]
bien	très, trop	particulièrement	très, vachement

EMPLOIS DES ADVERBES DE DEGRÉ

● Les adverbes de degré peuvent modifier les **verbes qualificatifs** (voir p. 96).

很好
hěn hǎo
être très bien

很开心
hěn kāixīn
être très joyeux

很认真
hěn rènzhēn
être très consciencieux

● 你能去吗？那太好了！
Nǐ néng qù ma? Nà **tài** hǎo le!
Tu peux y aller ? Alors, c'est parfait !

● Les adverbes de degré peuvent modifier les **verbes subjectifs transitifs** exprimant un état psychologique (voir p. 87).

非常希望
fēicháng xīwàng
espérer fortement que

很担心
hěn dānxīn
être très inquiet de

特别喜欢
tèbié xǐhuan
aimer particulièrement

很喜欢
hěn xǐhuan
aimer beaucoup

很愿意
hěn yuànyi
être très désireux de

● 我对他很了解。
Wǒ duì tā **hěn** liǎojiě.
Je le connais bien.

● Les adverbes de degré peuvent modifier certains **verbes auxiliaires** (voir p. 92).

● 他很会做饭。
Tā **hěn** huì zuòfàn.
Il sait très bien faire la cuisine.

● En revanche, les adverbes de degré ne s'emploient **jamais** avec les verbes d'action. Pour exprimer le degré atteint par une action, on emploie le composé verbal d'appréciation (voir p. 126).

● 他问题看得很清楚。
*Tā wèntí **kàn de hěn qīngchu**.*
Il voit très clairement le problème.

EMPLOI PARTICULIER DE 很 *hěn*

Les verbes qualificatifs ayant une coloration relative (voir p. 96), l'emploi de 很 *hěn* permet d'exprimer une affirmation de façon plus absolue. En français, il s'agit en quelque sorte d'un « très » affaibli, qui ne se traduit pas nécessairement. Comparez :

● 在法国买蔬菜便宜。
Zài Fǎguó mǎi shūcài piányi.
Les légumes, c'est bon marché en France.
[c'est meilleur marché qu'ailleurs]

● 在法国买蔬菜很便宜。
*Zài Fǎguó mǎi shūcài **hěn** piányi.*
En France, les légumes, c'est (très) bon marché.
[indépendamment de toute comparaison]

16 还 hái, 又 yòu, 再 zài

▶ Les adverbes 还 hái, 又 yòu et 再 zài peuvent tous trois se traduire par « encore », mais ils ne sont pas interchangeables.
▸ Encore p. 291

L'ADVERBE 还 hái

- 还 hái est le « encore » de **continuité** : l'action ou l'état se poursuit.
  - 还有米饭，你要吗？
    Hái yǒu mǐfàn, nǐ yào ma?
    Il y a encore du riz. Tu en veux ?

- 还 hái (ou 还是 háishi) peut exprimer un **jugement après estimation**.
  - 怎么样？– 还行！
    Zěnmeyàng? – Hái xíng!
    Comment va ? – Ça peut aller !
  - 还是中国菜最好吃！
    Háishi zhōngguócài zuì hǎochī!
    C'est encore la cuisine chinoise qui est la meilleure !

L'ADVERBE 又 yòu

- 又 yòu exprime la **discontinuité par rapport au passé** : c'est « encore » au sens de « une nouvelle fois » ; la nouvelle action est déjà entrée dans les faits.
  - 昨天他来了，今天他又来了。
    Zuótiān tā lái le, jīntiān tā yòu lái le.
    Il est venu hier et il est revenu aujourd'hui.

  Notez bien
  Avec le verbe 是 shì (être), que l'action soit réalisée ou non encore réalisée, on emploie obligatoirement 又 yòu et non 再 zài.
  明天又是节日！
  Míngtiān yòu shì jiérì!
  C'est encore férié demain !

- 又 yòu peut aussi exprimer qu'une action ou un état **s'ajoute à d'autres** ; c'est « encore » au sens de « et de plus ».
  - 这个人不热情，又小气。
    Zhè ge rén bù rèqíng, yòu xiǎoqì.
    C'est quelqu'un de pas sympathique, et de plus il est mesquin.

▸ Phrases complexes p. 175

L'ADVERBE 再 zài

- 再 zài exprime la **discontinuité par rapport à l'avenir** : c'est « encore » au sens de « de nouveau » ; mais la nouvelle action n'est pas encore entrée dans les faits.

    - 给你我的相机，再照一张！
      Gěi nǐ wǒ de xiàngjī, zài zhào yī zhāng!
      Voici mon appareil photo, reprends-en une !

- 再 zài peut également exprimer une **gradation** : c'est « encore » au sens de « encore un peu ».

    - 再便宜一点儿，可以吗？
      Zài piányi yī diǎnr, kěyǐ ma?
      Un peu moins cher encore, c'est possible ?

- 再 zài est utilisé pour indiquer l'ordre d'une action par rapport à une autre : c'est « encore » au sens de « puis ». L'action marquée par 再 zài doit s'exécuter **après** la première action.

    - 你应该找好材料再动笔。
      Nǐ yīnggāi zhǎohǎo cáiliào zài dòngbǐ.
      Tu dois commencer la rédaction après avoir trouvé les documents.

- La négation (没 *méi* dans le passé, 不 *bù* dans le futur) + 再 zài exprime la non répétition de l'action.

    - 那天，王文没再说什么，就走了。
      Nà tiān, Wáng Wén méi zài shuō shénme, jiù zǒu le.
      Ce jour-là, Wang Wen n'a rien ajouté, et il est parti.

    - 我不再相信你的话了！
      Wǒ bù zài xiāngxìn nǐ de huà le!
      Je ne te croirai plus jamais !

- 再也没有 *zài yě méiyǒu* + verbe (passé) et 再也不 *zài yě bù* + verbe (futur) expriment l'absence totale de répétition ou de suite.

    - 去年春节以后，我再也没有见到他。
      Qùnián Chūnjié yǐhòu, wǒ zài yě méiyǒu jiàndào tā.
      Depuis la fête du Printemps de l'an dernier, je ne l'ai plus jamais revu.

    - 这个饭馆服务不好，我再也不去了。
      Zhè ge fànguǎn fúwù bù hǎo, wǒ zài yě bù qù le.
      Le service n'est pas bon dans ce restaurant, je n'irai plus.

Notez bien

再 zài doit se placer **après** les verbes auxiliaires, alors que 又 *yòu* doit se placer **avant**. Comparez :

我能再打个电话吗？
Wǒ néng zài dǎ ge diànhuà ma?
Puis-je repasser un coup de fil ?

现在又可以上网了。
Xiànzài yòu kěyǐ shàngwǎng le.
On peut de nouveau aller sur Internet.

17 就 *jiù* et 才 *cái*

▶ Les adverbes 就 *jiù* et 才 *cái* marquent tous deux l'enchaînement de deux actions, mais ils diffèrent et ne se comprennent aisément que si on les compare.

L'ADVERBE 就 *jiù*

L'adverbe 就 *jiù* est en quelque sorte une balise, il délimite : il est employé pour exprimer la précocité d'un fait, pour marquer l'enchaînement de deux actions ou pour appuyer une définition. Dans de nombreux cas, il ne se traduit pas en français.

- 就 *jiù* sert à ponctuer l'émergence d'une action ou d'un état. Il implique que cette action ou cet état est survenu(e) de manière normale, **voire anticipée**, ou surviendra sous peu.

  - 我早就知道了。
    *Wǒ zǎo **jiù** zhīdào le.*
    Je le sais depuis longtemps.

  - 我们从小就认识了。
    *Wǒmen cóngxiǎo **jiù** rènshi le.*
    Nous nous connaissons depuis l'enfance.

  - 我马上就来！
    *Wǒ mǎshàng **jiù** lái!*
    J'arrive tout de suite !

- 就 *jiù* marque de la même façon l'**enchaînement** de deux actions (succession dans le temps ou rapport de cause à effet).

  - 他下了班就回家了。
    *Tā xiàle bān **jiù** huíjiā le.*
    Il est rentré chez lui dès la fin du travail.

  - 你喜欢这件衣服就买吧！
    *Nǐ xǐhuan zhè jiàn yīfu **jiù** mǎi ba!*
    Si tu aimes ce vêtement, achète-le !

- 就 *jiù* **délimite** une action ou un état qu'il spécifie, souligne ou limite (juste, simplement, précisément).

  - 他工作的地方就在这里！
    *Tā gōngzuò de dìfang **jiù** zài zhèli!*
    L'endroit où il travaille, c'est là !

  - 我就要这个！
    *Wǒ **jiù** yào zhè ge!*
    C'est (précisément) ça que je veux !

  - 我们几个人里就王文去过上海！
    *Wǒmen jǐ ge rén lǐ **jiù** Wáng Wén qùguo Shànghǎi!*
    De nous tous, seul Wang Wen est déjà allé à Shanghai !

- Employé pour reprendre le même terme, 就 *jiù* exprime l'acceptation d'un état de fait.
  - 冷饭就冷饭，能吃就行！
    Lěng fàn jiù lěng fàn, néng chī jiù xíng !
    Si le riz est froid, le riz est froid. Tant que c'est mangeable !

  > **Notez bien**
  > Souvent présenté comme signifiant « alors », 就 *jiù* est un adverbe, et non une conjonction : il se place donc **avant** le verbe.
  > 他不来，我就走！
  > *Tā bù lái, wǒ jiù zǒu !*
  > S'il ne vient pas, je m'en irai.

- 便 *biàn* est un équivalent de 就 *jiù* dans le style écrit.
  - 年初，他们便离开了这里。
    Niánchū, tāmen biàn líkāile zhèli.
    Ils sont partis d'ici dès le début de l'année.

L'ADVERBE 才 *cái*

- Si 就 *jiù* ponctue une action survenant de façon normale ou de façon précoce, 才 *cái* indique que l'action survient **plus tard que prévu**. Comparez :
  - 他今天就走！
    Tā jīntiān jiù zǒu !
    Il part dès aujourd'hui !
  - 他今天才走。
    Tā jīntiān cái zǒu.
    Il ne part qu'aujourd'hui.

- Lorsque 才 *cái* modifie directement un moment, une durée, un âge ou une quantité, il indique que ces derniers sont considérés comme **insuffisants**.
  - 才八点，还早呢！
    Cái bā diǎn, hái zǎo ne !
    Il n'est que 8 h, il est encore tôt !
  - 王文学习中文才一年，怎么能看得懂这本书？
    Wáng Wén xuéxí zhōngwén cái yī nián, zěnme néng kàn de dǒng zhè běn shū ?
    Wang Wen n'a fait qu'un an de chinois, comment peut-il comprendre ce livre ?

LES CONSTRUCTIONS AVEC 就 *jiù* ET 才 *cái*

Les adverbes 就 *jiù* et 才 *cái* sont employés dans diverses constructions.

- 就是/就算……也…… *jiù shì/jiù suàn... yě...* : **même si**.
  - 我就是有时间也不看电视。
    *Wǒ **jiù shì** yǒu shíjiān **yě** bù kàn diànshì.*
    Même si j'ai le temps, je ne regarde pas la télé.

- 一……就…… *yī... jiù...* : **dès que**…, (alors)… (enchaînement rapide de deux actions).
  - 我一进门就看见他了。
    *Wǒ **yī** jìnmén **jiù** kànjiàn tā le.*
    Je l'ai aperçu dès que je suis entré.

  Notez bien
  Les sujets éventuels se placent **avant** 一 *yī* et 就 *jiù*.
  王文一来，大家就不说话了。
  *Wáng Wén **yī** lái, dàjiā **jiù** bù shuōhuà le.*
  Dès que Wang Wen arrive, tout le monde arrête de parler.

- 不是……就是…… *bù shì... jiù shì...* : **soit… soit…** (double possibilité).
  - 我记得他不是姓王就是姓刘。
    *Wǒ jìde tā **bù shì** xìng Wáng **jiù shì** xìng Liú.*
    Je me souviens qu'il se nomme soit Wang soit Liu.

  Notez bien
  La première partie de la construction 不是……就是……
  bù shì... jiù shì... ne signifie pas « ce n'est pas ceci », mais « **si** ce n'est pas ceci, (… c'est cela) ».

- 只有……才…… *zhǐyǒu... cái...* : **ce n'est que si…** (condition nécessaire).
  - 只有这样做，我才会放心。
    ***Zhǐyǒu** zhèyàng zuò, wǒ **cái** huì fàngxīn.*
    Je ne serai rassuré que si l'on procède ainsi.

- 只要……就…… *zhǐyào... jiù...* : **il suffit que…** (condition suffisante).
  - 只要这样做，我就会放心了。
    ***Zhǐyào** zhèyàng zuò, wǒ **jiù** huì fàngxīn le.*
    Il suffit que l'on fasse ainsi pour que je sois rassuré.

18 L'aspect de l'action réalisée

▶ En chinois, il n'y a pas de temps verbaux, mais des « aspects ». Un aspect exprime la façon dont l'action est envisagée dans son déroulement ou sa réalisation. L'aspect de l'action réalisée ou aspect accompli indique qu'une action est considérée comme réalisée, entrée dans les faits. Il est marqué à la forme affirmative par le suffixe verbal 了 *le*.

Notez bien

了 *le* suffixe verbal et 了 *le* particule finale d'actualisation ont en commun de renvoyer à la réalisation de l'action :
– 了 *le* **suffixe verbal** porte sur le verbe et indique que l'action est **vue comme** entrée dans les faits, réalisée, affaire classée !
– 了 *le* **particule finale d'actualisation** porte sur la phrase entière et **actualise** cette réalisation par rapport à un moment de référence, ancrant la réalisation de l'action dans le moment où l'on se place.

CONSTRUCTION

▪ L'aspect de l'action réalisée est marqué par l'usage du suffixe verbal 了 *le*, placé directement après le verbe.

- 我跑了六公里。
  Wǒ pǎole liù gōnglǐ.
  J'ai couru six kilomètres.

- 我昨天买了三本书。
  Wǒ zuótiān mǎile sān běn shū.
  Hier, j'ai acheté trois livres.

▪ La négation de l'aspect réalisé est 没 *méi* ou 没有 *méiyǒu* (le suffixe 了 *le* n'apparaît pas).

- 我昨天没去公园。
  Wǒ zuótiān méi qù gōngyuán.
  Je ne suis pas allé au parc hier.

▪ L'interrogation se marque le plus souvent en renvoyant la négation 没有 *méiyǒu* à la fin de la phrase, mais elle peut aussi être exprimée par la particule interrogative finale 吗 *ma*.

- 你说的电影看了没有？
  Nǐ shuō de diànyǐng kànle méiyǒu?
  Tu as vu le film dont tu parlais ?

- 你最近看了你的父母吗？
  Nǐ zuìjìn kànle nǐ de fùmǔ ma?
  Tu as vu tes parents récemment ?

GRAMMAIRE ▸ L'aspect de l'action réalisée

NOTEZ BIEN

L'aspect réalisé ne doit pas être assimilé au passé. Il exprime seulement le fait que l'action a connu (ou connaît…) une **réalisation effective**.

– L'action considérée comme réalisée peut être située dans le futur.

你先走，我吃了饭再走。
Nǐ xiān zǒu, wǒ chī**le** fàn zài zǒu.
Pars d'abord, je partirai après avoir mangé.

他知道了这个消息会很高兴的。
Tā zhīdào**le** zhè ge xiāoxi huì hěn gāoxìng de.
Il sera content d'apprendre cette nouvelle.

– Elle peut être l'équivalent d'un présent français.

这部电影反映了法国当时的情况。
Zhè bù diànyǐng fǎnyìng**le** Fǎguó dāngshí de qíngkuàng.
Ce film reflète la situation de la France à l'époque.

CAS OÙ LE SUFFIXE 了 *le* EST NÉCESSAIRE

- Lorsque l'action est considérée comme réalisée, entrée dans les faits, et que le COD est défini, circonscrit.

  - 我们上个星期参观了一个小学和一个图书馆。
    Wǒmen shàng ge xīngqī cānguān**le** yī ge xiǎoxué hé yī ge túshūguǎn.
    La semaine dernière, nous avons visité une école primaire et une bibliothèque.

- Pour indiquer qu'une action est entrée dans les faits dans des conditions déterminées ou à la suite de causes précises.

  - 经过讨论，王文同意了我们的要求。
    Jīngguò tǎolùn, Wáng Wén tóngyì**le** wǒmen de yāoqiú.
    Après discussion, Wang Wen a approuvé notre demande.

- Pour marquer l'antériorité d'une première action qui s'enchaîne à un état ou une action.

  - 我先介绍了我自己，然后开始讲我的计划。
    Wǒ xiān jièshào**le** wǒ zìjǐ, ránhòu kāishǐ jiǎng wǒ de jìhuà.
    Je me suis d'abord présenté, et j'ai ensuite commencé à parler de mon projet.

- En cas d'action réalisée supposant un temps bref.

  - 我丢了手机。
    Wǒ diū**le** shǒujī.
    J'ai perdu mon portable.

CAS OÙ LE SUFFIXE 了 le N'EST PAS NÉCESSAIRE

- Quand l'accent est mis non sur la réalisation effective de l'action, mais sur ses **circonstances**.

  - 上次你请客，下次我请客。
    Shàngcì nǐ qǐngkè, xiàcì wǒ qǐngkè.
    Tu m'as invité la dernière fois, la prochaine fois ce sera moi.

- Quand l'accent est mis non sur la réalisation de l'action, mais sur **ce qu'elle entraîne**. C'est notamment le cas avec des verbes comme 说 *shuō* (dire), 让 *ràng* (demander de faire qqch.), 决定 *juédìng* (décider de), 发现 *fāxiàn* (découvrir que), 想 *xiǎng* (penser faire qqch.)... Comparez :

  - 我最近发现他朋友很多。
    Wǒ zuìjìn fāxiàn tā péngyou hěn duō.
    J'ai remarqué récemment qu'il avait beaucoup d'amis.

  - 他朋友很多，你发现了吗？
    *Tā péngyou hěn duō, nǐ fāxiàn**le** ma ?*
    Il a beaucoup d'amis, tu as remarqué ?

- Quand l'accent est mis non sur la réalisation effective de l'action, mais sur le **fil même de la narration**.

  - 这时候，王文打开门走出去，高兴地大叫："再见！再见！"
    Zhè shíhòu, Wáng Wén dǎkāi mén zǒu chūqu, gāoxìng de dà jiào : "Zàijiàn ! Zàijiàn !"
    À ce moment, Wang Wen ouvrit la porte et sortit en lançant joyeusement : « Au revoir ! Au revoir ! »

- Quand l'accent est mis non sur la réalisation effective de l'action, mais sur le **fait brut** (souvent dans les titres d'articles de presse, les biographies, etc.).

  - 王文会见法国代表团。
    Wáng Wén huìjiàn Fǎguó dàibiǎotuán.
    Wang Wen a rencontré une délégation française.

  - 王东，男，1990年生，2008年进入南京大学。
    Wáng Dōng, nán, yījiǔjiǔlíng nián shēng, èrlínglíngbā nián jìnrù Nánjīng Dàxué.
    Wang Dong, sexe masculin, né en 1990, a intégré l'université de Nankin en 2008.

GRAMMAIRE ▸ L'aspect de l'action réalisée

CAS OÙ LE SUFFIXE 了 *le* EST IMPOSSIBLE

Le suffixe verbal 了 *le* ne s'emploie pas :

- Avec le composé verbal d'appréciation (voir p. 126).
  - 上次我们玩儿得很开心。
    Shàngcì wǒmen wánr de hěn kāixīn.
    On s'est bien amusés la dernière fois.

- Avec les verbes auxiliaires (voir p. 92) et les verbes subjectifs (voir p. 87).

- Avec certains verbes dont le sens est incompatible avec l'aspect réalisé :
  是 *shì* (être), 在 *zài* (se trouver quelque part), 等于 *děngyú* (être égal à).
  - 这是我去年住的房子。
    Zhè shì wǒ qùnián zhù de fángzi.
    C'est la maison où j'ai habité l'an dernier.
  - 他昨天在。
    Tā zuótiān zài.
    Il était présent hier.

- Dans le cas d'une action habituelle dans le passé.
  - 去年在北京的时候，我常常下象棋。
    Qùnián zài Běijīng de shíhou, wǒ chángcháng xià xiàngqí.
    Quand j'étais à Pékin l'an dernier, je jouais souvent aux échecs.

PHRASE À DOUBLE 了 *le*

La présence de 了 *le* (suffixe verbal de l'aspect réalisé) **et** de 了 *le* (particule finale d'actualisation) indique que l'action est entrée dans les faits, et que ce qu'exprime la phrase est actualisé.
Comparez :

- 王文要了三瓶啤酒。
  Wáng Wén yàole sān píng píjiǔ.
  Wang Wen a commandé trois bouteilles de bière.

- 王文要了三瓶啤酒了！
  Wáng Wén yàole sān píng píjiǔ le !
  Wang Wen a commandé trois bouteilles de bière !
  [jusqu'à maintenant...]

▸ **LA PARTICULE FINALE D'ACTUALISATION P. 153**

19 L'aspect de l'état prolongé

▶ En chinois, il n'y a pas de temps verbaux, mais des « aspects ». Un aspect exprime la façon dont l'action est envisagée dans son déroulement ou sa réalisation. L'aspect de l'état prolongé ou aspect duratif, marqué par 着 *zhe*, exprime la continuité d'une action ou d'un état.

CONSTRUCTION

Pour exprimer l'aspect de l'état prolongé, on fait suivre le verbe du suffixe verbal 着 *zhe*.

- 他坐着。
  Tā zuòzhe.
  Il est assis.

  他站着。
  Tā zhànzhe.
  Il est debout.

NOTEZ BIEN
Ne confondez pas le suffixe duratif 着 *zhe* avec le résultatif 着 *zháo* (voir p. 130) qui signifie « atteindre » (sens initial : « atteindre la cible »). Comparez :

找着
zhǎozhe
être en train de chercher
[chercher + suffixe duratif]

找着
zhǎozháo
trouver
[chercher + atteindre]

Placé après un premier verbe qui indique les circonstances de l'action principale, le suffixe 着 *zhe* exprime la **simultanéité** (équivalent de « en » + participe présent).

- 他走着看报。
  Tā zǒuzhe kànbào.
  Il lit en marchant.

  你站着等谁?
  Nǐ zhànzhe děng sheí?
  Qui attends-tu debout ?

La négation de l'aspect de l'état prolongé est généralement 没 *méi*.

- 门没开着。
  Mén méi kāizhe.
  La porte n'est pas ouverte.

AFFINITÉS

L'aspect de l'état prolongé se rencontre fréquemment dans les contextes suivants.

Avec les **verbes de posture** : 站着 *zhànzhe* (être debout), 坐着 *zuòzhe* (être assis), 躺着 *tǎngzhe* (être allongé)…

GRAMMAIRE ▸ L'aspect de l'état prolongé

● Avec les **marques de l'action en cours de déroulement** : l'adverbe 正在 *zhèngzài* (être en train de) ou ses dérivés 正 *zhèng* et 在 *zài*, ainsi que la particule finale 呢 *ne*.

- 王文在做什么呢？ – 他在等着我们呢！
  Wáng Wén zài zuò shénme ne ? – Tā zài děngzhe wǒmen ne !
  Que fait Wang Wen ? – Il est en train de nous attendre !

NOTEZ BIEN

Ne confondez pas 着 *zhe* et (正)在 *(zhèng)zài*. 着 *zhe* permet d'exprimer la continuité d'un état ou d'une action, il apporte une connotation descriptive, d'**arrêt sur image**, alors que (正)在 *(zhèng)zài* + verbe exprime le fait que l'action est **en train de** se dérouler. Comparez :

王文在穿雨衣。 王文穿着雨衣。
Wáng Wén zài chuān yǔyī. *Wáng Wén chuānzhe yǔyī.*
Wang Wen est en train de mettre Wang Wen porte un imperméable.
son imperméable. [action en cours] [état prolongé]

● Avec des **phrases impératives** exprimant une action qui doit se prolonger.

- 拿着！ 你听着！
  Názhe ! *Nǐ tīngzhe !*
  Tiens-le ! Écoute !

● Avec des **verbes exprimant une situation fixe résultant d'une action** : 拿 *ná* (tenir), 挂 *guà* (suspendre)... Les phrases ainsi formées renvoient souvent à des phrases dites d'existence (voir p. 156).

- 茶几上放着三个茶杯。
  Chájī shàng fàngzhe sān ge chábēi.
  Il y a trois tasses posées sur la table à thé.

Comparez :

- 门上贴着一个"喜"字。
  Mén shàng tiēzhe yī ge "xǐ" zì.
  Un caractère « bonheur » est collé sur la porte.

- 我把"喜"字贴在门上。
  Wǒ bǎ "xǐ" zì tiē zài mén shàng.
  J'accroche le caractère « bonheur » sur la porte.

NOTEZ BIEN

L'aspect de l'état prolongé est incompatible avec des verbes exprimant des changements brefs comme 掉 *diào* (tomber), 死 *sǐ* (mourir)...

20 L'aspect de l'expérience vécue

▶ En chinois, il n'y a pas de temps verbaux mais des « aspects ». Un aspect exprime la façon dont l'action est envisagée dans son déroulement ou sa réalisation. L'aspect de l'expérience vécue, marqué par 过 guo, porte principalement sur les verbes d'action.

CONSTRUCTION

- Pour indiquer que l'on a déjà traversé l'expérience d'une action donnée, on fait suivre le verbe du suffixe verbal 过 guo (sens initial : « traverser »).

  - 我去过越南。
    Wǒ qù**guo** Yuènán.
    Je suis déjà allé au Vietnam.

- La négation de l'aspect vécu se forme avec 没 méi ou 没有 méiyǒu, en maintenant le suffixe 过 guo après le verbe :
  没(有) méi(yǒu) + verbe + 过 guo.

  - 我没(有)去过越南。
    Wǒ **méi (yǒu)** qù**guo** Yuènán.
    Je ne suis jamais allé au Vietnam.

- En cas d'emploi d'un coverbe (voir p. 99), la négation se place **avant** celui-ci.

  - 我没跟他一起工作过。
    Wǒ **méi** gēn tā yīqǐ gōngzuò**guo**.
    Je n'ai jamais travaillé avec lui.

- La forme interrogative s'exprime soit à l'aide de la particule finale 吗 ma, soit, souvent, en renvoyant la négation 没有 méiyǒu en fin de phrase.

  - 你去过越南吗?
    Nǐ qù**guo** Yuènán **ma**?
    你去过越南没有?
    Nǐ qù**guo** Yuènán **méiyǒu**?
    Es-tu déjà allé au Vietnam ?

- L'aspect vécu peut être renforcé par les adverbes 曾经 céngjīng (dans le passé) ou 已经 yǐjing (déjà) (voir p. 104).

  - 我们曾经谈过这件事。
    Wǒmen **céngjīng** tán**guo** zhè jiàn shì.
    Nous avons évoqué cela dans le passé.

  - 王文已经来过我家。
    Wáng Wén **yǐjing** lái**guo** wǒ jiā.
    Wang Wen est déjà venu chez moi.

▶ DÉJÀ P. 283

GRAMMAIRE ▸ L'aspect de l'expérience vécue

AFFINITÉS

- Cette construction concerne en priorité les **verbes d'action** (voir p. 84). Mais l'aspect de l'expérience vécue peut aussi modifier le **verbe** 有 *yǒu* («avoir», voir p. 85) et les **verbes qualificatifs** (voir p. 96).

  - 你有过这样的经验吗?
    Nǐ yǒuguo zhèyàng de jīngyàn ma?
    As-tu déjà eu une telle expérience ?

  - 我从来没这样高兴过!
    Wǒ cónglái méi zhèyàng gāoxìngguo!
    Je n'ai jamais été aussi content !

- En revanche, l'aspect de l'expérience vécue ne peut pas se combiner avec certains verbes, en raison de leur sens.

  Verbes de relation : 在 *zài* (être à), 是 *shì* (être), 姓 *xìng* (se nommer), 像 *xiàng* (ressembler)…

  Verbes exprimant des opérations mentales : 认为 *rènwéi* (considérer), 以为 *yǐwéi* (croire que), 判断 *pànduàn* (juger), 认识 *rènshi* (connaître)…

  NOTEZ BIEN
  Le suffixe 过 *guo* est incompatible avec 了 *le*, à la différence du verbe résultatif 过 *guò* indiquant qu'une action a eu lieu, «est derrière nous». Comparez :

  吃过吗?　　　　　　　吃过饭了吗?
  Chīguo ma ?　　　　　*Chīguò fàn le ma ?*
  En as-tu déjà mangé ?　As-tu déjà mangé ?
  [une fois dans ta vie ?]　[as-tu «passé» le repas à l'instant ?]

21 Le composé verbal d'appréciation

▶ Lorsque, en français, on apprécie la façon dont est faite une action ou le degré atteint par celle-ci («il parle bien chinois», «je mange vite», «elle marche lentement»), on a généralement recours en chinois à un composé verbal d'appréciation, dit aussi complément d'appréciation ou de degré.

CONSTRUCTION

L'appréciation suit le verbe principal d'action auquel elle est reliée par le suffixe verbal d'appréciation 得 *de*. L'appréciation est le plus souvent constituée d'un verbe qualificatif, plus rarement d'une proposition (comparaison, expression du degré, etc.). Positive ou négative, elle suit immédiatement 得 *de* :

verbe + 得 *de* + **appréciation**.

- 他吃得很慢。
  *Tā chī **de** hěn màn.*
  Il mange lentement.

  他跑得不快。
  *Tā pǎo **de** bù kuài.*
  Il ne court pas vite.

La négation ne porte pas sur le verbe principal, mais sur l'appréciation, ce qui est logique.

- 小刘画竹子画得不太好。
  *Xiǎo Liú huà zhúzi huà **de** bù tài hǎo.*
  Petit Liu ne peint pas très bien les bambous.
  [Si petit Liu peint mal les bambous, il les peint quand même !]

L'interrogation correspondante est exprimée soit par l'interrogatif 怎么样 *zěnmeyàng* (comment ?), soit par l'appréciation elle-même reprise à la forme négative.

- 他跑得怎么样?
  *Tā pǎo **de** zěnmeyàng ?*
  Comment court-il ?

  他跑得快不快?
  *Tā pǎo **de** kuài bù kuài ?*
  Est-ce qu'il court vite ?

NOTEZ BIEN

Dans l'exemple suivant, il y a bien une appréciation, mais pas de construction en 得 *de* : il y a en fait simple juxtaposition d'un thème (ce dont on parle) et d'un commentaire (ce qu'on en dit).

王文说英文很流利。
Wáng Wén shuō yīngwén hěn liúlì.
Wang Wen parle très couramment anglais.
[Wang Wen / parlant anglais : c'est très courant]

GRAMMAIRE ▸ Le composé verbal d'appréciation 21

PLACE DU COD

Le complément d'appréciation ne peut pas être séparé du verbe principal. La phrase d'appréciation se termine donc **toujours** par : **verbe** + 得 *de* + **appréciation**. Le suffixe 得 *de*, collé au verbe, n'entraîne rien d'autre que l'appréciation elle-même.

Pour les autres éléments, trois constructions sont possibles :

S + V + COD + V + 得 *de* + appréciation (répétition du verbe)
- 刘老师画竹子画得很好！
  Liú lǎoshī huà zhúzi **huà de hěn hǎo**!
  [litt.] Pour ce qui est de maître Liu peignant les bambous : il les peint très bien.

S + COD + V + 得 *de* + appréciation (COD avant le verbe)
- 刘老师竹子画得很好！
  Liú lǎoshī zhúzi **huà de hěn hǎo**!
  [litt.] Maître Liu, les bambous, il les peint très bien.

COD + S + V + 得 *de* + appréciation (COD en tête de phrase)
- 竹子刘老师画得很好！
  Zhúzi Liú lǎoshī **huà de hěn hǎo**!
  [litt.] Les bambous, maître Liu, il les peint très bien.

NOTEZ BIEN

À travers ces constructions, le chinois apparaît de nouveau comme une langue à thème. Le commentaire 画得很好 *huà de hěn hǎo* (il les peint très bien) renvoie respectivement aux thèmes suivants :
刘老师画竹子 *Liú lǎoshī huà zhúzi* (maître Liu-peindre les bambous) ;
刘老师竹子 *Liú lǎoshī zhúzi* (maître Liu-les bambous) ;
竹子刘老师 *zhúzi Liú lǎoshī* (les bambous-maître Liu).

APPRÉCIATION D'UNE ACTION

Le plus souvent, l'appréciation est un **verbe qualificatif** :
verbe + 得 *de* + **verbe qualificatif**.

- 他跑得很快。
  Tā pǎo **de** hěn kuài.
  Il court vite.

Lorsqu'il y a **comparaison**, celle-ci peut soit faire partie de l'appréciation, soit être exposée dès le début de la phrase. Comparez :

A + verbe d'action + 得 *de* + 比 *bǐ* + B + appréciation
- 他跑得比我快。
  Tā pǎo **de bǐ** wǒ kuài.
  Il court plus vite que moi.

A 比 *bǐ* B + verbe d'action + 得 *de* + appréciation

- 他比我跑得快。
  Tā bǐ wǒ pǎo de kuài.
  Il court plus vite que moi.

L'appréciation peut être constituée de toute une **proposition** (avec sujet, verbe d'action, etc.).

- 他讲得大家都笑了。
  Tā jiǎng de dàjiā dōu xiào le.
  Ce qu'il a dit a fait rire tout le monde. [Il a parlé de telle façon que…]

- 这个房间大得能住六个人。
  Zhè ge fángjiān dà de néng zhù liù ge rén.
  Cette chambre est tellement grande qu'on peut y loger six personnes.

EXPRESSION DU DEGRÉ D'APPRÉCIATION

Certaines appréciations expriment un degré élevé à travers des expressions figées : ……得很 *… de hěn* (très), ……得不得了 *… de bùdéliǎo*, ……得要命 *… de yàomìng*, ……得要死 *… de yàosǐ* (terriblement).

- 他们都来了，我高兴得不得了！
  Tāmen dōu lái le, wǒ gāoxìng de bùdéliǎo!
  Ils sont tous venus, je suis très très content !

- 这儿的东西贵得要命！
  Zhèr de dōngxi guì de yàomìng!
  Ici, c'est horriblement cher !

NE CONFONDEZ PAS !

Quelle différence y a-t-il entre 他吃得很慢 *tā chī de hěn màn* et 他慢慢地吃 *tā mànmàn de chī* ? Ces deux phrases peuvent se rendre par « il mange lentement », mais reflètent deux angles de vue différents.

- La phrase 他吃得很慢 *tā chī de hěn màn* construite avec le **composé verbal d'appréciation** est avant tout une appréciation sur la façon de manger, un comportement habituel ; elle ne peut pas exprimer une injonction, un ordre. « Il mange très lentement », c'est la réponse à la question : « Comment mange-t-il ? »

- La phrase 他慢慢地吃 *tā mànmàn de chī* construite avec l'**adverbe de manière** est la narration d'une action, dont le cœur est l'action elle-même. « Il mange, lentement », c'est la réponse à la question : « Que fait-il, et comment ? »

22 Le composé verbal résultatif

▶ Le chinois est une langue qui pense les processus :
un verbe peut se trouver de ce fait prolongé par d'autres verbes secondaires exprimant le résultat, le déplacement ou la direction (voir p. 136).

CONSTRUCTION

Un verbe résultatif indique le **résultat** d'une action exprimée par un verbe principal, auquel il est rattaché ; l'ensemble ainsi constitué, **verbe principal + verbe résultatif,** forme un composé verbal résultatif.

- 我以前没下过围棋，但现在学会了！
  *Wǒ yǐqián méi xiàguo wéiqí, dàn xiànzài **xuéhuì** le !*
  Avant, je n'avais jamais joué au go, mais maintenant je sais y jouer !
  [学会 *xuéhuì* : « apprendre » et obtenir en résultat de « savoir »]

VERBES RÉSULTATIFS FRÉQUENTS

完 *wán* finir	我说完了。 *Wǒ shuōwán le.* J'ai fini de parler.	我写完了。 *Wǒ xiěwán le.* J'ai fini d'écrire.
好 *hǎo* finir, mener à bien	我跟她说好了！ *Wǒ gēn tā shuōhǎo le !* Je le lui ai dit ! [c'est entendu] 吃好了。 *Chīhǎo le.* J'ai fini de manger.	我写好了！ *Wǒ xiěhǎo le !* J'ai fini d'écrire ! [j'ai mené à bien cette tâche]
到 *dao* atteindre un lieu, un but, réussir à	我回到家了。 *Wǒ huídào jiā le.* Je suis rentré à la maison. 我没想到他会这样。 *Wǒ méi xiǎngdào tā huì zhèyàng.* Je n'aurais pas pensé qu'il serait comme ça. 我在东京没买到日法词典。 *Wǒ zài Dōngjīng méi mǎidào rìfǎ cídiǎn.* Je n'ai pas trouvé de dictionnaire japonais-français à Tokyo.	我找到了。 *Wǒ zhǎodào le.* J'ai trouvé.
懂 *dǒng* comprendre	我听懂了！ *Wǒ tīngdǒng le !* J'ai compris !	

开 kāi ouvrir, déployer, séparer	走开！ Zǒukāi! Va-t'en !	把书打开！ Bǎ shū dǎkāi! Ouvrez le livre !
住 zhù arrêter, fixer	记住 jìzhù se souvenir de qqch.	拿住 názhù tenir fermement
	我被她的声音吸引住了。 Wǒ bèi tā de shēngyīn xīyǐn zhù le. J'ai été fasciné par sa voix.	
见 jiàn percevoir	看见 kànjiàn apercevoir	听见 tīngjiàn entendre, percevoir à l'oreille
错 cuò se tromper	写错 xiěcuò se tromper [en écrivant]	说错 shuōcuò se tromper [en parlant]
	哦，您不是王文？对不起，打错了！ Ò, nín bù shì Wáng Wén? Duìbuqǐ, dǎcuò le! Oh, ce n'est pas Wang Wen ? Désolé, je me suis trompé de numéro !	
清楚 qīngchu être clair	听清楚了吗？ Tīng qīngchu le ma? As-tu bien entendu ?	
掉 diào tomber, supprimer, disparaître	他走掉了。 Tā zǒudiào le. Il est parti.	
饱 bǎo être rassasié	吃饱了。 Chībǎo le. Je suis rassasié.	
通 tōng circuler sans obstacle	电话打通了吗？ Diànhuà dǎtōng le ma? La communication téléphonique est passée ?	
着 zháo atteindre un objectif	钥匙还没找着！ Yàoshi hái méi zhǎozháo! Je n'ai pas encore retrouvé les clefs !	

NÉGATION DES COMPOSÉS RÉSULTATIFS

La négation est généralement 没(有) méi(yǒu) car le contexte d'emploi des composés résultatifs est l'aspect **réalisé**.

- 他还没有写完。
  Tā hái **méiyǒu** xiěwán.
  Il n'a pas encore fini d'écrire.

- 你吃饱了没有？
  Nǐ chībǎo le **méiyǒu**?
  Es-tu rassasié ?

GRAMMAIRE ▸ Le composé verbal résultatif

RÉSULTATIFS DE DEGRÉ

- Le suffixe de degré ······ 极了！ ... *jíle!* (style oral) prolonge un verbe qualificatif et exprime le degré élevé atteint par celui-ci.

  - 这里的烤鸭好吃极了！
    Zhèli de kǎoyā hǎochī jíle!
    Le canard laqué d'ici est super bon !

  - 他难过极了！
    Tā nánguò jíle!
    Il est terriblement affligé !

- L'expression résultative figurée ······ 死了！ ... *sǐ le!* signifie « à en mourir ! ».

  - 空调坏了，热死了！
    Kōngtiáo huài le, rèsǐ le!
    La climatisation est en panne, on meurt de chaud !

NOTEZ BIEN

Certains composés résultatifs sont devenus des mots figés.
C'est le cas de 得到 *dédào* (« obtenir » = « obtenir » + « atteindre »)
ou de 离开 *líkāi* (« quitter » = « se séparer » + « se disperser »).
Mais ce sont bien des composés résultatifs : ils peuvent être disjoints
et la négation peut s'intercaler entre le verbe initial et le résultatif.

他离不开写作。
Tā lí bu kāi xiězuò.
Il ne peut pas se passer d'écrire.

23 Le composé verbal d'obtention du résultat

▶ Le composé verbal d'obtention du résultat exprime le fait que l'on arrive ou que l'on n'arrive pas à atteindre le résultat visé par l'action. Il se construit à partir d'un composé verbal « verbe + résultatif (ou directionnel) ».

CONSTRUCTION

Le composé verbal d'obtention du résultat se construit en intercalant 得 *de* (sens initial : « obtenir ») entre le verbe et son résultat :
verbe + 得 *de* + résultat.

- 听得懂吗？
  Tīng de dǒng ma ?
  Est-ce que tu comprends ?

À la forme négative, la négation 不 *bu* remplace 得 *de* entre le verbe et son résultat :
verbe + 不 *bu* + résultat.

- 听不懂。
  Tīng bu dǒng.
  Je ne comprends pas. [litt. J'écoute et je n'arrive pas à comprendre.]

Notez bien

Cette construction ne peut pas s'appliquer à l'aspect de l'action réalisée (voir p. 118) puisque le résultat est déjà là.

听懂了。 　　　　　没听懂。
Tīngdǒng le. 　　　　*Méi tīngdǒng.*
J'ai compris. 　　　　Je n'ai pas compris.

▸ Arriver p. 268
▸ Pouvoir p. 316

COMPOSÉS D'OBTENTION DU RÉSULTAT FRÉQUENTS

起 *qǐ* être en mesure de, avoir les moyens de	对不起！ *Duìbuqǐ !* Excusez-moi ! [litt. Je ne suis pas en mesure de vous faire face !] 这么漂亮的房子，我租不起！ *Zhème piàoliang de fángzi, wǒ zū bu qǐ !* Une si belle maison, je n'ai pas les moyens de la louer ! 巴黎人是不是看不起外地人？ *Bālírén shì bù shì kànbuqǐ wàidìrén ?* Est-il vrai que les Parisiens regardent de haut les provinciaux ?

GRAMMAIRE ▸ Le composé verbal d'obtention du résultat 23

来 *lái* entretenir une relation habituelle	生肉，他吃不来。 *Shēngròu, tā chī bu **lái**.* Il ne mange pas de viande crue.	
	我们俩很谈得来。 *Wǒmen liǎ hěn tánde**lái**.* On s'entend bien tous les deux.	
住 *zhù* être stable, fixe	这么多名字，你记得住吗？ *Zhème duō míngzi, nǐ jì de **zhù** ma?* Tant de noms, peux-tu les retenir ?	
	他禁不住笑了起来。 *Tā jīnbu**zhù** xiàole qǐlai.* Il ne put s'empêcher de rire.	
及 *jí* atteindre	还来得及！ *Hái láide**jí**!* On a encore le temps !	
	来不及去买票了！ *Láibu**jí** qù mǎi piào le!* On n'a plus le temps d'acheter les billets !	
上 *shàng* être adapté, convenir	他参加不参加这个晚会，我说不上。 *Tā cānjiā bù cānjiā zhè ge wǎnhuì, wǒ shuō bu **shàng**.* Je ne saurais dire s'il participe à cette soirée.	
	他不会骑自行车，谈不上开汽车！ *Tā bù huì qí zìxíngchē, tán bu **shàng** kāi qìchē!* Il ne sait pas faire du vélo, alors conduire une voiture, inutile d'en parler !	
动 *dòng* mouvoir	我很累，走不动了。 *Wǒ hěn lèi, zǒu bu **dòng** le.* Je suis fatigué, je n'arrive plus à marcher.	
下 *xià* contenir	这个会议室坐得下五十个人。 *Zhè ge huìyìshì zuò de **xià** wǔshí ge rén.* Cette salle de réunion peut accueillir cinquante personnes.	
	我们两个人吃不下这么多东西。 *Wǒmen liǎng ge rén chī bu **xià** zhème duō dōngxi.* On ne peut pas manger tout ça à nous deux.	
了 *liǎo* aboutir	这么多东西，我拿不了！ *Zhème duō dōngxi, wǒ ná bu **liǎo**!* Je n'arrive pas à prendre autant de choses !	
	你吃得了那么多菜吗？ *Nǐ chī de **liǎo** nàme duō cài ma?* Peux-tu (finir de) manger autant de plats ?	
Directionnels (voir p. 136)	晚上十点以前我回得来。 *Wǎnshang shí diǎn yǐqián wǒ huí de **lái**.* Je peux être de retour avant 10 h du soir.	

NOTEZ BIEN

On trouve 得 *de* dans deux constructions :
verbe + 得 *dé* et **verbe** + 不得 *bù dé* (oral).
Cet emploi particulier de 得 *dé* exprime l'idée de possibilité objective, de « pouvoir ». Le verbe doit être monosyllabique, sauf à la forme négative où il peut être dissyllabique.

这种衣服我们穿得。
Zhè zhǒng yīfu wǒmen chuān dé.
On peut porter ce type de vêtement.

我记不得了！
Wǒ jì bù dé le!
Je n'arrive plus à m'en souvenir !

怎么办？我真是哭笑不得！
Zěnme bàn? Wǒ zhēn shì kūxiàobùdé!
Que faire ? Je suis vraiment désemparé !

NE CONFONDEZ PAS !

Le composé d'**obtention du résultat** et le composé d'**appréciation** ayant recours au même outil 得 *de*, ils peuvent prendre la même apparence à la forme affirmative et lorsque 得 *de* est suivi d'un verbe qualificatif.

Appréciation

- 我法语说得好。
  Wǒ fǎyǔ shuō de hǎo. [accent tonique sur *hǎo*]
  Je parle bien le français.

Obtention du résultat

- 我法语说得好。
  Wǒ fǎyǔ shuō de hǎo. [accent tonique sur *shuō*]
  J'arrive à parler correctement le français.

Cependant il existe des différences. L'**appréciation** est en général un verbe qualificatif (parfois toute une proposition), mais ne peut pas être un verbe d'action. L'**élément résultatif** peut être un verbe d'action, mais ne peut pas intégrer d'adverbe. Comparez :

Appréciation

- 写得很漂亮！
  Xiě de hěn piàoliang!
  C'est très bien écrit !

Obtention du résultat

- 没问题，我看得见！
  Méi wèntí, wǒ kàn de jiàn!
  Pas de problème, j'arrive à voir !

GRAMMAIRE ▸ Le composé verbal d'obtention du résultat

● À la forme négative, 得 *de* reste présent dans le composé d'appréciation et 不 *bù* est placé **après**, modifiant directement l'appréciation. Dans le composé d'obtention du résultat, 得 *de* disparaît à la forme négative et est remplacé par 不 *bu*. Comparez :

Appréciation
- 他走得不快。
  Tā zǒu de bù kuài.
  Il ne marche pas vite.

Obtention du résultat
- 我看不清！
  Wǒ kàn bu qīng !
  Je ne vois pas clair !

● L'objet du verbe ne peut pas être placé **après** 得 *de* dans le composé d'appréciation. Comparez :

Appréciation
- 他(解释)这个词解释得对。
  Tā (jiěshì) zhè ge cí jiěshì de duì.
  Il explique correctement ce mot.

Obtention du résultat
- 他解释得对这个词。
  Tā jiěshì de duì zhè ge cí.
  Il arrive à expliquer correctement ce mot.

● À la différence du composé d'appréciation, le composé d'obtention du résultat est incompatible avec la phrase en 把 *ba* (voir p. 169).

● Dans les phrases interrogatives, la forme alternative porte seulement sur l'élément d'appréciation dans le composé d'appréciation, mais elle porte sur tout le composé verbal d'obtention du résultat. Comparez :

Appréciation
- 中文说得好不好？
  *Zhōngwén shuō de **hǎo bù hǎo** ?*
  Parles-tu bien chinois ?

Obtention du résultat
- 中文听得懂听不懂？
  *Zhōngwén **tīng de dǒng tīng bu dǒng** ?*
  Arrives-tu à comprendre le chinois ?

24 Le composé verbal directionnel

▶ La référence fréquente du chinois à l'espace se manifeste notamment à travers les composés verbaux directionnels. Apparentés aux composés verbaux résultatifs (voir p. 129), ils indiquent la direction fondamentale qui prolonge l'action exprimée par le verbe principal.

▸ EN + VERBE P. 290

LES DIRECTIONNELS SIMPLES

La construction est dans ce cas :
verbe d'action ou de mouvement + 来 *lai* / 去 *qu* ou **verbe d'action** + **verbe de mouvement**.

- **Verbe d'action ou de mouvement** + 来 *lai* (rapprochement par rapport à celui qui parle ou au lieu de référence) ou 去 *qu* (éloignement par rapport à celui qui parle ou au lieu de référence)

  ● 进来！
  Jìnlai !
  Entre ! [Je suis dans une pièce et invite quelqu'un à entrer.]

  ● 下去！
  Xiàqu !
  Descends ! [Je suis en haut et m'adresse à quelqu'un en haut ou près de moi.]

  ● 他给我寄来了明信片。
  Tā gěi wǒ jìlaile míngxìnpiàn.
  Il m'a envoyé une carte postale.

- **Verbe d'action** + 上 *shàng* (monter)

  ● 三月初，我重新走上讲台，高兴万分。
  Sānyuè chū, wǒ chóngxīn zǒushàng jiǎngtái, gāoxìng wànfēn.
  Début mars, j'ai repris mes cours [litt. je suis remonté sur l'estrade] et j'étais des plus heureux.

- **Verbe d'action** + 下 *xià* (descendre)

  ● 孩子们跑下楼了。
  Háizimen pǎoxià lóu le.
  Les enfants sont descendus en courant.

- **Verbe d'action** + 进 *jìn* (entrer)

  ● 他走进了办公室。
  Tā zǒujìnle bàngōngshì.
  Il entra dans le bureau.

GRAMMAIRE ▸ Le composé verbal directionnel 24

- **Verbe d'action +** 出 *chū* (sortir)
  - 别这样说，先拿出证据！
    *Bié zhèyàng shuō, xiān ná**chū** zhèngjù!*
    Ne parle pas comme ça, montre d'abord les preuves !

- **Verbe d'action +** 回 *huí* (retourner)
  - 这张照片带你走回那个年代。
    *Zhè zhāng zhàopiàn dài nǐ zǒu**huí** nà ge niándài.*
    Cette photo te ramène à ces années-là.

- **Verbe d'action +** 过 *guò* (traverser)
  - 穿过树林，就到我家了。
    *Chuān**guò** shùlín, jiù dào wǒ jiā le.*
    Traverse le bois et tu arrives chez moi.

- **Verbe d'action +** 起 *qǐ* (s'élever, soulever)
  - 他一拿起书就想睡觉！
    *Tā yī ná**qǐ** shū jiù xiǎng shuìjiào!*
    Dès qu'il prend un livre, il a envie de dormir !

- **Verbe d'action +** 到 *dào* (arriver)
  - 他去年年底回到了母校。
    *Tā qùnián niándǐ huí**dào**le mǔxiào.*
    À la fin de l'an dernier, il est retourné dans son ancienne école.

LES DIRECTIONNELS COMPLEXES

La construction est dans ce cas : **verbe + verbe de mouvement +** 来 *lai* / 去 *qu*.

- Les composés directionnels complexes sont formés d'un verbe principal d'action, suivi d'un verbe exprimant un mouvement fondamental, puis du directionnel 来 *lai* ou 去 *qu*. Les combinaisons possibles sont les suivantes :

verbe +	进 *jìn*	出 *chū*	上 *shàng*	下 *xià*	回 *huí*	过 *guò*	起 *qǐ*
	进来	出来	上来	下来	回来	过来	起来
	进去	出去	上去	下去	回去	过去	∅

- 他走进来了。
  Tā zǒu jìnlai le.
  Il entra. [marcher-entrer-rapprochement ; dans la pièce où est le locuteur]

- 赶快跑上去！
  Gǎnkuài pǎo shàngqu!
  Dépêche-toi de monter ! [courir-monter-éloignement]

- 把照片拿出来给我看看！
  Bǎ zhàopiàn ná chūlai gěi wǒ kànkan!
  Sors [prendre-sortir-rapprochement] les photos que j'y jette un coup d'œil !

137

LA PLACE DU COD AVEC LES DIRECTIONNELS SIMPLES

- Le COD se place généralement **après** le composé directionnel.

  - 他回过头说:"跟我走!"
    *Tā huíguò **tóu** shuō : "Gēn wǒ zǒu !"*
    Il tourna la tête et dit : « Suivez-moi ! »

- Si le COD est une personne, il se place entre le verbe et son directionnel ou après le composé verbal.

  - 她带来了孩子。
    *Tā dàilaile **háizi**.*

    她带孩子来了。
    *Tā dài **háizi** lai le.*
    Elle a amené les enfants.

- Si le COD est un lieu, il s'intercale entre le verbe et son directionnel.

  - 他下山去。
    *Tā **xià** shān **qu**.*
    Il descend la montagne.

  - 王文回家来了。
    *Wáng Wén **huí** jiā **lai** le.*
    Wang Wen est rentré à la maison.

LA PLACE DU COD AVEC LES DIRECTIONNELS COMPLEXES

- Si le COD est une personne ou une chose, il se place soit à la fin du composé directionnel, soit juste avant 去 *qu* / 来 *lai*.

  - 刚才走进来一个人/刚才走进一个人来。
    *Gāngcái zǒu jìnlai **yī ge rén**. / Gāngcái zǒujìn **yī ge rén** lai.*
    Quelqu'un est entré à l'instant.

- Si le COD est un lieu, ou si le verbe principal est un composé verbe-objet (voir p. 85), il s'intercale juste avant 去 *qu* / 来 *lai*.

  - 他跑上楼来。
    *Tā pǎoshàng **lóu** lai.*
    Il monte (à l'étage) en courant.

  - 他回过头来问:"谁啊?"
    *Tā huíguò **tóu** lai wèn : "Shéi a ?"*
    Il se retourna et demanda : « Qui est-ce ? »

GRAMMAIRE ▸ Le composé verbal directionnel

LA NÉGATION

Les composés verbaux directionnels reflétant un processus, deux formes négatives sont possibles :

- 没 *méi* indique que le résultat de la direction **n'a pas été atteint**.
  - 王文怎么还没出来?
    Wáng Wén zěnme hái méi chūlai ?
    Comment se fait-il que Wang Wen ne soit pas encore sorti ?

- La négation du composé d'obtention du résultat lui-même (不 *bu* intercalé entre le verbe principal et le verbe résultatif) indique que le résultat **ne peut pas être atteint**.
  - 你太忙，坐不住!
    Nǐ tài máng, zuò bu zhù !
    Tu es trop occupé, tu ne tiens pas en place !

LES COMPOSÉS DIRECTIONNELS FIGURÉS

- 看来 *kànlai* (visiblement).
  - 看来，他的生活条件不错!
    Kànlai, tā de shēnghuó tiáojiàn bùcuò !
    Visiblement, ses conditions de vie ne sont pas mauvaises !

- **Verbe** + 起来 *qǐlai* (se mettre à / expression d'une estimation).
  - 七月份了，天气热起来了。
    Qīyuèfèn le, tiānqì rè qǐlai le.
    Nous voici en juillet, il se met à faire chaud.
  - 这个机器用起来很方便。
    Zhè ge jīqì yòng qǐlai hěn fāngbiàn.
    Cet appareil se révèle pratique à l'usage.

- **Verbe** + 下去 *xiàqu* (continuer à).
  - 博客，我会写下去。
    Bókè, wǒ huì xiě xiàqu.
    Je vais continuer à écrire mon blog.

- **Verbe** + 出来 *chūlai* (idée de ressortir, d'apparaître).
  - 你有意见的话，请说出来!
    Nǐ yǒu yìjiàn dehuà, qǐng shuō chūlai !
    Si tu as quelque chose à dire, exprime-le !
  - 听不出来他是外国人。
    Tīng bu chūlai tā shì wàiguórén.
    À l'entendre, on ne dirait pas qu'il est étranger.

- **Verbe** + 下 *xià* (idée de fixer quelque chose).
  - 王文给我留下了很好的印象。
    Wáng Wén gěi wǒ liúxiàle hěn hǎo de yìnxiàng.
    Wang Wen m'a laissé une très bonne impression.

- **Verbe** + 下来 *xiàlai* (idée d'évolution jusqu'au moment où l'on parle ou de stabilisation).
  - 我要求他们按时上课，他们都坚持下来了。
    *Wǒ yāoqiú tāmen ànshí shàngkè, tāmen dōu jiānchí **xiàlai** le.*
    J'ai demandé à ce qu'ils arrivent à l'heure au cours et ils s'y sont tenus.
  - 请你们安静下来！
    *Qǐng nǐmen ānjìng **xiàlai**!*
    Du calme, s'il vous plaît!

- **Verbe** + 过来 *guòlai* (idée de revenir à un état normal).
  - 她醒过来了。
    *Tā xǐng **guòlai** le.*
    Elle s'est réveillée.

- 上 *shàng* (idée d'associer, d'apparier, d'être en adéquation, de convenir).
  - 请把门关上！
    *Qǐng bǎ mén guān**shàng**!*
    Fermez la porte, s'il vous plaît!
  - 第一次见面，王文就爱上了她。
    *Dì yī cì jiànmiàn, Wáng Wén jiù ài**shàng**le tā.*
    À la première rencontre, Wang Wen est tombé amoureux d'elle.

AFFINITÉS

La construction d'obtention du résultat (voir p. 132) prend souvent appui sur les composés directionnels.

- 进得去吗？ – 我进不去！
  *Jìn de qù ma? – Wǒ **jìn bu qù**!*
  Tu arrives à entrer ? – Non, je n'y arrive pas!

- 只是一种感觉，说不出来！
  *Zhǐ shì yī zhǒng gǎnjué, **shuō bu chūlai**!*
  Ce n'est qu'une impression, je ne peux pas l'exprimer!

25 Le complément de durée

▶ Le chinois distingue grammaticalement le moment (mardi, cet après-midi, il y a trois ans…) de la durée (une journée, trois mois, pendant cinq ans…).

DIFFÉRENCE ENTRE MOMENT ET DURÉE

- Un circonstanciel de temps exprimant le **moment** se place **avant le verbe**, car il est considéré comme une **circonstance** de l'action.

  - 我星期二去。
    Wǒ xīngqī'èr qù.
    J'irai mardi.

- Un complément de **durée** se place **après le verbe**, car la durée d'une action effectuée est considérée comme un **objet** de l'action.

  - 我休息了一天。
    Wǒ xiūxile yī tiān.
    Je me suis reposé une journée.

  - 我跑了一个小时，一点也不累！
    Wǒ pǎole yī ge xiǎoshí, yī diǎn yě bù lèi!
    J'ai couru une heure et je ne suis pas du tout fatigué !

- Dans les phrases **négatives** comportant une indication de durée, il n'y a pas de « durée » à proprement parler (l'action n'a pas duré puisqu'elle n'a pas eu lieu) ; le complément est alors placé **avant le verbe**.

  - 我们三年没见。
    Wǒmen sān nián méi jiàn.
    On ne s'est pas vus pendant trois ans.

INTERROGATION SUR LA DURÉE (PENDANT COMBIEN DE TEMPS ?)

- Pour interroger sur la durée, on emploie en général 多长时间？ *duō cháng shíjiān?* ou 多久？ *duō jiǔ?* (pendant combien de temps ?).

  - 你走了多长时间/多久？ – 我走了半个小时。
    Nǐ zǒule duō cháng shíjiān / duō jiǔ? – Wǒ zǒule bàn ge xiǎoshí.
    Pendant combien de temps as-tu marché ? – J'ai marché pendant une demi-heure.

- L'interrogation sur la durée peut porter sur une donnée plus précise.

几个小时？	几分钟？	几天？	几年？
jǐ ge xiǎoshí?	*jǐ fēn zhōng?*	*jǐ tiān?*	*jǐ nián?*
pendant combien d'heures ?	pendant combien de minutes ?	pendant combien de jours ?	pendant combien d'années ?

▶ LES CLASSIFICATEURS P. 59

PLACE DU COMPLÉMENT DE DURÉE AVEC COD

Quand le verbe comprend un COD, le complément de durée se place, selon le cas, avant ou après ce COD. On distingue deux cas.

- **Le COD désigne une personne** : le complément de durée se place indifféremment **avant ou après** le COD.

  - 请等一分钟李总！
    Qǐng děng yī fēn zhōng Lǐ zǒng!

    请等李总一分钟！
    Qǐng děng Lǐ zǒng yī fēn zhōng!
    Attendez le directeur Li une minute !

    Notez bien
    Dans le cas où le COD est un pronom personnel, il est généralement placé **avant** le complément de durée.
    我看了他一分钟。
    Wǒ kànle tā yī fēn zhōng.
    Je l'ai vu une minute.

- **Le COD ne désigne pas une personne** : le complément de durée peut être le commentaire de tout le début de la phrase, lequel devient le thème de phrase ; il est donc placé en **fin de phrase**.

  - 我每天看电视　　两个小时。
    Wǒ měi tiān kàn diànshì.　　liǎng ge xiǎoshí.
    　[thème]　　　　　　[commentaire]
    Je regarde la télévision deux heures par jour.
    [litt. « pour ce qui est de moi regardant la télévision : ça fait deux heures »]

  - 陈冬当校长　　二十年。
    Chén Dōng dāng xiàozhǎng　　èrshí nián.
    　[thème]　　　　　　[commentaire]
    Chen Dong a été proviseur pendant vingt ans.

Le complément de durée peut aussi **s'intercaler** entre le verbe et le COD.

  - 我每天看　　两个小时　　(的)电视。
    Wǒ měi tiān kàn　　liǎng ge xiǎoshí　　(de) diànshì.
    　　　　　　[complément de durée intercalé]
    Je regarde la télé deux heures par jour.

  - 陈冬当了　　二十年　　(的)校长。
    Chén Dōng dāngle　　èrshí nián　　(de) xiàozhǎng.
    　　　　　　[complément de durée intercalé]
    Chen Dong a été proviseur pendant vingt ans.

GRAMMAIRE ▸ Le complément de durée

On peut enfin répéter le verbe. Le COD occupe alors la même place que dans les phrases avec un complément d'appréciation (voir p. 127).

- 我每天看电视　看两个小时。
  Wǒ měi tiān kàn diànshì　　kàn liǎng ge xiǎoshí.
  [thème]　　　　　　　　　　[commentaire]
  Je regarde la télé deux heures par jour.

- 陈冬当校长　　当了二十年。
  Chén Dōng dāng xiàozhǎng　　dāngle èrshí nián.
  [thème]　　　　　　　　　　　[commentaire]
  Chen Dong a été proviseur pendant vingt ans.

CAS PARTICULIERS

▸ Il existe un petit nombre de verbes exprimant une action **très ponctuelle**, comme 开始 kāishǐ (commencer), 回家 huíjiā (rentrer chez soi), 离开 líkāi (quitter)…, avec lesquels le complément de durée n'exprime pas la durée effective d'une action, mais **la durée écoulée entre l'action et le moment où l'on parle**. La durée vient alors se placer dans la phrase comme le commentaire apporté au thème de phrase.

- 我离开他　半年了。
  Wǒ líkāi tā　　bàn nián le.
  [thème]　　　[commentaire]
  Je l'ai quitté il y a six mois. [半年 bàn nián n'est pas ce qu'a duré l'action de le quitter, mais le temps écoulé depuis la séparation]

▸ Quand on fait référence à un **laps de temps donné** (par exemple « en une heure »), ce laps de temps est traité comme une circonstance de l'action, et non comme l'expression d'une durée. Il est donc placé **avant** le verbe.

- 我三个小时看完了这本小说。
  Wǒ sān ge xiǎoshí kànwánle zhè běn xiǎoshuō.
  J'ai fini ce roman en trois heures.

- 三天活动，一天休息。
  Sān tiān huódòng, yī tiān xiūxi.
  [三天 sān tiān et 一天 yī tiān sont ici thèmes de phrase]
  Trois jours d'activités, un jour de repos.

26 La phrase : généralités

▶ **La phrase chinoise se caractérise par la stabilité dans l'ordre des mots, la prééminence du thème et une tendance à la juxtaposition.**

L'ORDRE DES MOTS

Marquée par une grande stabilité dans l'ordre des mots (aucun changement entre les phrases affirmative et interrogative, par exemple), la phrase chinoise répond globalement au modèle **sujet-verbe-objet**, mais elle se caractérise par son agencement général, dont les traits sont les suivants : **thème** de phrase / **commentaire**, connu / inconnu… ou en termes cinématographiques : titre (le thème de phrase) ; décor (les données, le contexte, les circonstances) ; action ; dénouement (le complément). **L'information essentielle est donc délivrée à la fin.**

- 我每天上午上班。
  Wǒ měi tiān shàngwǔ shàngbān.
  Je travaille chaque matin.
  [titre : moi / décor : chaque matin / action : aller au travail]

- 我明天坐地铁去看他。
  Wǒ míngtiān zuò dìtiě qù kàn tā.
  J'irai le voir demain en métro.
  [titre : moi / décor : demain, en métro / action : aller, voir lui]

- 北方有北京，南方有上海。
  Běifāng yǒu Běijīng, nánfāng yǒu Shànghǎi.
  Au Nord, il y a Pékin, au Sud, il y a Shanghai.
  [deux thèmes : pour ce qui est du Nord… ; en ce qui concerne le Sud…]

Lorsque les éléments de décor de l'action sont nombreux, le général précède la plupart du temps le particulier : **temps + lieu**, ou, dans des phrases plus complexes, **temps + lieu + manière + instrument**.

- 我天天在家用筷子吃饭。
  Wǒ tiāntiān zài jiā yòng kuàizi chīfàn.
  Je mange tous les jours avec des baguettes à la maison.

LA PRÉÉMINENCE DU THÈME

« La Chine, j'y suis allé souvent. » Cette phrase est composée d'un thème (ce dont on parle : la Chine) et d'un commentaire (ce qu'on en dit : j'y suis allé souvent). En chinois, le thème affirme sa prééminence par rapport au sujet, à l'inverse du français qui ne le fait que dans la langue parlée (« Ma cousine, la cuisine chinoise, elle aime beaucoup ! »).

GRAMMAIRE ▸ La phrase : généralités

Cette prééminence du thème est liée au fait que le verbe ne se conjugue pas. Le sujet, ou ce qui en tient lieu, n'est de fait pas indispensable. La phrase chinoise prend ainsi une coloration souvent **impersonnelle**.

- 老王身体怎么样?
  Lǎo Wáng shēntǐ zěnmeyàng?
  Comment se porte vieux Wang?

Contrairement à son apparence, cette phrase ne s'analyse pas en « La santé de vieux Wang / est comment ? », mais ainsi : « Pour ce qui est de vieux Wang / la santé est comment ? » En témoigne, la légère pause marquée à l'oral entre 老王 *Lǎo Wáng* et 身体怎么样 *shēntǐ zěnmeyàng*.

Le sujet étant souvent sous-entendu, on emploie fréquemment en chinois des phrases impersonnelles (voir p. 156) ou à prédicat nominal (voir p. 52).

- 下雨了!
  Xiàyǔ le!
  Il pleut!

- 今天春节!
  Jīntiān Chūnjié!
  Aujourd'hui c'est la fête du Printemps!

La phrase commence souvent par le **thème** de phrase, sur lequel porte le reste de l'énoncé, le **commentaire**, lequel peut contenir lui-même un sujet (ou un sous-thème) et un prédicat (l'information apportée sur le sujet).

- 中国人太多!
  Zhōngguó rén tài duō!
  En Chine, la population est trop nombreuse!

Cette phrase peut s'entendre avec une pause après 中国 *Zhōngguó* : « Pour ce qui est de la Chine, les gens sont trop nombreux. »

Le thème ne se réduit pas à un simple mot. Ainsi, les phrases suivantes peuvent s'interpréter sous la forme d'un thème suivi d'un commentaire.

- 我比他事儿多。
  Wǒ bǐ tā shìr duō.
  Je suis plus occupé que lui.
  [moi comparé à lui : les choses sont nombreuses]

- 他学习不错。
  Tā xuéxí bùcuò.
  Il étudie bien.
  [lui : les études sont pas mal]

- 他说英文说得很流利。
  Tā shuō yīngwén shuō de hěn liúlì.
  Il parle très couramment anglais.
  [à propos de lui parlant anglais : (il) parle très couramment]

Les marques du thème sont des particules de pause, telle que 呀 *ya*, 呢 *ne* ou 么 *me* et, à l'oral, une légère pause après le thème.

- 这个人呢，有意思！
  *Zhè ge rén **ne**, yǒu yìsi!*
  Ce gars-là, il est marrant !

LA TENDANCE À LA JUXTAPOSITION

Le chinois a une forte tendance à se passer de connecteurs logiques (parataxe) et marque sa préférence pour la simple juxtaposition (particulièrement dans la poésie).

- 客人来了，我们用餐。
  Kèrén lái le, wǒmen yòngcān.
  Nous passerons à table quand les invités seront là.
  [litt. Les invités arrivent, nous passons à table.]

- 你不告诉我，我也会知道。
  Nǐ bù gàosu wǒ, wǒ yě huì zhīdào.
  Même si tu ne me le dis pas, je le saurai.
  [toi-pas-prévenir-moi, moi-aussi-savoir]

- 你不来，我就去。
  Nǐ bù lái, wǒ jiù qù.
  Si tu ne viens pas, j'irai.
  [toi-pas-venir, moi-alors-aller]

Les verbes introducteurs introduisant d'autres verbes (je veux que…) ou l'interrogation indirecte (je ne sais si…) n'entraînent pas de conjonctions de subordination.

- 他希望我去。
  Tā xīwàng wǒ qù.
  Il souhaite que j'y aille.
  [il-souhaite-moi-aller]

  我不知道他去不去。
  *Wǒ bù **zhīdào** tā qù bù qù.*
  Je ne sais pas s'il y va.
  [moi-pas savoir-lui-aller-pas-aller]

27 La phrase interrogative

▶ Dans la phrase interrogative chinoise, l'ordre des mots est le même que dans la phrase affirmative, et souvent seule l'intonation – à l'oral – ou le point d'interrogation – à l'écrit – marquent la question. Il est toutefois possible d'avoir recours à des moyens spécifiques.

▶ Pronoms et adjectifs interrogatifs p. 66

QUESTIONS SIMPLES

● La particule **interrogative** finale 吗 *ma* sert à former les phrases interrogatives simples (est-ce que… ?). Elle se place à la fin de la phrase et porte sur l'ensemble de la phrase.

- 你是四川人吗?
  Nǐ shì Sìchuānrén ma?
  Tu es du Sichuan ?

Notez bien

La particule 吗 *ma* ne peut pas s'employer lorsqu'il y a un autre mot interrogatif dans la phrase.

● Pour répondre à une question en 吗 *ma*, on reprend généralement le verbe.

- 这个菜好吃吗? – 好吃!
  Zhè ge cài hǎochī ma? – Hǎochī!
  Ce plat est bon ? – Oui !

- 开始了吗? – 开始了! / 还没开始!
  Kāishǐ le ma? – Kāishǐ le! / Hái méi kāishǐ!
  Ça a commencé ? – Oui ! / Pas encore !

Notez bien

Attention à ne pas abuser des réponses affirmatives 是 *shì*, 是的 *shìde* ou 对 *duì* qui équivalent à « c'est exact ! », voire « affirmatif » ! Il n'y a pas d'équivalent exact de « oui » en chinois.

● La question simple peut être également formulée à l'aide de la **forme interrogative alternative** « verbe + négation + verbe ».

- 你是不是四川人? – 是的。
  Nǐ shì bù shì Sìchuānrén? – Shìde.
  Tu es du Sichuan ? – C'est exact.

- 你喜不喜欢这个电影? – 很喜欢!
  Nǐ xǐ bù xǐhuan zhè ge diànyǐng? – Hěn xǐhuan!
  Tu aimes ce film ? – Oui, beaucoup !

QUESTIONS AVEC INTERROGATIFS

Illustrant en cela la grande stabilité de la phase chinoise, les pronoms et adjectifs interrogatifs prennent exactement la place de la réponse correspondante (voir p. 66).

- 你哪一天去上海？ – 我后天去。
  Nǐ nǎ yī tiān qù Shànghǎi? – Wǒ hòutiān qù.
  Quel jour vas-tu à Shanghai ? – J'y vais après-demain.

- 你说的是谁？ – 我说的是这个公司的经理。
  Nǐ shuō de shì shéi? – Wǒ shuō de shì zhè ge gōngsī de jīnglǐ.
  De qui parles-tu ? – Du directeur de cette société.

AUTRES MOYENS DE POSER UNE QUESTION

La question alternative : groupe verbal + 还是 *háishi* + groupe verbal.

- 走着去，还是坐车去呢？
  Zǒuzhe qù, háishi zuò chē qù ne?
  On y va à pied ou en bus ?

- 喝啤酒还是喝黄酒？
  Hē píjiǔ háishi hē huángjiǔ?
  On prend de la bière ou de l'alcool jaune ?

NOTEZ BIEN

Dans les phrases affirmatives, « ou » ne se traduit pas par 还是 *háishi* mais par 或者 *huòzhě* (voir p. 177).
去找王文或者去找李力都行！
Qù zhǎo Wáng Wén huòzhě qù zhǎo Lǐ Lì dōu xíng!
Tu peux aller voir Wang Wen ou Li Li, peu importe !

▶ OU P. 308

La question en retour : 呢？ *ne?* (Et... ?).

- 哦，你父亲是旅行社的……母亲呢？
  Ò, nǐ fùqin shì lǚxíngshè de... Mǔqin ne?
  Ah, ton père travaille dans une agence de voyages... Et ta mère ?

Les questions supposant une réponse positive : 吧？ *ba?*

吧 *ba* est une particule finale interrogative (ou exclamative) d'assentiment.

- 他是南方人吧？
  Tā shì nánfāngrén ba?
  Il est du Sud, non ?

GRAMMAIRE ▶ La phrase interrogative

● **Les questions exprimant l'espoir d'une approbation :**
是不是？ *shìbushì ?*, 是吗？ *shì ma ?*, 对不对？ *duì bù duì ?* (n'est-ce pas ?), 好吗？ *hǎo ma ?*, 行吗？ *xíng ma ?*, 可以吗？ *kěyǐ ma ?* (d'accord ?) en fin de phrase.

- 还不如走着去，是不是，老张？
  *Hái bùrú zǒuzhe qù, **shìbushì**, lǎo Zhāng ?*
  C'est encore mieux d'y aller à pied, hein, Zhang ?

- 我们是去年见面的，对不对？
  *Wǒmen shì qùnián jiànmiàn de, **duì bù duì** ?*
  On s'est vus l'an dernier, n'est-ce pas ?

● **L'interrogation rhétorique** 不是……吗？ *bù shì... ma ?*
(elle porte sur une donnée censée être déjà acquise).

- 我们不是八点出发吗？
  *Wǒmen **bù shì** bā diǎn chūfā **ma** ?*
  Le départ n'était pas à 8 h ?

NOTEZ BIEN
Attention à la logique chinoise dans la réponse à une phrase interro-négative.
你不喜欢这个电影吗？ －是的，不喜欢。／不，很喜欢。
Nǐ bù xǐhuan zhè ge diànyǐng ma ? – Shìde, bù xǐhuan. / Bù, hěn xǐhuan.
Tu n'aimes pas ce film ? – [Litt.] C'est exact, je ne l'aime pas. / Non, je l'aime.

28 La phrase exclamative

▶ La phrase exclamative exprime l'ordre, l'interdiction et des émotions comme la colère, l'admiration ou la surprise. Le verbe ne subit aucun changement de forme et souvent seule l'intonation – à l'oral – ou le point d'exclamation – à l'écrit – en sont la marque. Il est toutefois possible d'avoir recours à des moyens spécifiques (particules, adverbes, verbes).

PARTICULES

Les particules exclamatives expriment des sens différents selon le contexte et sont soumises à des variations de tons en conséquence.

- La particule d'assentiment 吧 *ba* peut servir à atténuer un ordre en supposant l'accord de l'interlocuteur. Comparez :

  - 给我！
    Gěi wǒ!
    Donne-le-moi !

  - 给我吧！
    Gěi wǒ ba!
    Allez, donne-le-moi !

- D'autres particules peuvent être utilisées seules ou ponctuer la fin d'une phrase :

啊 *a* exprime tout à la fois le doute, l'étonnement et l'approbation.

- 这个城市多干净啊！
  Zhè ge chéngshì duō gānjìng a!
  Qu'est-ce qu'elle est propre, cette ville !

- 啊，怎么可能呢？
  Á, zěnme kěnéng ne ?
  Oh, comment est-ce possible ?

啊呀 *āyā*, 哎呀 *āiyā*, 唉呀 *āiyā* ou *àiyā* expriment le désappointement, l'étonnement, la surprise.

- 啊呀！又坏了！
  Āyā! Yòu huài le!
  Oh zut ! C'est encore cassé !

哦 *o* exprime des émotions diverses et peut connaître une variation de ton : compréhension soudaine ou approbation (*ò*), doute ou surprise (*ó*).

- 哦！明白了！
  Ò! Míngbai le!
  Oh ! Compris !

- 哦，他明天就来？！
  Ó, tā míngtiān jiù lái ?!
  Ah bon, il arrive déjà demain ?!

GRAMMAIRE ▸ La phrase exclamative   28

嗯 *ng* exprime au deuxième ton l'interrogation, le scepticisme, et au quatrième ton l'approbation.

- 嗯，这个结果不对吧？
  Ńg, zhè ge jiéguǒ bù duì ba?
  Hmm ? Ce résultat n'est pas correct, n'est-ce pas ?

- 嗯！嗯！好吧！
  Ǹg! Ǹg! Hǎo ba!
  Oui… oui ! Entendu !

La particule finale 呢 *ne* (voir la phrase interrogative p. 147 et l'aspect de l'état prolongé p. 122) peut avoir une fonction exclamative et **attirer l'attention** de l'interlocuteur sur quelque chose. Comparez :

- 他在上班。   他在上班呢！
  Tā zài shàngbān.   *Tā zài shàngbān ne!*
  Il est en train de travailler.   Mais il travaille !
  [Puisque je te le dis ! Que crois-tu qu'il fasse ?]

ADVERBES

En raison de leur sens, certains adverbes se retrouvent souvent dans les phrases exclamatives, prenant des formes d'injonctions.

- Les adverbes 快 *kuài* (rapidement), 少 *shǎo* (moins), 多 *duō* (davantage), 别 *bié* (ne… pas…!).

  - 别大声说话！   别怕呀！   快说！
    Bié *dàshēng shuōhuà!*   **Bié** *pà ya!*   **Kuài** *shuō!*
    Ne parlez pas fort !   N'aie pas peur !   Dépêche-toi de parler !

  - 少说空话，多干实事！
    Shǎo *shuō kōnghuà,* **duō** *gàn shíshì!*
    Agissez au lieu de parler dans le vide !
    [litt. Dites moins de paroles creuses et agissez davantage concrètement !]

- Les adverbes 很 *hěn* (très), 真 *zhēn* (vraiment), 太 *tài* (trop), 够 *gòu* («suffisamment», ici au sens de «très»), 特别 *tèbié* (particulièrement), 相当 *xiāngdāng* (tout à fait), 这么 *zhème*, 那么 *nàme* et 多么 *duōme* (tellement).

  - 这个电影演得真好！
    Zhè ge diànyǐng yǎn de **zhēn** *hǎo!*
    Ce film est vraiment bien joué !

  - 这个房子多（么）漂亮！
    Zhè ge fángzi **duō (me)** *piàoliang!*
    Qu'est-ce qu'elle est belle, cette maison !

▸ TELLEMENT P. 327

Notez bien

Des constructions exclamatives associent adverbes exclamatifs (可 **kě** par exemple) et particules finales, en particulier la particule finale 了 *le*, qui exprime habituellement le changement de situation.

金鱼画得可不错呀！
*Jīnyú huà de **kě** bù cuò ya !*
Les poissons rouges sont vraiment bien peints !

路上的车可多了！
*Lùshang de chē **kě** duō **le** !*
Qu'est-ce qu'il y a comme voitures sur la route !

VERBES

Certains verbes supposent naturellement une exclamation : 不必 *bùbì* (il est inutile de), 不要 *bùyào* (il ne faut pas), 叫 *jiào* (demander de), 请 *qǐng* (prier de), 让 *ràng* (demander de).

- 请进！
  Qǐng jìn !
  Entrez, s'il vous plaît !

- 叫他过来！
  Jiào tā guòlai !
  Dis-lui de s'approcher !

29 La particule finale d'actualisation 了 *le*

▶ La particule finale d'actualisation 了 *le* marque le changement de situation, d'état. Elle actualise ce qu'exprime l'ensemble de la phrase. Relevant du style oral, elle fait penser à « v'là que… ».

TYPES DE PHRASES ACTUALISÉES

La particule finale d'actualisation 了 *le* peut être employée avec toutes sortes de phrases, quel que soit le prédicat (nom, verbe qualificatif, verbe d'action, etc.).

- 你今年多大了？ – 二十三岁了。
  Nǐ jīnnián duō dà le ? – Èrshísān suì le.
  Quel âge as-tu ? – 23 ans.

- 身体好些了吗？
  Shēntǐ hǎo xiē le ma ?
  La santé va mieux ?

- 草绿了！
  Cǎo lǜ le !
  L'herbe a verdi !

- 他回家了吗？ – 还没有。
  Tā huíjiā le ma ? – Hái méiyǒu.
  Il est rentré à la maison ? – Pas encore.

- 下大雨了！
  Xià dàyǔ le !
  Il se met à pleuvoir fort !

AFFINITÉS

La particule modale d'actualisation 了 *le* est souvent employée dans les constructions suivantes.

- Avec certaines expressions figées ou constructions **à coloration exclamative**.

  - 好极了！
    Hǎo jíle !
    Super !

  - 太好了！
    Tài hǎo le !
    Parfait !

- 我累死了！
  Wǒ lèisǐ le!
  Je suis mort de fatigue !

- 这里比小商店贵多了！
  Zhèli bǐ xiǎo shāngdiàn guì duō le!
  C'est beaucoup plus cher ici que dans les petites boutiques !

- 要是他来就好了！
  Yàoshi tā lái jiù hǎo le!
  Ce serait bien s'il venait !

▶ Pour exprimer **l'imminence** ou **la nécessité à venir** :
要 *yào* / 该 *gāi* + **verbe** (+ **COD**) + 了 *le*.

- 王文要结婚了！
  Wáng Wén yào jiéhūn le!
  Wang Wen va se marier !

- 该走了！
  Gāi zǒu le!
  C'est le moment de partir !

LA NÉGATION 不……了 *bù... le*

Avec la négation 不……了 *bù... le* (ne... plus), le changement, l'actualisation portent sur ce qui est nié.

- 不下雨了！
  Bù xiàyǔ le!
  Il ne pleut plus !

- 已经三点了，不等他了！
  Yǐjing sān diǎn le, bù děng tā le!
  Il est déjà 15 h, ne l'attendons plus !

- 如果这样的话，我就不愿意去了！
  Rúguǒ zhèyàng dehuà, wǒ jiù bù yuànyì qù le!
  S'il en est ainsi, je ne veux plus y aller !

Notez bien

La particule d'actualisation 了 *le* s'emploie généralement dans un contexte de communication « ici et maintenant » et elle a une coloration orale marquée ; elle ne s'emploie guère dans les articles de presse ou les rapports officiels.

GRAMMAIRE ▶ La particule finale d'actualisation 了 le

PHRASE À DOUBLE 了 le

- La présence dans une même phrase de 了 le suffixe verbal de l'**aspect réalisé** (voir p. 118) et de 了 le particule finale d'**actualisation** indique à la fois que l'action est entrée dans les faits, réalisée, et que ce qu'exprime la phrase est actualisé. Comparez :

  - 我忘了告诉王文。
    Wǒ wàngle gàosu Wáng Wén.
    J'ai oublié de prévenir Wang Wen. [Hier...]

  - 我忘了告诉王文了!
    Wǒ wàngle gàosu Wáng Wén le!
    J'ai oublié de prévenir Wang Wen ! [Je m'en rends compte maintenant.]

  - 王文在上海住了半年。
    Wáng Wén zài Shànghǎi zhùle bànnián.
    Wang Wen a vécu six mois à Shanghai. [Il y a deux ans...]

  - 王文在上海住了半年了。
    Wáng Wén zài Shànghǎi zhùle bànnián le.
    Wang Wen vit à Shanghai depuis six mois.

- Lorsque le COD est monosyllabique, le verbe tend vers une « soudure » en bloc verbal verbe-objet, et dans ce cas, le suffixe verbal 了 le peut être omis.

  - 他们都下（了）车了。
    Tāmen dōu xià(le) chē le.
    Ils sont tous descendus de voiture.

30 Les phrases d'existence

▶ Les phrases d'existence expriment le fait qu'en un endroit ou à un moment donné existe, apparaît ou disparaît quelqu'un ou quelque chose.

CARACTÉRISTIQUES DES PHRASES D'EXISTENCE

- La phrase d'existence est caractérisée par **l'absence de sujet** et par la forte présence d'un thème de phrase (ce dont on parle, généralement un lieu ou un moment donné).
  - 北京有故宫。
    Běijīng yǒu Gùgōng.
    À Pékin, il y a la Cité interdite.

- Le nom en fin de phrase porte, comme habituellement en chinois, l'information principale, non connue, de la phrase. Comparez :
  - 他死了父亲。
    Tā sǐle fùqin.
    Son père est mort.
    [litt. lui : est mort / le père ; l'information est que c'est son père qui est mort]
  - 来人了！   人来了！
    Lái rén le!   *Rén lái le!*
    Des gens viennent !   Les gens arrivent !
    [litt. : il vient des gens]   [ceux dont on parlait, qu'on attendait]

TYPES DE PHRASES D'EXISTENCE

- Avec 有 *yǒu* (« il y a », voir p. 85) ; ce type de phrase d'existence commence le plus souvent par un lieu, thème de la phrase, lequel n'est pas introduit par le coverbe 在 *zài* (voir p. 100).
  - 这里有山有水。
    Zhèli yǒu shān yǒu shuǐ.
    Ici, il y a montagne et eau.

- Avec 是 *shì* (ce sont là…).
  - 这里到处都是书。
    Zhèli dàochù dōu shì shū.
    Ici, il y a des livres partout.

GRAMMAIRE ▶ Les phrases d'existence 30

- Avec des verbes impersonnels.

    - 今天下雨。
    Jīntiān xiàyǔ.
    Aujourd'hui, il pleut.

    - 开饭了！
    Kāifàn le !
    Le repas est servi !

- Avec des **verbes d'action** sans agent, affectés du suffixe de l'état prolongé 着 *zhe* (voir p. 122), exprimant la posture ou le positionnement.

    La posture : 坐 *zuò* (s'asseoir), 站 *zhàn* (se tenir debout), 躺 *tǎng* (s'allonger)…

    - 门口站着几个人。
    Ménkǒu zhànzhe jǐ ge rén.
    Il y a quelques personnes debout à l'entrée.

    Le positionnement : 放 *fàng* (poser), 挂 *guà* (suspendre), 种 *zhòng* (planter), 写 *xiě* (écrire), 画 *huà* (peindre), 住 *zhù* (habiter), 停 *tíng* (s'arrêter), 贴 *tiē* (coller)…

    - 桌子上放着十几个菜。
    Zhuōzi shàng fàngzhe shíjǐ ge cài.
    Il y a une dizaine de plats posés sur la table.

- Avec des **verbes exprimant l'apparition, la disparition** : 来 *lái* (venir), 出 *chū* (apparaître), 出现 *chūxiàn* (se produire), 死 *sǐ* (mourir), 丢 *diū* (perdre).

    - 昨天高速路出事儿了。
    Zuótiān gāosùlù chūshìr le.
    Hier, il y a eu un accident sur l'autoroute.

NÉGATION DANS LES PHRASES D'EXISTENCE

- Avec 有 *yǒu*, 着 *zhe* et les verbes exprimant l'apparition et la disparition, **la négation est** 没 *méi*.

    - 最近我家来了不少客人。
    Zuìjìn wǒ jiā láile bù shǎo kèren.
    Pas mal d'invités sont venus récemment à la maison.

    - 最近我家没来客人。
    Zuìjìn wǒ jiā méi lái kèren.
    Aucun invité n'est venu récemment à la maison.

    - 本子上写着我的名字。
    Běnzi shàng xiězhe wǒ de míngzi.
    Il y a mon nom écrit sur le cahier.

    - 本子上没写着"好好学习，天天向上"。
    Běnzi shàng méi xiě zhe "hǎohāo xuéxí, tiāntiān xiàng shàng".
    Il n'y a pas écrit sur le cahier : « Bien étudier et aller tous les jours de l'avant ».

157

- Avec le verbe 是 *shi*, **la négation est** 不 *bù*. Comparez :
  - 房间里都是电脑、打印机、DVD机之类的东西。
    Fángjiān lǐ dōu shì diànnǎo, dǎyìnjī, DVDjī zhīlèi de dōngxi.
    Dans la chambre, il n'a que des choses du genre ordinateurs, imprimantes et lecteurs DVD.
  - 房间里不是家具，而是电脑之类的东西。
    *Fángjiān lǐ **bù** shì jiājù, érshì diànnǎo zhīlèi de dōngxi.*
    Dans la chambre, il n'y a pas de meubles, mais des ordinateurs et autres choses de ce genre.

- Avec les verbes impersonnels, la négation varie selon le contexte.
  - 不下雨了！
    Bù xiàyǔ le！
    Il ne pleut plus !
  - 食堂还没开饭呢！
    *Shítáng hái **méi** kāifàn ne！*
    La cantine ne sert pas encore !

31 Les phrases à pivot

▶ Une phrase à pivot est une phrase dans laquelle un verbe en entraîne un autre, le complément du premier (le nom pivot) étant le sujet du second :
sujet + verbe à pivot + nom pivot + verbe + COD.

- 我请你去找王文。
  Wǒ **qǐng** nǐ qù zhǎo Wáng Wén.
  Je te prie d'aller voir Wang Wen.

LES VERBES À PIVOT (OU VERBES FACTITIFS)

Les verbes à pivot par excellence sont 使 shǐ (faire en sorte que) et ses équivalents en langue orale 让 ràng et 叫 jiào. Ils expriment le fait qu'une action entraîne une conséquence sur quelqu'un ou quelque chose.

- 他这样说，使我很高兴。
  Tā zhèyàng shuō, **shǐ** wǒ hěn gāoxìng.
  Qu'il parle ainsi m'a réjoui.

Sont également employés comme verbes à pivot :

Les verbes exprimant un ordre, une injonction, une invitation, un souhait : 促使 cùshǐ (inciter qqn à), 叫 jiào (demander à qqn de), 命令 mìnglìng (ordonner à qqn de), 派 pài (envoyer qqn), 强迫 qiǎngpò (forcer qqn à), 请 qǐng (prier qqn de), 求 qiú (supplier qqn de), 让 ràng (demander à qqn de), 要求 yāoqiú (vouloir que qqn), 祝 zhù (souhaiter qqch. à qqn).

- 我明天派人去了解情况。
  Wǒ míngtiān **pài** rén qù liǎojiě qíngkuàng.
  J'enverrai demain quelqu'un s'enquérir de la situation.

Les verbes d'existence : 有 yǒu (« avoir », voir p. 85), 是 shì (« être », voir p. 90).

- 我有一个中国朋友叫王文。
  Wǒ **yǒu** yī ge Zhōngguó péngyou jiào Wáng Wén.
  J'ai un ami chinois qui s'appelle Wang Wen.

- 是学校组织这次活动。
  Shì xuéxiào zǔzhī zhè cì huódòng.
  C'est l'établissement qui organise cette activité.

Les verbes exprimant une identification : 选 xuǎn (choisir)...

- 我们这次没选他当代表。
  Wǒmen zhè cì méi **xuǎn** tā dāng dàibiǎo.
  Cette fois-ci, nous ne l'avons pas choisi comme représentant.

CARACTÉRISTIQUES DE LA PHRASE À PIVOT

- En général, les verbes à pivot ne peuvent pas être suivis des **suffixes d'aspect** 了 *le*, 着 *zhe* et 过 *guo*.

- Le verbe **auxiliaire** porte sur le verbe à pivot.

  • 这样说话能使他高兴吗？
  *Zhèyàng shuōhuà **néng** shǐ tā gāoxìng ma?*
  Parler ainsi peut-il le rendre content ?

- La place de la **négation** varie en fonction du sens exprimé par la phrase. Elle peut porter soit sur le verbe à pivot, soit sur le deuxième verbe.

  • 这件事使我不想去北京了。
  *Zhè jiàn shì shǐ wǒ **bù** xiǎng qù Běijīng le.*
  Ceci fait que je n'ai plus envie d'aller à Pékin.

  • 什么事情让你不开心？
  *Shénme shìqing ràng nǐ **bù** kāixīn?*
  Qu'est-ce qui te rend malheureux ? [litt. pas heureux]

  • 老师没让我们站起来。
  *Lǎoshī **méi** ràng wǒmen zhàn qǐlai.*
  Le professeur ne nous a pas demandé de nous lever.

  • 你有没有朋友住在北京？
  *Nǐ **yǒu méiyǒu** péngyou zhùzài Běijīng?*
  As-tu des amis qui habitent à Pékin ?

- Avec certains verbes comme 请 *qǐng* (prier qqn de) ou 禁止 *jìnzhǐ* (interdire à qqn de), le nom pivot peut être sous-entendu.

  • 请进！
  Qǐng jìn!
  Veuillez entrer !

  • 禁止吸烟。
  Jìnzhǐ xīyān.
  Interdiction de fumer.

  • 不让进！
  Bù ràng jìn!
  On ne laisse pas entrer !

32 Les phrases comparatives

▶ Pour exprimer la supériorité (A est plus… que B) ou l'infériorité (A est moins… que B), le chinois ne présente aucune marque de supériorité ou d'infériorité proprement dite. D'autre part l'expression de la comparaison illustre la stabilité de la syntaxe chinoise, car dans tous les cas, les termes de la comparaison sont toujours placés en tête de phrase.

COMPARATIF DE SUPÉRIORITÉ (A EST PLUS… QUE B)

- L'outil de comparaison est dans ce cas 比 *bǐ* (litt. « comparé à »).
Le comparatif de supériorité se construit ainsi : **A** 比 *bǐ* **B + verbe qualificatif**.

  - 西餐比中餐贵。
    Xīcān bǐ zhōngcān guì.
    La cuisine occidentale est plus chère que la cuisine chinoise.
    [litt. cuisine occidentale / comparé à / cuisine chinoise / être cher]

  - 坐飞机比坐火车快。
    Zuò fēijī bǐ zuò huǒchē kuài.
    L'avion est plus rapide que le train.
    [litt. prendre l'avion / comparé à / prendre le train / être rapide]

- La forme négative de cette construction est : **A** 不比 *bù bǐ* **B + verbe qualificatif** (A n'est pas plus… que B). Cette structure peut tout aussi bien signifier « A est moins… que B » que « A est aussi… que B ».

  - 我的画儿不比他的差。
    Wǒ de huàr bù bǐ tā de chà.
    Mes peintures ne sont pas plus mauvaises que les siennes.

- Les adverbes 还 *hái* ou 还要 *háiyào* (encore plus) et 更 *gèng* (davantage) peuvent modifier le verbe qualificatif et marquer ainsi un degré de plus dans la supériorité (voir p. 96).

  - 上海比北京更热。
    Shànghǎi bǐ Běijīng gèng rè.
    上海比北京还要热。
    Shànghǎi bǐ Běijīng háiyào rè.
    Il fait encore plus chaud à Shanghai qu'à Pékin.

  - 她比以前还漂亮！
    Tā bǐ yǐqián hái piàoliang!
    Elle est encore plus belle qu'avant !

▶ PLUS P. 313

- Pour exprimer un degré plus fort (beaucoup plus), on utilise le verbe qualificatif 多 *duō*. Deux constructions sont possibles :

  Construction résultative : **verbe qualificatif** + 多了 *duō le*.
  Construction d'appréciation : **verbe qualificatif** + 得多 *de duō*.

  - 英国住宿比中国贵得多！
    *Yīngguó zhùsù bǐ Zhōngguó guì **de duō**!*

    英国住宿比中国贵多了！
    *Yīngguó zhùsù bǐ Zhōngguó guì **duō le**!*
    L'hébergement est beaucoup plus cher en Angleterre qu'en Chine !

  NOTEZ BIEN
  Exprimer des comparaisons telles que « il parle plus que moi », « il lit plus que moi » mobilisent en chinois le qualificatif 多 *duō*.
  他说话说得比我多。
  *Tā shuōhuà shuō de bǐ wǒ **duō**.*
  Il parle plus que moi.

- 最 *zuì* (le plus) permet d'exprimer le superlatif.
  - 他觉得中国菜最好吃。
    *Tā juéde zhōngguócài **zuì** hǎochī.*
    Il trouve que la cuisine chinoise est la meilleure.

  - 这几个菜当中，烤鸭做得最好！
    *Zhè jǐ ge cài dāngzhōng, kǎoyā zuò de **zuì** hǎo!*
    De tous ces plats, c'est le canard laqué le plus réussi !

  NOTEZ BIEN
  Les qualificatifs ont un sens relatif et peuvent se suffire à eux-mêmes pour exprimer une comparaison de supériorité.
  北方菜和南方菜，我都吃过，觉得南方菜好吃。
  *Běifāngcài hé nánfāngcài, wǒ dōu chīguo, juéde nánfāngcài **hǎochī**.*
  J'ai goûté aux cuisines du Nord et du Sud, et je trouve celle du Sud meilleure.

COMPARATIF D'ÉGALITÉ (A EST AUSSI... QUE B)

La construction la plus courante est 跟……一样 *gēn... yīyàng*. Deux solutions sont possibles.

- A 跟 *gēn* B 一样 *yīyàng* (A est comme B).

  一样 *yīyàng* est ici verbe qualificatif (être pareil). Sa variante est 相同 *xiāngtóng*.

  - 我跟你一样，特别爱吃饺子。
    *Wǒ **gēn** nǐ **yīyàng**, tèbié ài chī jiǎozi.*
    Je suis comme toi, j'adore les raviolis.

GRAMMAIRE ▸ Les phrases comparatives

La forme négative est **A 跟 *gēn* B 不一样 *bù yīyàng***. Les variantes de 不一样 *bù yīyàng* sont 不相同 *bù xiāngtóng* et 不同 *bù tóng*.

- 我跟你不一样。
  *Wǒ **gēn** nǐ **bù yīyàng**.*
  Je suis différent de toi.

A 跟 *gēn* B 一样 *yīyàng* + verbe (A est aussi… que B).

一样 *yīyàng* est ici adverbe. L'égalité porte généralement sur un qualificatif, situé après 一样 *yīyàng*.

- 我跟你一样高。
  *Wǒ **gēn** nǐ **yīyàng** gāo.*
  Je suis aussi grand que toi.

La forme négative est **A 跟 *gēn* B 不一样 *bù yīyàng* + verbe**.

- 我跟你不一样高。
  *Wǒ **gēn** nǐ **bù yīyàng** gāo.*
  Je ne suis pas aussi grand que toi.

Cependant, la négation peut se placer avant 跟 *gēn*. Dans ce cas, elle porte sur le deuxième terme de la comparaison et non sur la comparaison elle-même.

- 我不跟你一样高，我跟他一样高。
  *Wǒ **bù** gēn nǐ yīyàng gāo, wǒ gēn tā yīyàng gāo.*
  Je ne fais pas la même taille que toi, je fais la même taille que lui.

Autres expressions de l'égalité :

A 有 *yǒu* B (这么 *zhème* / 那么 *nàme*) + verbe

- 那座山有这座高。
  *Nà zuò shān **yǒu** zhè zuò gāo.*
  Cette montagne-là est aussi haute que celle-ci.

- 他说英语说得有英国人那么好。
  *Tā shuō yīngyǔ shuō de **yǒu** Yīngguórén **nàme** hǎo.*
  Il parle anglais comme un Anglais.

A 像 *xiàng* B (这么 *zhème* / 那么 *nàme* / 一样 *yīyàng*) + verbe

- 弟弟像哥哥这么聪明。
  *Dìdi **xiàng** gēge **zhème** cōngming.*
  Le petit frère est aussi intelligent que le grand.

- 他像王文那么爱下棋。
  *Tā **xiàng** Wáng Wén **nàme** ài xiàqí.*
  Il aime jouer aux échecs autant que Wang Wen.

▸ **AUSSI P. 269**
▸ **AUTANT P. 270**

COMPARATIF D'INFÉRIORITÉ (A EST MOINS... QUE B)

- A 没有 *méiyǒu* B (那么 *nàme* / 那样 *nàyàng* / 这么 *zhème*) + verbe
  - 法国没有中国大。
    Fǎguó méiyǒu Zhōngguó dà.
    La France est moins grande que la Chine.

- A 不如 *bùrú* B (那么 *nàme* / 那样 *nàyàng* / 这么 *zhème*) + verbe
  - 我不如他那么认真。
    Wǒ bùrú tā nàme rènzhēn.
    Je ne suis pas aussi sérieux que lui.
  - 在餐馆吃饭不如在家里那么舒服。
    Zài cānguǎn chīfàn bùrú zài jiālǐ nàme shūfu.
    On mange moins à son aise au restaurant qu'à la maison.

- A 不像 *bù xiàng* B (那么 *nàme* / 那样 *nàyàng* / 这么 *zhème*) + verbe
  - 太太不像他那样外向。
    Tàitai bù xiàng tā nàyàng wàixiàng.
    Sa femme est moins extravertie que lui.

> **Notez bien**
> Les comparatifs d'égalité et d'infériorité ont fréquemment recours à des adverbes de degré : 这么 *zhème*, 那么 *nàme*, 这样 *zhèyàng*, 那样 *nàyàng* (voir p. 77 et 111). La nuance d'emploi entre 这么 *zhème* et 那么 *nàme* réside dans la valeur initiale des deux démonstratifs, proximité pour le premier, éloignement pour le second.

▸ Moins p. 305

SI LA COMPARAISON COMPORTE UNE QUANTITÉ

Lorsque le comparatif de supériorité comporte une quantité, l'ordre des mots reste le même, la quantité se plaçant en fin de phrase comparative :
A 比 *bǐ* B + verbe qualificatif + quantité.

- 洗衣机比电脑贵两三百块。
  Xǐyījī bǐ diànnǎo guì liǎng sānbǎi kuài.
  Les machines à laver coûtent 2 à 300 yuans de plus que les ordinateurs.

- 我比他大两岁。
  Wǒ bǐ tā dà liǎng suì.
  J'ai deux ans de plus que lui.

- 张三考得比李四差一点儿。
  Zhāng Sān kǎo de bǐ Lǐ Sì chà yī diǎnr.
  Zhang San a un peu moins bien réussi l'examen que Li Si.

GRAMMAIRE ▸ Les phrases comparatives

- Pour exprimer un léger écart quantitatif, on emploie l'adverbe 稍微 *shāowēi* (un petit peu) :
  稍微 *shāowēi* + verbe qualificatif + 一点 *yī diǎn* / 一会儿 *yī huǐr*.
  - 约会是不是能稍微晚一点？
    Yuēhuì shìbushì néng shāowēi wǎn yī diǎn ?
    Le rendez-vous peut-il avoir lieu un tout petit peu plus tard ?

- Lorsque la comparaison porte sur une action, avec une quantité en plus ou en moins, en avance ou en retard, le verbe d'action est modifié respectivement par les adverbes 多 *duō*, 少 *shǎo*, 早 *zǎo*, 晚 *wǎn* :
  A 比 *bǐ* B + 多 *duō* / 少 *shǎo* / 早 *zǎo* / 晚 *wǎn* + verbe d'action + quantité.
  - 我比他多喝了一杯。
    Wǒ bǐ tā duō hēle yī bēi.
    J'ai bu un verre de plus que lui.
  - 我比他少去了一次。
    Wǒ bǐ tā shǎo qùle yī cì.
    J'y suis allé une fois de moins que lui.
  - 我比他早来了十分钟。
    Wǒ bǐ tā zǎo láile shí fēn zhōng.
    Je suis venu dix minutes plus tôt que lui.
  - 信寄晚了几天，对不起！
    Xìn jìwǎnle jǐ tiān, duìbuqǐ !
    J'ai envoyé la lettre en retard de quelques jours, désolé !

GRADATION

- 越来越…… *yuèláiyuè…* (de plus en plus…) exprime une évolution **dans le temps**.
  - 天气越来越冷了。
    Tiānqì yuèláiyuè lěng le.
    Il fait de plus en plus froid.
  - 她身体越来越好。
    Tā shēntǐ yuèláiyuè hǎo.
    Elle va de mieux en mieux.

- 越……越…… *yuè… yuè…* (plus… plus…) exprime une évolution **en fonction de conditions**.
  - 人越多气氛就越热闹。
    Rén yuè duō qìfēn jiù yuè rènao.
    Plus il y a de monde, plus l'ambiance est animée.
  - 他越吃越想吃。
    Tā yuè chī yuè xiǎng chī.
    Plus il mange, plus il a envie de manger.

- L'adverbe 再 *zài* ajoute une note **hypothétique** dans la gradation.
  - 明天，情况再好，我也会离开这里。
    Míngtiān, qíngkuàng zài hǎo, wǒ yě jiù huì líkāi zhèlǐ.
    Demain, même si la situation s'améliore, je partirai.

33 Le passif

▶ Le passif occupe une place plus réduite en chinois que dans d'autres langues et n'est pas toujours marqué. On parle aussi de phrases en 被 **bèi** (par), du nom du coverbe utilisé pour introduire l'agent.

ABSENCE DE MARQUE DU PASSIF

Le contexte oriente souvent seul l'interprétation de la phrase en phrase à sens actif ou passif.

- 办完了！
  Bànwán le !
  Ça a été réglé ! *ou* Je l'ai réglé !

L'absence de marque du passif est manifeste lorsque l'agent n'est pas exprimé.

- 手续办完了。
  Shǒuxù bànwán le.
  Les formalités ont été effectuées.

LA PHRASE EN 被 *bèi*

Le coverbe de référence du passif est 被 *bèi*. Il est employé lorsque l'agent est présent ou lorsque l'action est effectivement **subie** (sans que l'agent soit nécessairement présent). La construction est :
sujet + 被 *bèi* **(+ complément d'agent) + verbe.**

- 相机被小王拿走了。
  *Xiàngjī **bèi** xiǎo Wáng názǒu le.*
  L'appareil photo a été emporté par petit Wang.

- 我的耳机被偷走了。
  *Wǒ de ěrjī **bèi** tōuzǒu le.*
  Mes écouteurs ont été volés.

▶ Par p. 309

La négation se place **avant** 被 *bèi* et non avant le verbe, comme avec les autres coverbes :
sujet + négation (不 *bù* **ou** 没 *méi***) +** 被 *bèi* **(+ complément d'agent) + verbe.**

- 你们没有被忘记！
  *Nǐmen **méiyǒu bèi** wàngjì !*
  Vous n'avez pas été oubliés !

GRAMMAIRE ▸ Le passif

- Comme dans les phrases en 把 bǎ (voir p. 169), le verbe doit être complexe. Il peut être prolongé d'un résultatif, du suffixe verbal de l'action réalisée ou d'un composé d'appréciation.

  - 希望我们的话没有被他听见。
    Xīwàng wǒmen de huà méiyǒu **bèi** tā **tīngjiàn**.
    Espérons que nos propos n'aient pas été entendus par lui.

  - 王文被李力骂了一顿。
    Wáng Wén **bèi** Lǐ Lì **màle** yī dùn.
    Wang Wen a été insulté par Li Li.

  - 房间被他们弄得很漂亮。
    Fángjiān **bèi** tāmen **nòng de hěn piàoliang**.
    La pièce a été joliment arrangée par eux.

- Il peut également être dissyllabique.

  - 你不会被他批评的。
    Nǐ bù huì **bèi** tā **pīpíng** de.
    Tu ne seras pas critiquée par lui.

  NOTEZ BIEN

  Les phrases en 被 bèi se présentent comme l'envers des phrases en 把 bǎ. Comparez :
  小王被大家选为班长。
  Xiǎo Wáng **bèi** dàjiā xuǎnwéi bānzhǎng.
  Petit Wang a été choisi par tous comme chef de classe.
  大家把小王选为班长。
  Dàjiā **bǎ** xiǎo Wáng xuǎnwéi bānzhǎng.
  Tout le monde a choisi petit Wang comme chef de classe.
  Le sujet 小王 Xiǎo Wáng et l'agent 大家 dàjiā de la phrase en 被 bèi se retrouvent respectivement COD et sujet de la phrase en 把 bǎ.

- On ne peut employer 被 bèi ni avec le composé verbal d'obtention du résultat (voir p. 132), ni avec le suffixe d'aspect duratif 着 zhe (voir p. 122).

- La phrase en 被 bèi ne s'emploie pas non plus avec les verbes 是 shì (être), 有 yǒu (avoir) et 在 zài (se trouver à).

AUTRES MARQUES DU PASSIF

- 被 bèi peut être repris par l'adverbe 给 gěi dans le registre oral, ou 所 suǒ dans le registre écrit.

  - 我被李力给骗了！
    Wǒ **bèi** Lǐ Lì **gěi** piàn le !
    J'ai été trompé par Li Li !

- 我被他的行为所感动。
  Wǒ **bèi** tā de xíngwéi **suǒ** gǎndòng.
  J'ai été ému par ses actes.

● Dans la langue orale, 叫 *jiào* et 让 *ràng* peuvent se substituer à 被 *bèi*, mais contrairement à ce dernier, la présence d'un complément d'agent est nécessaire.

- 他的话被/叫大家听见了！
  Tā de huà **bèi**/**jiào** dàjiā tīngjiàn le !
  Ses paroles ont été entendues par tout le monde !

● 由 *yóu* introduit un agent qui initie l'action, qui est à son origine (et peut d'ailleurs se placer en tête de phrase). La phrase focalise sur cet élément, contrairement aux phrases en 被 *bèi* qui focalisent sur le sujet.

- 由王文主持会议。
  Yóu Wáng Wén zhǔchí huìyì.

  会议由王文主持。
  Huìyì **yóu** Wáng Wén zhǔchí.
  La réunion sera présidée par Wang Wen.

34 La phrase en 把 bǎ

▶ **La phrase en 把 bǎ n'a pas d'équivalent en français et 把 bǎ ne se traduit généralement pas.**
Elle permet d'exprimer ce que l'on fait d'une chose donnée (COD) en plaçant celui-ci avant le verbe, à l'aide de 把 bǎ.

STRUCTURE DE LA PHRASE EN 把 bǎ

- 把 bǎ est un coverbe (voir p. 99) qui permet de placer le COD avant le verbe. Le COD, selon la logique de la phrase chinoise, est ainsi considéré comme une donnée de l'action, et non comme son objet ultime. La construction est donc :
sujet + 把 bǎ + COD + verbe (+ autres compléments).

- Le COD faisant dans ce cas partie du « décor » de l'action, il relève du « déjà évoqué », soit dans le contexte précédent, soit dans l'esprit des interlocuteurs.

  • 他把药吃了。
  Tā bǎ yào chī le.
  Il a pris son médicament.
  [le médicament dont il a été question]

- La phrase en 把 bǎ exprime donc non pas que quelque chose est fait mais **ce qu'on fait de quelque chose**.
Comparez :

  • 你告诉王文这件事吧!
  Nǐ gàosu Wáng Wén zhè jiàn shì ba!
  Préviens Wang Wen de cette affaire!

  L'objet est à sa place habituelle, après le verbe, c'est l'information inconnue. La phrase répond à la question : « Que dois-je faire ? Qui dois-je informer et de quoi ? »

  • 你把这件事告诉王文吧!
  Nǐ bǎ zhè jiàn shì gàosu Wáng Wén ba!
  Préviens Wang Wen de cette affaire!

  L'objet est placé avant le verbe, il est de ce fait un élément connu, une donnée de l'action. La phrase répond à la question : « Que dois-je faire de cette affaire ? »

CONDITIONS D'EMPLOI DE LA PHRASE EN 把 *bǎ*

- Comme dans les phrases en 被 *bèi* (voir p. 166), le verbe de la phrase en 把 *bǎ* doit être un verbe d'action (voir p. 84) **prolongé** d'un résultatif, d'un suffixe verbal, d'un composé d'appréciation ou d'un autre élément (nom, pronom) ou bien il doit être dupliqué. Notons que 把 *bǎ* a vocation à se combiner avec des **verbes résultatifs**, puisqu'il exprime ce que l'on doit faire de quelque chose ou ce que l'on en a fait.

  - 你把这个句子翻译成英文。
    Nǐ bǎ zhè ge jùzi fānyì chéng yīngwén.
    Traduis cette phrase en anglais.
    [Voici ce que tu dois faire de cette phrase.]

  - 他把信写好了。
    Tā bǎ xìn xiěhǎo le.
    Il a fini d'écrire la lettre.

  - 我把我的意见说一说吧!
    Wǒ bǎ wǒ de yìjian shuō yī shuō ba!
    Je vais dire un peu mon point de vue !

  - 他把对面的风景画得很像。
    Tā bǎ duìmiàn de fēngjǐng huà de hěn xiàng.
    Il a peint le paysage devant lui de façon très ressemblante.

- La phrase en 把 *bǎ* est incompatible avec des verbes d'existence, de sentiment ou de perception tels que 看见 *kànjiàn* (apercevoir), 是 *shì* (être), 听见 *tīngjiàn* (entendre), 同意 *tóngyì* (être d'accord), 喜欢 *xǐhuan* (aimer), 有 *yǒu* (avoir), 知道 *zhīdào* (être au courant de).

- La phrase en 把 *bǎ* est également incompatible avec la construction d'obtention du résultat (voir p. 132).

GRAMMAIRE ▸ La phrase en 把 bǎ

ORDRE DES MOTS DANS LA PHRASE EN 把 bǎ

La négation et **les verbes auxiliaires** se placent **avant** 把 bǎ.
没(有) méi(yǒu) est employé pour nier l'aspect de l'action réalisée,
不 bù n'est employé que pour exprimer le refus.

- 他应该把合同带来。
  Tā **yīnggāi** bǎ hétong dàilai.
  Il doit apporter le contrat.

- 他不把合同带来。
  Tā **bù** bǎ hétong dàilai.
  Il n'apporte pas le contrat. [Il refuse.]

- 他没把合同带来。
  Tā **méi** bǎ hétong dàilai.
  Il n'a pas apporté le contrat.

Se placent aussi **avant** 把 bǎ les **adverbes** et mots de temps,
tels que 才 cái (alors seulement), 赶快 gǎnkuài (rapidement),
刚才 gāngcái (à l'instant), 刚 gāng (à peine, tout juste), 就 jiù (alors),
立刻 lìkè (immédiatement), 马上 mǎshàng (sur le champ),
已经 yǐjīng (déjà), 又 yòu (encore), 再 zài (de nouveau),
只要 zhǐyào (pour peu que), 终于 zhōngyú (finalement),
ou encore l'adverbe exclamatif 可 kě.

- 他还没把话讲完。
  Tā **hái** méi bǎ huà jiǎngwán.
  Il n'a pas fini ce qu'il a à dire.

- 快把雨衣穿上！
  Kuài bǎ yǔyī chuānshàng!
  Dépêche-toi de mettre ton imperméable!

- 他来的话, 你就把情况告诉他。
  Tā lái dehuà, nǐ **jiù** bǎ qíngkuàng gàosu tā.
  Dis-lui ce qu'il en est s'il vient.

Notez bien

再 zài et 又 yòu (de nouveau), adverbes de répétition,
peuvent également se placer après 把 bǎ.
你把那句话再翻译一遍。
Nǐ bǎ nà jù huà **zài** fānyì yī biàn.
你再把那句话翻译一遍。
Nǐ **zài** bǎ nà jù huà fānyì yī biàn.
Traduis de nouveau cette phrase-là.

Se placent **après** 把 *bǎ* :

les adverbes en rapport avec le complément ;

- 你把这些照片都看一看！
  Nǐ bǎ zhè xiē zhàopiàn dōu kàn yī kàn!
  Jette un coup d'œil à toutes ces photos !

les prépositions introduisant la personne à qui s'adresse l'action.

- 把你的情况跟他讲一讲！
  Bǎ nǐ de qíngkuàng gēn tā jiǎng yī jiǎng!
  Parle-lui un peu de ta situation !

- 请你把信给我念一下。
  Qǐng nǐ bǎ xìn gěi wǒ niàn yī xià.
  Lis-moi un peu la lettre.

Notez bien

– 将 *jiāng* est un équivalent de 把 *bǎ* dans la langue écrite.
我明天将报告交给您。
Wǒ míngtiān jiāng bàogào jiāogěi nín.
Je vous remettrai le rapport demain.

– 管 *guǎn* est un équivalent à l'oral de 把 *bǎ* dans la tournure 管……叫 *guǎn… jiào*.
大家管他叫"王大哥"。
Dàjiā guǎn tā jiào "Wáng dàgē".
Tout le monde l'appelle « grand frère Wang ».

– À l'oral, 给 *gěi* est souvent ajouté après 把 *bǎ* et le COD.
怕什么，他又不会把你给吃了！
Pà shénme, tā yòu bù huì bǎ nǐ gěi chī le!
De quoi as-tu peur, il ne te mangera pas !
李立把我们给骗了。
Lǐ Lì bǎ wǒmen gěi piàn le.
Li Li nous a trompés.

35 La construction 是……的
shì... de

▶ La construction 是……的 *shì... de* s'emploie pour focaliser sur les circonstances d'une action passée, plus que sur l'action elle-même.

LES ÉLÉMENTS DE LA CONSTRUCTION

Les deux éléments de la construction enserrent la circonstance (lieu, temps, manière…), 是 *shì* prenant place généralement après le sujet et 的 *de* soit en fin de phrase, soit après le verbe (dans ce cas, il ne peut s'agir que d'un complément inanimé).

Sujet + 是 *shì* + circonstances + verbe + COD + 的 *de*
- 我是在法国学汉语的。
  Wǒ **shì** zài Fǎguó xué hànyǔ **de**.
  J'ai étudié le chinois en France. [C'est en France que j'ai étudié le chinois.]

Sujet + 是 *shì* + circonstances + verbe + 的 *de* + COD
- 我是在法国学的汉语。
  Wǒ **shì** zài Fǎguó xué **de** hànyǔ.
  J'ai étudié le chinois en France.

Le premier élément de la construction (是 *shì*) peut être sous-entendu. Mais le second (的 *de*) est indispensable.
- 我开车来的。
  Wǒ kāichē lái **de**.
  Je suis venu en voiture.

À la forme négative, la présence des deux éléments est obligatoire.
- 他不是去年去的，是前年去的。
  Tā bù **shì** qùnián qù **de**, **shì** qiánnián qù **de**.
  Ce n'est pas l'année dernière qu'il y est allé, mais il y a deux ans.

Notez bien
Concernant des événements déjà réalisés, cette construction exclut les suffixes d'aspect du réalisé 了 *le* (voir p. 118) et de l'expérience vécue 过 *guo* (voir p. 124).

QUELQUES EXEMPLES

- Lieu

  - 他是在法国出生的。
    Tā shì zài Fǎguó chūshēng de.
    Il est né en France. [L'information principale est ici le lieu de naissance, et non qu'il soit né.]

- Temps

  - 我是去年九月开始学汉语的。
    Wǒ shì qùnián jiǔyuè kāishǐ xué hànyǔ de.
    J'ai commencé à apprendre le chinois en septembre dernier.
    [C'est en septembre dernier que j'ai commencé à apprendre le chinois.]

- Manière

  - 你是怎么去的?
    Nǐ shì zěnme qù de?
    Comment y es-tu allé?

  - 我是坐飞机去的。
    Wǒ shì zuò fēijī qù de.
    J'y suis allé en avion.

  - 我是一个人去的。
    Wǒ shì yī ge rén qù de.
    J'y suis allé seul.

  > **NOTEZ BIEN**
  >
  > Quand il y a plusieurs circonstances, le général précède le particulier.
  > 我们是去年在南京认识的。
  > *Wǒmen shì qùnián zài Nánjīng rènshi de.*
  > On s'est connus l'an dernier à Nankin.
  > 我们是在南京一起开会的时候认识的。
  > *Wǒmen shì zài Nánjīng yīqǐ kāihuì de shíhou rènshi de.*
  > On s'est connus à Nankin lors d'une conférence (à laquelle nous assistions tous deux).

36 Les phrases complexes

▶ Les phrases complexes sont généralement composées de deux propositions exprimant une relation particulière (addition, succession, etc.), avec une intonation souvent plus soulignée dans la dernière proposition. Le sujet est souvent escamoté dans l'une des propositions.

RELATION D'ADDITION

- 又……又…… yòu... yòu... (et... et...) : double qualité
  - 我哥哥又聪明又能干。
    Wǒ gēgē yòu cōngming yòu nénggàn.
    Mon grand frère est intelligent et capable à la fois.

- 一边……一边…… yībiān... yībiān... (et... et...) : simultanéité de deux actions
  - 他一边看书，一边听音乐。
    Tā yībiān kànshū, yībiān tīng yīnyuè.
    Il lit tout en écoutant de la musique.

- 既……又…… jì... yòu... (et... et...)
  - 这个菜既好吃又好看。
    Zhè ge cài jì hǎochī yòu hǎokàn.
    Ce plat est à la fois bon et beau à regarder.

- 一（方）面……一（方）面…… yī (fāng)miàn... yī (fāng)miàn... (d'un côté..., de l'autre...)
  - 他一方面想去旅游，一方面想挣钱。
    Tā yī fāngmiàn xiǎng qù lǚyóu, yī fāngmiàn xiǎng zhèngqián.
    D'un côté, il a envie de voyager, et de l'autre il aimerait gagner de l'argent.

- 并 bìng (« et » avec parfois l'idée d'une gradation)
  - 大家讨论并通过了工作报告。
    Dàjiā tǎolùn bìng tōngguòle gōngzuò bàogào.
    Tout le monde a discuté et aussi adopté le rapport de travail.

- 而 ér (et)
  - 朋友"多而广"好还是"少而精"好？
    Péngyou "duō ér guǎng" hǎo háishi "shǎo ér jīng" hǎo ?
    Mieux vaut beaucoup d'amis et de toutes sortes, ou peu mais d'excellents ?

NOTEZ BIEN

而 ér peut exprimer le contraste (voir p. 180), la destination ou le but.

由上而下
yóu shàng ér xià
des supérieurs aux inférieurs

为将来而努力
wèi jiānglái ér nǔlì
déployer ses efforts pour l'avenir

175

RELATION DE SUCCESSION

- 先……然后／再／接着…… xiān... ránhòu / zài / jiēzhe... (d'abord... et ensuite...)
  - 我先吃凉菜，然后才喝汤。
    Wǒ **xiān** chī liángcài, **ránhòu** cái hē tāng.
    Je mange d'abord les plats froids, et je mange la soupe seulement après.

- 就 jiù (alors)
  - 他下了班就回家了。
    Tā xiàle bān **jiù** huíjiā le.
    Aussitôt son travail terminé, il est rentré à la maison.

- 才 cái (alors seulement)
  - 我跑了三个书店，才买到这本书。
    Wǒ pǎole sān ge shūdiàn, **cái** mǎidào zhè běn shū.
    J'ai fait trois librairies avant de trouver ce livre.

- 一……就…… yī... jiù... (dès que…, alors…)
  - 王文一来，大家就不说话了。
    Wáng Wén **yī** lái, dàjiā **jiù** bù shuōhuà le.
    Dès que Wang Wen arrive, tout le monde se tait.

RELATION DE PROGRESSION

- 还 hái (et, et encore)
  - 他做了不少菜，还买了一瓶好酒。
    Tā zuòle bù shǎo cài, **hái** mǎile yī píng hǎojiǔ.
    Il a fait pas mal de plats, et (en plus) il a acheté un bon alcool.

- 不但／不仅／不光……，而且／还／也……
  bùdàn / bùjǐn / bùguāng..., érqiě / hái / yě... (non seulement…, mais de plus…)
  - 王文不但去过北京，还去过上海和广州。
    Wáng Wén **bùdàn** qùguo Běijīng, **hái** qùguo Shànghǎi hé Guǎngzhōu.
    Wang Wen n'est pas seulement déjà allé à Pékin, il est aussi allé à Shanghai et à Canton.

- 连……也／都 lián... yě / dōu (même…)
  - 连他都知道。
    Lián tā **dōu** zhīdào.
    Même lui le sait.

- 甚至 shènzhì (même ; au point de)
  - 他累得甚至不能动了。
    Tā lèi de **shènzhì** bù néng dòng le.
    Il est fatigué au point de ne même plus pouvoir bouger.

GRAMMAIRE ▸ Les phrases complexes

RELATION ALTERNATIVE

- （是）……还是……？ *(shì)… háishi…? (… ou…?)*
  - 先吃饭还是先看电视新闻？
    *Xiān chīfàn **háishi** xiān kàn diànshì xīnwén?*
    On mange ou on regarde d'abord les informations ?

- 或者……，或者…… *huòzhě…, huòzhě… (soit…, soit…)*
  - 或者你来我家，或者我去你家都行。
    ***Huòzhě** nǐ lái wǒ jiā, **huòzhě** wǒ qù nǐ jiā dōu xíng.*
    Soit tu viens chez moi, soit je vais chez toi.

- 不是……，就是…… *bù shì…, jiù shì… (soit…, soit…)*
  - 他不是广东人，就是香港人。
    *Tā **bù shì** Guǎngdōngrén, **jiù shì** Xiānggǎngrén.*
    S'il n'est pas de Canton, il est de Hong Kong.

- 要么……，要么…… *yàome…, yàome… (soit…, soit…)*
  - 你要么坐汽车，要么走回去。
    *Nǐ **yàome** zuò qìchē, **yàome** zǒu huíqu.*
    Soit tu prends le bus, soit tu rentres à pied.

RELATION DE PRÉFÉRENCE

- 与其……，不如／宁可…… *yǔqí…, bùrú/nìngkě… (plutôt que…, mieux vaut…)*
  - 我们与其在这儿看电视，不如去看一场电影。
    *Wǒmen **yǔqí** zài zhèr kàn diànshì, **bùrú** qù kàn yī chǎng diànyǐng.*
    Plutôt que de regarder la télé ici, ce serait mieux d'aller voir un film.

- 宁可……，也要／也决不…… *nìngkě… yě yào/yě juébù… (quitte à…, il faut… / pas question de…)*
  - 他宁可不吃饭，也要把事情办完。
    *Tā **nìngkě** bù chīfàn, **yě yào** bǎ shìqing bànwán.*
    Quitte à ne pas manger, il faut qu'il finisse de régler cette affaire.
  - 宁可买贵的，也决不买质量差的。
    ***Nìngkě** mǎi guì de, **yě juébù** mǎi zhìliàng chà de.*
    Quitte à en acheter un cher, il n'est pas question d'acheter de la mauvaise qualité.

▸ PRÉFÉRER P. 317

RELATION DE CAUSE À EFFET

- 因为……，所以…… *yīnwèi…, suǒyǐ… (parce que…, c'est pourquoi…)*
  - 因为英文不好，所以不能跟他交流。
    ***Yīnwèi** yīngwén bù hǎo, **suǒyǐ** bù néng gēn tā jiāoliú.*
    Je ne peux communiquer avec lui, car mon anglais n'est pas bon.

- 由于……，（因此）…… yóuyú..., (yīncǐ)... (en raison de…, c'est pourquoi…)
  - 由于天气关系，我们没出去。
    Yóuyú tiānqì guānxi, wǒmen méi chūqu.
    On n'est pas sortis en raison du temps.

- 之所以……，是因为…… zhī suǒyǐ..., shì yīnwèi... (la raison pour laquelle… est que…)
  - 这个孩子之所以学习不好，是因为从早到晚上网。
    Zhè ge háizi **zhī suǒyǐ** xuéxí bù hǎo, **shì yīnwèi** cóng zǎo dào wǎn shàngwǎng.
    La raison pour laquelle cet enfant n'est pas bon à l'école est qu'il est du matin au soir sur Internet.

- 既然……，就/那么…… jìrán..., jiù/nàme... (puisque…, alors…)
  - 你既然不想去，就别去。
    Nǐ **jìrán** bù xiǎng qù, **jiù** bié qù.
    Puisque tu ne veux pas y aller, n'y va pas.

- 因而 yīn'ér (donc)
  - 他很认真，又不怕说话，因而汉语进步很快。
    Tā hěn rènzhēn, yòu bù pà shuōhuà, **yīn'ér** hànyǔ jìnbù hěn kuài.
    Il est très sérieux et n'a pas peur de parler, d'où ses progrès rapides en chinois.

- 可见 kějiàn (visiblement)
  - 王文身体好多了，可见他吃的药很有效。
    Wáng Wén shēntǐ hǎoduō le, **kějiàn** tā chī de yào hěn yǒuxiào.
    Wang Wen va beaucoup mieux, les médicaments qu'il a pris sont visiblement efficaces.

RELATION D'HYPOTHÈSE

- 如果……（的话），就…… rúguǒ... (dehuà), jiù... (si…, alors…)
  - 如果不去的话，跟我说一下！
    Rúguǒ bù qù **dehuà**, gēn wǒ shuō yīxià!
    Si tu n'y vas pas, dis-le-moi !

- 要是……（的话），就…… yàoshi... (dehuà), jiù... (si…, alors…)
  - 要是我是你的话，就不会那样做。
    Yàoshi wǒ shì nǐ **dehuà**, **jiù** bù huì nàyàng zuò.
    Si j'étais toi, je ne ferais pas comme ça.

- 假如……（的话），那么…… jiǎrú... (dehuà), nàme... (si…, alors…)
  - 假如我们七点出发，那么九点以前就能到。
    Jiǎrú wǒmen qī diǎn chūfā, **nàme** jiǔ diǎn yǐqián jiù néng dào.
    Si on part à 7 h, on arrivera avant 9 h.

▸ Si p. 324

GRAMMAIRE ▸ Les phrases complexes

RELATION DE CONDITION

- 只有……，才…… zhǐyǒu…, cái… (ce n'est que…) : condition nécessaire
  - 只有我们一起努力，才能成功。
    Zhǐyǒu wǒmen yīqǐ nǔlì, **cái** néng chénggōng.
    Ce n'est qu'en unissant nos efforts qu'on réussira.

- 只要……，就…… zhǐyào…, jiù… (il suffit que…) : condition suffisante
  - 只要吃一些药，你的身体就能好。
    Zhǐyào chī yī xiē yào, nǐ de shēntǐ **jiù** néng hǎo.
    Il suffit que tu prennes quelques médicaments et ça ira mieux.

- 无论……（还是……），都…… wúlùn… (háishi…), dōu… (que ce soit… ou… ; quel que soit…)
  - 无论坐车去还是走着去都行。
    Wúlùn zuò chē qù **háishi** zǒuzhe qù **dōu** xíng.
    En bus ou à pied, peu m'importe.
  - 无论情况怎样，我明天都要动身。
    Wúlùn qíngkuàng zěnyàng, wǒ míngtiān **dōu** yào dòngshēn.
    Quelle que soit la situation, je partirai demain.

- 不管……（还是……），也（都）…… bùguǎn… (háishi…), yě (dōu)… (que ce soit… ou… ; quel que soit…)
  - 不管吃饭还是睡觉，我都在思考这个难题。
    Bùguǎn chīfàn **háishi** shuìjiào, wǒ **dōu** zài sīkǎo zhè ge nántí.
    Que ce soit à table ou dans mon sommeil, je suis toujours en train de réfléchir à ce problème.
  - 不管路有多远，也要去祝贺他。
    Bùguǎn lù yǒu duō yuǎn, **yě** yào qù zhùhè tā.
    Quelle que soit la longueur du trajet, il faut aller le féliciter.

- 除非……才…… chúfēi… cái… (ce n'est qu'à la condition de… que…)
  - 他说除非想要孩子才结婚。
    Tā shuō **chúfēi** xiǎng yào háizi **cái** jiéhūn.
    Il dit qu'il ne se mariera que s'il veut avoir des enfants.

- 除非……，否则 / 不然 / 要不…… chúfēi…, fǒuzé / bùrán / yàobù… (à moins que…)
  - 除非我还在外地，否则我一定参加这个会。
    Chúfēi wǒ hái zài wàidì, **fǒuzé** wǒ yīdìng cānjiā zhè ge huì.
    À moins que je sois encore en province, je participerai certainement à cette réunion.

RELATION DE CONTRASTE

- 只是 zhǐshì (le problème, c'est que)
  - 这家饭馆不错,只是太远了!
    Zhè jiā fànguǎn bù cuò, **zhǐshì** tài yuǎn le!
    C'est un bon restaurant, le problème est qu'il est trop éloigné !

- 不过 bùguò (mais)
  - 王文去过北京,不过只待了两天。
    Wáng Wén qùguo Běijīng, **bùguò** zhǐ dāile liǎng tiān.
    Wang Wen est déjà allé à Pékin, mais seulement deux jours.

- 不是……, 而是…… bù shì..., érshì... (ce n'est pas..., mais...)
  - 他这样做,不是为自己,而是为别人。
    Tā zhèyàng zuò, **bù shì** wèi zìjǐ, **érshì** wèi biérén.
    Ce n'est pas pour lui qu'il agit ainsi, mais pour les autres.

- 而 ér (alors que)
  - 北方人爱吃面食,而南方人爱吃大米。
    Běifāngrén ài chī miànshi, **ér** nánfāngrén ài chī dàmǐ.
    Les gens du Nord aiment la nourriture à base de blé, alors que les gens du Sud aiment le riz.

- 可是 kěshì (mais)
  - 我很想去,可是没时间。
    Wǒ hěn xiǎng qù, **kěshì** méi shíjiān.
    J'aimerais beaucoup y aller, mais je n'ai pas le temps.

- 却 què (mais)
  - 他是中国人,却不会说普通话。
    Tā shì Zhōngguórén, **què** bù huì shuō pǔtōnghuà.
    Il est Chinois et il ne sait pourtant pas parler le mandarin.

- 然而 rán'ér (mais)
  - 他个子小,然而跑得很快。
    Tā gèzi xiǎo, **rán'ér** pǎo de hěn kuài.
    Il est petit, mais il court vite.

- 但是 dànshì (mais)
  - 这个房间很小,但是很干净。
    Zhè ge fángjiān hěn xiǎo, **dànshì** hěn gānjìng.
    Cette chambre est petite, mais propre.

    ▶ MAIS P. 303

- 虽然……, 可是/却/但是…… suīrán..., kěshì/què/dànshì... (bien que..., cependant) : 虽然 suīrán peut se mouvoir librement à l'intérieur de la proposition.
  - (虽然)我(虽然)昨天(虽然)很累,……
    (**Suīrán**) wǒ (**suīrán**) zuótiān (**suīrán**) hěn lèi, …
    Bien que très fatigué hier, …

GRAMMAIRE ▶ Les phrases complexes

- 他虽然是法国人，英文却说得很好。
  Tā **suīrán** shì Fǎguórén, yīngwén **què** shuō de hěn hǎo.
  Bien qu'il soit français, il parle pourtant bien anglais.

Verbe + 是 *shì* + verbe，就是/可是/但是/只是……
jiùshì/kěshì/dànshì/zhǐshì... (certes..., mais...) : cette construction exprime un contraste après avoir confirmé quelque chose.

- 想去是想去，就是没有时间。
  Xiǎng qù **shì** xiǎng qù, **jiùshì** méiyǒu shíjiān.
  J'aimerais effectivement y aller, seulement je n'ai pas le temps.

- 说是说了，可是没说清楚！
  Shuō **shì** shuō le, **kěshì** méi shuō qīngchǔ!
  Pour le dire, il l'a dit, mais pas clairement !

RELATION DE CONCESSION

尽管……，但是/可是/然而（也/却/还是）……
jìnguǎn... dànshì/kěshì/rán'ér (yě/què/háishi)... (bien que..., néanmoins...)

- 尽管没有时间，但他还是打算去。
  Jìnguǎn méiyǒu shíjiān, **dàn** tā **háishi** dǎsuan qù.
  Bien qu'il n'ait pas le temps, il compte néanmoins y aller.

即使……，也/还/总/又/仍然…… jíshǐ...,
yě/hái/zǒng/yòu/réngrán... (même si...)

- 即使下雨，我也去。
  Jíshǐ xiàyǔ, wǒ **yě** qù.
  J'irais même s'il pleut.

- 即使下雨，也不会太大。
  Jíshǐ xiàyǔ, **yě** bù huì tài dà.
  Même s'il y a de la pluie, elle ne devrait pas être très forte.

就是/就算……也…… jiùshì/jiù suàn... yě... (même si...)

- 事儿太多了，就是不吃饭不睡觉也做不完。
  Shìr tài duō le, **jiùshì** bù chīfàn bù shuìjiào **yě** zuò bu wán.
  J'ai trop de choses à faire, je ne les finirais pas, même si je me passais de manger et de dormir.

哪怕……，也…… nǎpà..., yě... (même si...)

- 哪怕让他生气，我也要说我的意见。
  Nǎpà ràng tā shēngqì, wǒ **yě** yào shuō wǒ de yìjian.
  Je veux donner mon avis, quitte à le mettre en colère.

RELATION DE BUT

- 为的是 wèide shì (dans le but de)
  - 他天天去中国城，为的是练练他的汉语。
    Tā tiāntiān qù Zhōngguóchéng, **wèide shì** liànlian tā de hànyǔ.
    Il va tous les jours dans le quartier chinois, dans le but de pratiquer un peu son chinois.

- 为了 wèile (dans le but de)
  - 为了买房子，他把车卖了。
    Wèile mǎi fángzi, tā bǎ chē mài le.
    Dans le but d'acheter sa maison, il a vendu sa voiture.

- 以便 yǐbiàn (afin que)
  - 要说得慢一点儿，以便欧洲客人能听明白。
    Yào shuō de màn yī diǎnr, **yǐbiàn** Ōuzhōu kèren néng tīng míngbai.
    Il faut parler plus lentement, afin que nos hôtes européens comprennent.

- 免得 miǎnde (pour ne pas)
  - 多问几个人吧，免得走错路。
    Duō wèn jǐ ge rén ba, **miǎnde** zǒucuò lù.
    Demandons notre chemin à plusieurs personnes, afin d'éviter de nous perdre.

▸ Pour P. 314

朋友"多而广"好还是"少而精"好？

Vocabulaire

•⟩) Vous trouverez sur le site
www.bescherelle.com
l'enregistrement intégral de la rubrique
« Un peu de conversation ».

Abréviations utilisées
qqn : quelqu'un
qqch. : quelque chose

1 L'individu

L'ÉTAT CIVIL

| 姓 xìng nom | 身份证 shēnfenzhèng pièce d'identité | 岁数 suìshu âge | 未婚 wèihūn célibataire |

名字 míngzi — prénom
性别 xìngbié — sexe
出生日期 chūshēng rìqī — date de naissance
离异 líyì — divorcé

国籍 guójí — nationalité
男性 nánxìng — sexe masculin
出生地 chūshēngdì — lieu de naissance
介绍 jièshào — présenter

民族 mínzú — ethnie, nation
女性 nǚxìng — sexe féminin
住 zhù — habiter
自我介绍 zìwǒ jièshào — se présenter

护照 hùzhào — passeport
男人 nánrén — homme
婚姻状况 hūnyīn zhuàngkuàng — situation de famille
认识 rènshi — connaître

身份 shēnfen — identité
女人 nǚrén — femme
已婚 yǐhūn — marié

Un peu de conversation

- 我姓李，木子"李"。
  Wǒ xìng Lǐ, mù zǐ "lǐ".
  Je m'appelle Li : 李 *Lǐ*, c'est le caractère composé de 木 *mù* et 子 *zǐ*.

- 中国身份证上写着民族。
  Zhōngguó shēnfenzhèng shàng xiězhe mínzú.
  Sur les cartes d'identité chinoises figure l'appartenance ethnique.

- 你多大了？ – 我今年二十。
  Nǐ duōdà le ? – Wǒ jīnnián èrshí.
  Quel âge as-tu ? – J'ai vingt ans.

VOCABULAIRE ▶ L'individu

- 她是在北京出生的，现在住在巴黎。
  Tā shì zài Běijīng chūshēng de, xiànzài zhùzài Bālí.
  Elle est née à Pékin et habite maintenant à Paris.

- 那个男人是谁？我不认识他。你给我介绍一下吧！
  Nà ge nánrén shì shéi? Wǒ bù rènshi tā. Nǐ gěi wǒ jièshào yī xià ba!
  Qui est cet homme que je ne connais pas ? Présente-le-moi !

- 您好！您贵姓？ – 免贵，姓李。
  Nín hǎo! Nín guìxìng? – Miǎnguì, xìng Lǐ.
  Bonjour, pourrais-je connaître votre nom ? – Ne faites pas tant de façons, je m'appelle Li.

- 我还没结婚。
  Wǒ hái méi jiéhūn.
  Je ne suis pas encore marié.

LE CV

简历 *jiǎnlì* curriculum vitæ

学历 *xuélì* cursus

教育程度 *jiàoyù chéngdù* niveau d'études

专业 *zhuānyè* spécialité

学位 *xuéwèi* diplôme

职业 *zhíyè* profession

工作经历 *gōngzuò jīnglì* expérience professionnelle

希望职位 *xīwàng zhíwèi* poste recherché

联系方式 *liánxì fāngshì* coordonnées

地址 *dìzhǐ* adresse

电话号码 *diànhuà hàomǎ* numéro de téléphone

电子邮箱地址 *diànzǐ yóuxiāng dìzhǐ* adresse e-mail

办公电话 *bàngōng diànhuà* téléphone professionnel

个人电话 *gèrén diànhuà* téléphone personnel

业余爱好 *yèyú àihào* loisirs

性格 *xìnggé* caractère

Le contenu du CV

Un *curriculum vitæ* chinois, outre les éléments habituels, comprend une partie « évaluation personnelle » (自我评价 *zìwǒ píngjià*). Elle a pour objectif de mettre en relation les aptitudes professionnelles du candidat avec son parcours individuel, ses goûts et sa personnalité, par exemple :

本人工作踏实，认真细致，学习能力强；性格开朗，有较强的适应能力；本人能吃苦，不怕困难。
Běnrén gōngzuò tāshi, rènzhēn xìzhì, xuéxí nénglì qiáng; xìnggé kāilǎng, yǒu jiào qiáng de shìyìng nénglì; běnrén néng chīkǔ, bù pà kùnnan.
Travailleur, sérieux, minutieux, grande capacité d'apprentissage ; caractère gai, grande capacité d'adaptation ; capable d'affronter les épreuves sans peur des difficultés.

Un peu de conversation

- 她有经济学硕士学位，但是以前是英语专业的。
  Tā yǒu jīngjìxué shuòshì xuéwèi, dànshì yǐqián shì yīngyǔ zhuānyè de.
  Elle a un master d'économie, mais avant, elle a fait anglais comme spécialité.

- 我哥哥学医学，现在正在读医学博士呢。
  Wǒ gēge xué yīxué, xiànzài zhèngzài dú yīxué bóshì ne.
  Mon frère étudie la médecine. Il est en train de préparer son doctorat.

- 本人有五年工作经验，现在做采购经理。
  Běnrén yǒu wǔ nián gōngzuò jīngyàn, xiànzài zuò cǎigòu jīnglǐ.
  J'ai cinq ans d'expérience et suis actuellement responsable des achats.

- 我业余爱好是篮球。
  Wǒ yèyú àihào shì lánqiú.
  Je fais du basket pendant mes loisirs.

- 本人性格开朗，爱好广泛。
  Běnrén xìnggé kāilǎng, àihào guǎngfàn.
  Je suis d'un caractère gai et je m'intéresse à beaucoup de choses.

L'ASPECT PHYSIQUE

样子 *yàngzi* air, allure	皱纹 *zhòuwén* ride	金黄头发 *jīnhuáng tóufa* blond	隐形眼镜 *yǐnxíng yǎnjìng* lentilles
外貌 *wàimào* apparence	高 *gāo* grand	黑头发 *hēi tóufa* brun	胡子 *húzi* barbe
身材 *shēncái* stature	矮 *ǎi* petit	褐色头发 *hèsè tóufa* châtain	美丽 *měilì* beau
个子 *gèzi* taille	强壮 *qiángzhuàng* fort	红头发 *hóng tóufa* roux	漂亮, 好看 *piàoliang, hǎokàn* joli
体重 *tǐzhòng* poids	胖 *pàng* gros	秃顶 *tūdǐng* chauve	丑, 难看 *chǒu, nánkàn* laid
肤色 *fūsè* teint	瘦 *shòu* mince	眼镜 *yǎnjìng* lunettes	▶ LE CORPS P. 193

VOCABULAIRE ▸ L'individu

UN PEU DE CONVERSATION

- 那个女歌星长得不漂亮，但气质真的特别优雅。
  Nà ge nǚ gēxīng zhǎng de bù piàoliang, dàn qìzhì zhēn de tèbié yōuyǎ.
  Cette chanteuse n'est pas très jolie mais elle est vraiment très élégante.

- 你已经很苗条了，再瘦就不好看了。
  Nǐ yǐjing hěn miáotiao le, zài shòu jiù bù hǎokàn le.
  Tu es déjà très fine. Si tu maigris encore, ce ne sera pas beau.

- 我的朋友都很注重自己的体重和外貌。
  Wǒ de péngyou dōu hěn zhùzhòng zìjǐ de tǐzhòng hé wàimào.
  Mes copains font tous très attention à leur poids et à leur apparence.

- 我姐姐有很长的金黄头发。
  Wǒ jiějie yǒu hěn cháng de jīnhuáng tóufa.
  Ma grande sœur a de longs cheveux blonds.

- 他留了胡子，我差点儿没认出他来。
  Tā liúle húzi, wǒ chàdiǎnr méi rènchū tā lái.
  Il s'est laissé pousser la barbe, j'ai failli ne pas le reconnaître.

- 我那个朋友有点儿胖，但长得也不难看。
  Wǒ nà ge péngyou yǒu diǎnr pàng, dàn zhǎng de yě bù nánkàn.
  Mon copain est un peu gros, mais il n'est pas laid.

LA PERSONNALITÉ

态度 *tàidu* comportement, attitude	开朗 *kāilǎng* gai	可靠 *kěkào* fiable	粗心 *cūxīn* négligent
人格, 个性 *réngé, gèxìng* personnalité	可爱 *kě'ài* aimable	老实 *lǎoshi* honnête	坏 *huài* méchant
性格 *xìnggé* caractère	好奇 *hàoqí* curieux	认真 *rènzhēn* consciencieux	可恶 *kěwù* odieux
脾气 *píqì* tempérament	有耐心 *yǒu nàixīn* patient	细心 *xìxīn* attentif	自私 *zìsī* égoïste
热情 *rèqíng* chaleureux	安静 *ānjìng* calme	敏感 *mǐngǎn* sensible	自大 *zìdà* prétentieux
大方 *dàfang* généreux	有礼貌 *yǒu lǐmào* poli	害羞 *hàixiū* timide	虚伪 *xūwěi* hypocrite
	诚实 *chéngshí* sincère	紧张 *jǐnzhāng* nerveux	懒惰 *lǎnduò* fainéant

▸ SENTIMENTS ET ÉMOTIONS P. 201

Un peu de conversation

- 她人很直,脾气很大。
  Tā rén hěn zhí, píqi hěn dà.
  Elle est directe et elle a du tempérament.

- 小安性格开朗、随和。
  Xiǎo Ān xìnggé kāilǎng, suíhe.
  Xiao An est d'un caractère gai et conciliant.

- 你怎么可以这么快就下决定? 冒冒失失的!
  Nǐ zěnme kěyǐ zhème kuài jiù xià juédìng ? Màomaoshīshī de !
  Comment peux-tu te décider aussi vite? Tu es vraiment irréfléchi !

- 这个孩子的好奇心特别强,总爱问这问那。
  Zhè ge háizi de hàoqíxīn tèbié qiáng, zǒng ài wèn zhè wèn nà.
  Cet enfant est très curieux, il pose toujours beaucoup de questions.

- 她妹妹对孩子总是特别有耐心,很适合当老师。
  Tā mèimei duì háizi zǒngshì tèbié yǒu nàixīn, hěn shìhé dāng lǎoshī.
  Sa sœur est toujours patiente avec les enfants, elle est faite pour l'enseignement.

Mini quiz

1 Traduisez : « Je m'appelle... je suis Français, j'habite à..., j'ai trente ans. »
2 Demandez poliment à quelqu'un son nom de famille.
3 Expliquez que votre patronyme est 吴 *Wú* et votre prénom 文 *Wén*.
4 Dites en chinois ce que comprend 联系方式 *liánxì fāngshì*.
5 Chassez l'intrus : 热情 *rèqíng*, 大方 *dàfang*, 自私 *zìsī*, 认真 *rènzhēn*.
6 Chassez l'intrus : 坏 *huài*, 老实 *lǎoshi*, 懒惰 *lǎnduò*, 粗心 *cūxīn*, 可恶 *kěwù*.

Corrigé
1 我叫……,我是法国人,住在……,今年30岁。
2 您贵姓?
3 我姓吴,口天吴,文字的文。
4 包括地址、电话号码、电子邮箱地址 *dianzi youxiang dizhi*。
5 自私 est un défaut alors que les autres adjectifs sont des qualités.
6 老实 est une qualité alors que les autres adjectifs sont des défauts.

你再瘦就不好看了。

2 La famille

新娘一定要穿红色的衣服。

LA FAMILLE DU CÔTÉ MASCULIN

爷爷, 祖父
yéye, zǔfù
grand-père

奶奶, 祖母
nǎinai, zǔmǔ
grand-mère

父亲
fùqin
père

伯父
bófù
oncle [frère aîné du père]

伯母
bómǔ
tante [femme du frère aîné du père]

叔叔
shūshu
oncle [frère cadet du père]

叔母
shūmǔ
tante [femme du frère cadet du père]

姑姑
gūgu
tante [sœur du père]

姑父
gūfu
oncle [mari de la sœur du père]

堂哥
tánggē
cousin [fils aîné du frère du père]

表弟
biǎodì
cousin [fils cadet de la sœur du père]

哥哥
gēge
frère aîné

弟弟
dìdi
frère cadet

侄子
zhízi
neveu

侄女
zhínü
nièce

儿子
érzi
fils

孙子
sūnzi
petit-fils

孙女
sūnnü
petite-fille

LA FAMILLE DU CÔTÉ FÉMININ

姥爷, 外祖父
lǎoye, wàizǔfù
grand-père

姥姥, 外祖母
lǎolao, wàizǔmǔ
grand-mère

母亲
mǔqin
mère

舅舅
jiùjiu
oncle [frère de la mère]

舅母
jiùmǔ
tante [femme du frère de la mère]

姨母
yímǔ
tante [sœur de la mère]

姨父
yífù
oncle [mari de la sœur de la mère]

表哥
biǎogē
cousin [fils aîné du frère ou de la sœur de la mère]

表姐
biǎojiě
cousine [fille aînée du frère ou de la sœur de la mère]

姐姐
jiějie
sœur aînée

妹妹
mèimei
sœur cadette

外甥
wàisheng
neveu

外甥女
wàishengnü
nièce

女儿
nü'ér
fille

外孙子
wàisūnzi
petit-fils

外孙女
wàisūnnü
petite-fille

Un peu de conversation

- 他跟他嫂子关系很好。
  Tā gēn tā sǎozi guānxi hěn hǎo.
  Il s'entend très bien avec sa belle-sœur.

- 是我堂哥去火车站接我伯父的。
  Shì wǒ tánggē qù huǒchēzhàn jiē wǒ bófù de.
  C'est mon cousin qui va chercher mon oncle à la gare.

- 我女儿、女婿和外孙女明天都来我们家吃晚饭。
  Wǒ nǚ'ér, nǚxu hé wàisūnnǚ míngtiān dōu lái wǒmen jiā chī wǎnfàn.
  Ma fille, mon gendre et ma petite-fille viennent dîner à la maison demain.

- 在杭州她的亲戚不多，只有一个表姐。
  Zài Hángzhōu tā de qīnqi bù duō, zhǐ yǒu yī ge biǎojiě.
  Elle n'a pas beaucoup de famille à Hangzhou, seulement une cousine.

- 我侄子和外甥女都在上海念大学。
  Wǒ zhízi hé wàishengnǚ dōu zài Shànghǎi niàn dàxué.
  Mon neveu et ma nièce vont tous les deux à l'université à Shanghai.

- 我爸是独子，所以爷爷奶奶和我们住在一起。
  Wǒ bà shì dúzǐ, suǒyǐ yéye nǎinai hé wǒmen zhùzài yīqǐ.
  Mon père est fils unique, c'est pour ça que mes grands-parents habitent avec nous.

MARIAGE ET DIVORCE

丈夫
zhàngfu
mari

妻子
qīzi
femme

男 / 女朋友
nán/nǚpéngyou
petit copain/
petite copine

亲爱的
qīn'àide
chéri/chérie

结婚
jiéhūn
se marier

新郎
xīnláng
(le) marié

新娘
xīnniáng
(la) mariée

蜜月
mìyuè
lune de miel

公公
gōnggong
beau-père
[père du mari]

婆婆
pópo
belle-mère
[mère du mari]

岳父
yuèfù
beau-père
[père de la femme]

岳母
yuèmǔ
belle-mère
[mère de la femme]

分手
fēnshǒu
se séparer

离婚
líhūn
divorcer

再婚
zàihūn
se remarier

前妻
qiánqī
ex-femme

前夫
qiánfū
ex-mari

单亲家庭
dānqīn jiātíng
famille monoparentale

单身母亲/父亲
dānshēn mǔqin/fùqin
mère/père célibataire

重组家庭
chóngzǔ jiātíng
famille recomposée

计划生育
jìhuà shēngyù
planning familial

独生子女
dúshēng zǐnǚ
enfant unique

收养，领养
shōuyǎng, lǐngyǎng
adopter

养父养母
yǎngfù yǎngmǔ
parents adoptifs

养子
yǎngzǐ
enfant adoptif

VOCABULAIRE ▶ La famille

Le mariage traditionnel
Le mariage traditionnel chinois, où l'entremetteuse (媒人 *méiren*) joue un rôle majeur, se déroule en étapes très codifiées. Un palanquin (花轿 *huājiào*) vient chercher la mariée qui emporte son trousseau (嫁妆 *jiàzhuang*). Au début de la cérémonie, la mariée porte un voile sur la tête (盖头 *gàitou*) que lui enlèvera le marié. Tous deux sont vêtus de rouge, symbole de bonheur. De même, le caractère 囍 *xǐ*, symbole du mariage heureux, est affiché partout dans la salle de banquet où l'on va « boire le vin heureux » (喝喜酒 *hē xǐjiǔ*). Les jeunes mariés s'inclinent devant le ciel et la terre, devant leurs parents et l'un devant l'autre. Au moment de la nuit de noces, les invités « troublent la chambre nuptiale » (闹洞房 *nào dòngfáng*) en taquinant les mariés.

LES ÉTAPES DE LA VIE

年龄, 岁数
niánlíng, suìshu
âge

生日
shēngrì
anniversaire

怀孕
huáiyùn
être enceinte

出生
chūshēng
naître, naissance

孩子
háizi
enfant

女孩
nǚhái
fille

男孩
nánhái
garçon

婴儿
yīng'ér
nouveau-né

幼儿
yòu'ér
bébé
[jusqu'à 2 ans]

童年
tóngnián
petite enfance
[jusqu'à 7 ans]

少年
shàonián
enfance
[de 7 à 14 ans]

青少年
qīngshàonián
adolescent

青春期
qīngchūnqī
adolescence

青年
qīngnián
jeunesse
[de 15 à 35 ans]

年轻
niánqīng
jeune

年轻人
niánqīngrén
(un) jeune

未成年人
wèichéngniánrén
mineur

长大
zhǎngdà
grandir

成熟
chéngshú
mûr

成年人
chéngniánrén
majeur

大人
dàrén
adulte

中年
zhōngnián
maturité, âge mûr
[de 36 à 60 ans]

中年人
zhōngniánrén
personne d'âge mûr

老
lǎo
vieux

老年
lǎonián
vieillesse
[après 61 ans]

老年人
lǎoniánrén
personne âgée

变老
biànlǎo
vieillir

上了年纪
shàngle niánjì
âgé

死亡
sǐwáng
la mort

死, 去世, 逝世
sǐ, qùshì, shìshì
mourir

L'âge
Il existe en chinois un certain nombre de termes pour désigner l'âge ; ils proviennent du célèbre ouvrage *Les entretiens de Confucius* et résument les étapes de la vie d'un homme : 30 ans (而立 *érlì*) signifie que l'on est en mesure de participer à la société, 40 ans (不惑 *bùhuò*) que l'on peut distinguer clairement le bien du mal, 50 ans (知命 *zhīmìng*) que l'on comprend la volonté céleste.

Un peu de conversation

- 我什么时候喝你的喜酒？
  Wǒ shénme shíhou hē nǐ de xǐjiǔ?
  Quand est-ce que je viens à ton mariage ?

- 传统的中式婚礼上，新娘一定要穿红色的衣服。
  Chuántǒng de zhōngshì hūnlǐ shàng, xīnniáng yīdìng yào chuān hóngsè de yīfu.
  Dans les mariages traditionnels chinois, la mariée doit être vêtue de rouge.

- 婚礼刚举行完，他们就到国外度蜜月去了。
  Hūnlǐ gāng jǔxíng wán, tāmen jiù dào guówài dù mìyuè qù le.
  Juste après leur mariage, ils sont partis en lune de miel à l'étranger.

- 据说一个女孩子当了三次伴娘就嫁不出去了。
  Jùshuō yī ge nǚháizi dāngle sān cì bànniáng jiù jià bu chūqu le.
  On dit qu'une fille qui a été demoiselle d'honneur trois fois ne trouvera pas à se marier.

- 由于计划生育政策，独生子女多了起来。
  Yóuyú jìhuà shēngyù zhèngcè, dúshēng zǐnǚ duōle qǐlai.
  Avec la politique du planning familial, les enfants uniques sont devenus de plus en plus nombreux.

- 北京2003年登记结婚数是九万对，离婚四万对。
  Běijīng èrlínglíngsān nián dēngjì jiéhūn shù shì jiǔwàn duì, líhūn sìwàn duì.
  Il y a eu en 2003 à Pékin 90 000 mariages et 40 000 divorces.

- 老王的儿媳妇生了个男孩儿。
  Lǎo Wáng de érxífu shēngle ge nánháir.
  La belle-fille de Monsieur Wang a donné naissance à un petit garçon.

- 女孩一般比男孩成熟得早。
  Nǚhái yībān bǐ nánhái chéngshú de zǎo.
  Les filles sont en général mûres plus tôt que les garçons.

- 他已经六十岁了，但还是把自己当成年轻人！
  Tā yǐjing liùshí suì le, dàn háishi bǎ zìjǐ dàngchéng niánqīngrén!
  À 60 ans, il se prend encore pour un jeune !

- 老陈这几年变老了许多。
  Lǎo Chén zhè jǐ nián biànlǎole xǔduō.
  Monsieur Chen a beaucoup vieilli ces dernières années.

Mini quiz

1 Si « fils aîné du frère du père » se dit 堂哥 *tánggē*, comment dites-vous « fille aînée du frère du père » ?
2 Citez deux manières de dire « grand-père paternel ».
3 Comment s'appelle la tranche d'âge entre 青年 *qīngnián* et 老年 *lǎonián* ?
4 Citez deux manières de dire « beau-père ».

Corrigé
1 堂姐 *tángjiě.*
2 爷爷 *yéye*, 祖父 *zǔfù.*
3 中年 *zhōngnián.*
4 岳父 *yuèfù*, 公公 *gōnggong.*

3 Le corps, les sens, les mouvements

你相信人有第六感吗？

LE CORPS

身体 *shēntǐ* corps	头 *tóu* tête	嘴巴 *zuǐba* bouche	手 *shǒu* main
血液 *xuèyè* sang	脸 *liǎn* visage	牙齿 *yáchǐ* dents	腿 *tuǐ* jambe
皮肤 *pífū* peau	脖子 *bózi* cou	胸 *xiōng* poitrine	脚 *jiǎo* pied
骨头 *gǔtou* os	眼睛 *yǎnjing* yeux	乳房 *rǔfáng* seins	手指 *shǒuzhǐ* doigt
肌肉 *jīròu* muscle	眉毛 *méimao* sourcils	肚子 *dùzi* ventre	大拇指 *dàmuzhǐ* pouce
神经 *shénjīng* nerf	耳朵 *ěrduo* oreilles	背 *bèi* dos	食指 *shízhǐ* index
骨骼 *gǔgé* squelette	鼻子 *bízi* nez	胳膊 *gēbo* bras	指甲 *zhǐjia* ongle

▸ L'ASPECT PHYSIQUE P. 186

🔊 UN PEU DE CONVERSATION

• 这个女孩子五官端正，眼睛大，嘴巴小。
Zhè ge nǚháizi wǔguān duānzhèng, yǎnjing dà, zuǐba xiǎo.
Cette fille a les traits réguliers, de grands yeux et une petite bouche.

• 我的胳膊太粗，肚子太大，要减肥了！
Wǒ de gēbo tài cū, dùzi tài dà, yào jiǎnféi le!
Mes bras sont trop gros et j'ai du ventre : je dois me mettre au régime !

• 昨天运动了一天，到现在腿还酸着呢。
Zuótiān yùndòngle yī tiān, dào xiànzài tuǐ hái suānzhe ne.
J'ai fait du sport toute la journée d'hier ; du coup j'ai encore des courbatures dans les jambes.

- 左边那个留长头发的人是他们的语文老师。
  Zuǒbian nà ge liú cháng tóufa de rén shì tāmen de yǔwén lǎoshī.
  La personne à gauche avec les cheveux longs est leur professeur de lettres.
  ▶ LES SOINS QUOTIDIENS ET LA SANTÉ P. 197

LES CINQ SENS

感觉 *gǎnjué* sens	听觉 *tīngjué* ouïe	闻 *wén* sentir	光滑 *guānghuá* lisse
视觉 *shìjué* vue	听 *tīng* écouter	气味 *qìwèi* odeur	柔软 *róuruǎn* mou, doux
看 *kàn* regarder	听见 *tīngjiàn* entendre	香/臭 *xiāng/chòu* sentir bon/mauvais	味觉 *wèijué* goût
看见 *kànjian* voir	声音 *shēngyīn* son	触觉 *chùjué* (le) toucher	味道 *wèidao* saveur
近视 *jìnshi* myope	聋子 *lóngzi* sourd	摸 *mō* toucher	尝 *cháng* goûter
盲人 *mángrén* aveugle	嗅觉 *xiùjué* odorat	粗糙 *cūcāo* rêche	可口 *kěkǒu* délicieux

🔊 UN PEU DE CONVERSATION

- 据说随着电脑的普及应用，近视的人越来越多了。
  Jùshuō suízhe diànnǎo de pǔjí yìngyòng, jìnshi de rén yuèláiyuè duō le.
  Avec la généralisation de l'informatique, les myopes sont de plus en plus nombreux.

- 听，邻居在吵架呢！
  Tīng, línjū zài chǎojià ne!
  Écoute, il y a les voisins qui se disputent !

- 你是不是又偷偷喝酒了？闻起来一股酒味！
  Nǐ shìbushì yòu tōutōu hē jiǔ le? Wén qǐlai yī gǔ jiǔwèi!
  Toi, tu as encore bu en cachette !? Tu sens l'alcool !

- 这块绸很光滑。
  Zhè kuài chóu hěn guānghuá.
  Cette pièce de soie est très douce.

- 我们家对面饭馆的鱼香肉丝味道很好。
  Wǒmen jiā duìmian fànguǎn de yúxiāng ròusī wèidao hěn hǎo.
  L'émincé de porc à la sauce piquante du restaurant en face de chez moi est très bon.

VOCABULAIRE ▶ Le corps, les sens, les mouvements 3

● 你相信人有第六感吗?
Nǐ xiāngxìn rén yǒu dì-liù gǎn ma?
Penses-tu que les êtres humains possèdent un sixième sens ?

LES MOUVEMENTS ET LES GESTES

动 *dòng* bouger

动作 *dòngzuò* mouvement, geste

步 *bù* pas

躺下 *tǎngxià* s'allonger sur le dos

趴下 *pāxià* s'allonger sur le ventre

坐下 *zuòxià* s'asseoir

蹲下 *dūnxià* s'accroupir

站起来 *zhàn qǐlai* se lever

去 *qù* aller

来 *lái* venir

上 *shàng* monter

下 *xià* descendre

进 *jìn* entrer

出 *chū* sortir

走 *zǒu* marcher

跑 *pǎo* courir

跳 *tiào* sauter

掉 *diào* tomber

指 *zhǐ* montrer du doigt

递 *dì* tendre (qqch. à qqn)

拿 *ná* prendre

抓 *zhuā* attraper

推 *tuī* pousser

拉 *lā* tirer

抬 *tái* soulever

带 *dài* porter

打 *dǎ* frapper

扔 *rēng* jeter

Se situer dans l'espace
Le chinois exprime avec précision les postures et surtout les déplacements dans l'espace.
Les verbes de posture et de mouvement sont très nombreux, ceux qui expriment une action réalisée sur une chose ou une personne comme 推 *tuī* (pousser) ou 抬 *tái* (soulever) encore plus.
La finesse d'expression vient du fait que le groupe verbal comprend jusqu'à trois verbes et peut donc dépeindre à la fois l'action réalisée, sa trajectoire et sa direction par rapport au locuteur.

▶ **DIRECTIONNELS P. 136**

UN PEU DE CONVERSATION

● 背疼的时候，一躺下就再也站不起来。
Bèi téng de shíhou, yī tǎngxià jiù zài yě zhàn bu qǐlái.
Lorsque j'ai mal au dos, dès que je m'allonge, je ne peux plus me relever.

● 别蹲在地上，拿把椅子坐吧！
Bié dūnzài dìshang, ná bǎ yǐzi zuò ba !
Ne reste pas accroupi par terre, prends une chaise !

- 过来帮我把桌子抬出去！
  Guòlái bāng wǒ bǎ zhuōzi tái chūqu!
  Viens m'aider à sortir cette table !

- 他刚才边走路边回头看美女，结果，摔跟头了！
  Tā gāngcái biān zǒulù biān huítóu kàn měinǚ, jiéguǒ, shuāi gēntou le!
  Tout à l'heure, il marchait en se retournant sur les filles. Résultat : il est tombé !

- 麻烦你把词典递给我。
  Máfan nǐ bǎ cídiǎn dìgěi wǒ.
  Pourrais-tu me passer le dictionnaire ?

- 今天星期六，我想出去走走。
  Jīntiān xīngqīliù, wǒ xiǎng chūqu zǒuzou.
  Aujourd'hui nous sommes samedi, j'ai envie d'aller me ballader.

Mini quiz

1 Citez le nom des cinq sens.
2 Traduisez : « Il est entré en courant. »
3 Si « doigt » se dit 指 *zhǐ*, comment dire « petit doigt » ?
4 Quels sont les composants les plus utilisés dans le vocabulaire du geste et du mouvement ?
5 Traduisez 他坐下 *tā zuòxià* et 他坐着 *tā zuòzhe*. Quelle est la différence ?
6 Quels sont les deux classificateurs possibles pour 手 *shǒu*, 脚 *jiǎo* et 眼睛 *yǎnjing* ?
7 Traduisez : 我没有方向感。 *Wǒ méiyǒu fāngxiàng gǎn.*

Corrigé

1 视觉 *shìjué*, 听觉 *tīngjué*, 嗅觉 *xiùjué*, 味觉 *wèijué*, 触觉 *chùjué*.
2 他跑进来了。
3 小指 *xiǎozhǐ*.
4 足 (pied) et 手 (main) puisqu'ils représentent des parties du corps souvent impliquées dans les mouvements.
5 他坐下 : il s'assoit (verbe d'action) ; 他坐着 : il est assis (état statique) (voir p. 56).
6 双 *shuāng* (une paire) et 只 *zhī* (la moitié d'une paire) : 两只 = 一双
7 Je n'ai pas le sens de l'orientation.

4 Les soins quotidiens et la santé

LES SOINS QUOTIDIENS

香皂
xiāngzào
savon

洗发水
xǐfàshuǐ
shampooing

浴液
yùyè
gel douche

浴巾, 毛巾
yùjīn, máojīn
serviette de toilette

牙刷
yáshuā
brosse à dents

牙膏
yágāo
dentifrice

剃须刀
tìxūdāo
rasoir

剃须膏
tìxūgāo
crème à raser

梳子
shūzi
peigne

指甲刀
zhǐjiadāo
coupe-ongles

化妆品
huàzhuāngpǐn
maquillage

香水
xiāngshuǐ
parfum

护手霜
hùshǒushuāng
crème pour les mains

面霜
miànshuāng
crème pour le visage

口红
kǒuhóng
rouge à lèvres

刷牙
shuāyá
se brosser les dents

洗澡
xǐzǎo
se laver

洗浴
xǐyù
prendre un bain

洗淋浴
xǐ línyù
se doucher

洗头
xǐtóu
se laver les cheveux

梳头
shūtóu
se peigner

擦干
cāgān
se sécher

刮
guā
se raser

化妆
huàzhuāng
se maquiller

擦香水
cā xiāngshuǐ
se parfumer

擦油
cāyóu
se mettre de la crème

🔊 UN PEU DE CONVERSATION

● 你怎么还用香皂洗澡呀？现在都用浴液了！
Nǐ zěnme hái yòng xiāngzào xǐzǎo ya? Xiànzài dōu yòng yùyè le!
Tu te laves encore avec du savon? Mais enfin, aujourd'hui, tout le monde se lave avec du gel douche!

● 洗澡间在那边，你要是想洗手有香皂和毛巾。
Xǐzǎojiān zài nàbiān, nǐ yàoshi xiǎng xǐshǒu yǒu xiāngzào hé máojīn.
La salle de bain est là-bas : si tu veux te laver les mains, il y a du savon et une serviette.

- 现在人们都在家洗淋浴，没人去澡堂泡澡了。
  Xiànzài rénmen dōu zài jiā xǐ línyù, méi rén qù zǎotáng pàozǎo le.
  Maintenant tout le monde se douche chez soi ; plus personne ne va se laver aux bains publics.

- 我去年给我父亲送了一把电动剃须刀。
  Wǒ qùnián gěi wǒ fùqin sòngle yī bǎ diàndòng tìxūdāo.
  J'ai offert un rasoir électrique à mon père l'année dernière.

- 我女朋友喜欢化妆，在家也要涂口红，擦香水。
  Wǒ nǚpéngyou xǐhuan huàzhuāng, zài jiā yě yào tú kǒuhóng, cā xiāngshuǐ.
  Ma petite amie aime se maquiller : elle met du rouge à lèvres et du parfum même à la maison.

- 中国东北冬天很冷，手上必须每天擦护手霜。
  Zhōngguó dōngběi dōngtiān hěn lěng, shǒu shàng bìxū měi tiān cā hùshǒushuāng.
  L'hiver dans le nord-est de la Chine est très froid : il faut se mettre de la crème sur les mains tous les jours.

- 我头发这么短，都不用梳头。
  Wǒ tóufa zhème duǎn, dōu bù yòng shūtóu.
  Mes cheveux sont tellement courts que je n'ai pas besoin de me coiffer.

LES MALADIES ET BLESSURES

病 *bìng* maladie	青 *qīng* (un) bleu	肿 *zhǒng* enfler	流行性感冒 *liúxíngxing gǎnmào* grippe
感染 *chuánrǎn* infection	烫伤 *tàngshāng* brûlure	流血 *liúxiě* saigner	感冒 *gǎnmào* rhume, s'enrhumer
过敏 *guòmǐn* allergie	伤疤 *shāngbā* cicatrice	拉肚子 *lā dùzi* avoir la diarrhée	发烧 *fāshāo* avoir de la fièvre
伤 *shāng* blessure	扭伤 *niǔshāng* entorse	呕吐 *ǒutù* vomir	打喷嚏 *dǎ pēntì* éternuer
蛀牙 *zhùyá* carie	疼, 痛 *téng, tòng* avoir mal	晕过去 *yūn guòqu* s'évanouir	咳嗽 *késou* tousser
疱 *pào* ampoule	受伤 *shòushāng* se blesser	着凉 *zháoliáng* prendre froid	

▸ LE CORPS P. 193

Vocabulaire ▶ Les soins quotidiens et la santé

🔊 Un peu de conversation

- 他这几天过敏,一天到晚打喷嚏。
  Tā zhè jǐ tiān guòmǐn, yī tiān dào wǎn dǎ pēntì.
  Il a de l'allergie ces derniers jours : il éternue tout le temps.

- 我在家里修修弄弄,胳膊上磕了好多青。
  Wǒ zài jiāli xiūxiū nòngnòng, gēbo shàng kēle hǎo duō qīng.
  Je me suis fait des bleus sur les bras en bricolant à la maison.

- 他被蚊子咬了一个包,肿了一大块。
  Tā bèi wénzi yǎole yī ge bāo, zhǒngle yī dà kuài.
  Il s'est fait piquer par un moustique et la piqûre a beaucoup enflé.

- 我昨天踢球的时候受了伤,疼得差点儿晕过去了。
  Wǒ zuótiān tīqiú de shíhou shòule shāng, téng de chàdiǎnr yūn guòqu le.
  Je me suis blessé hier en jouant au football. J'ai eu tellement mal que j'ai failli m'évanouir.

- 我中午吃了海鲜,现在肚子疼。
  Wǒ zhōngwǔ chīle hǎixiān, xiànzài dùzi téng.
  J'ai mangé des fruits de mer à midi et maintenant j'ai mal au ventre.

- 我今天不舒服,可能感冒了。
  Wǒ jīntiān bù shūfu, kěnéng gǎnmào le.
  Je ne me sens pas bien aujourd'hui, j'ai dû attraper un rhume.

- 外边冷,多穿点儿,别着凉。
  Wàibian lěng, duō chuān diǎnr, bié zháoliáng.
  Il fait froid dehors, couvre-toi bien, n'attrape pas froid.

CONSULTATION ET TRAITEMENT

健康
jiànkāng
santé, en bonne santé

病人, 患者
bìngrén, huànzhě
(un) malade

病
bìng
être malade

症状
zhèngzhuàng
symptôme

大夫, 医生
dàifu, yīshēng
médecin

护士
hùshi
infirmier(ère)

医院
yīyuàn
hôpital

急诊
jízhěn
urgences

药店
yàodiàn
pharmacie

药方
yàofāng
ordonnance

药
yào
médicament

开药
kāiyào
faire une ordonnance

吃药
chīyào
prendre des médicaments

丸药
wányào
pilule

药片
yàopiàn
comprimé

创口贴
chuàngkǒutiē
pansement

检查
jiǎnchá
examiner

治病
zhìbìng
soigner

(量) 体温
(liáng) tǐwēn
(prendre la) température

打针
dǎzhēn
faire une piqûre

手术
shǒushù
opération

休息
xiūxi
se reposer

恢复健康
huīfù jiànkāng
se rétablir

痊愈
quányù
guérir

La médecine chinoise

La médecine chinoise (中医 zhōngyī) est fondée sur l'étude du souffle (气 qì), du yin-yang (阴阳 yīnyáng), des cinq éléments (五行 wǔ-xíng) et des viscères (脏腑 zàngfǔ). Ses traitements sont les herbes médicinales (草药 cǎoyào), l'acupuncture (针灸 zhēnjiǔ), les massages (推拿 tuīná), le Daoyin (导引 dǎoyǐn, forme de gymnastique douce) et le travail du souffle (气功 qìgōng). Les médecins traditionnels suivent quatre méthodes (四诊 sìzhěn) pour établir leur diagnostic : inspection (望 wàng), sensation des odeurs et des sons (闻 wén), interrogatoire (问 wèn) et palpation des pouls (切 qiè).

Un peu de conversation

- 我手指破了皮，谁能给我个创口贴？
  Wǒ shǒuzhǐ pòle pí, shéi néng gěi wǒ ge chuāngkǒutiē?
  Je me suis écorché le doigt. Qui a un pansement à me donner ?

- 你等一下出门别忘了替我买药，记得拿上药方。
  Nǐ děng yī xià chūmén bié wàngle tì wǒ mǎi yào, jìde náshàng yàofāng.
  N'oublie pas d'acheter mes médicaments quand tu sors et pense à emporter l'ordonnance.

- 在医院检查身体，要先挂号。
  Zài yīyuàn jiǎnchá shēntǐ, yào xiān guàhào.
  Pour faire des examens à l'hôpital, il faut d'abord s'inscrire en consultation.

- 我爷爷上个星期天病了，我们把他带到了急诊。
  Wǒ yéye shàng ge xīngqītiān bìngle, wǒmen bǎ tā dàidàole jízhěn.
  Mon grand-père est tombé malade dimanche dernier : nous l'avons emmené aux urgences.

- 住院的时候，天天量体温和血压。
  Zhùyuàn de shíhou, tiāntiān liáng tǐwēn hé xuèyā.
  À l'hôpital, on nous prend la température et la tension tous les jours.

- 他的病情恶化了，不能再等，要动手术了。
  Tā de bìngqíng èhuà le, bù néng zài děng, yào dòng shǒushù le.
  Sa maladie a empiré, on ne peut plus attendre, il faut l'opérer.

Mini quiz

1 Comment dit-on « mettre un pansement » ?
2 Traduisez : 你想看中医还是西医？
3 Comment dire « avoir mal » de deux façons différentes ?
4 Cherchez l'intrus : 打喷嚏 dǎ pēntì, 发烧 fāshāo, 咳嗽 késou, 呕吐 ǒutù.
5 Quel est le sens fondamental du verbe 擦 cā que l'on trouve dans 擦香水 cā xiāngshuǐ (se parfumer), 擦油 cāyóu (se mettre de la crème) et 擦干 cāgān (se sécher) ?

Corrigé

1 贴创口贴 tiē chuāngkǒutiē.
2 Vous souhaitez consulter en médecine occidentale ou en médecine chinoise ?
3 疼 téng, 痛 tòng.
4 发烧 fāshāo puisque c'est le seul mot à ne pas contenir le composant de la bouche.
5 Appliquer ou enlever une substance.

5 Les sentiments et les émotions

L'AMOUR, L'AMITIÉ, LA HAINE

爱
ài
amour, aimer

做爱
zuò'ài
faire l'amour

亲热
qīnrè
affectueux

鄙视
bǐshì
mépriser

爱上
àishàng
tomber amoureux

友谊
yǒuyì
amitié

亲密
qīnmì
intime

讨厌
tǎoyàn
détester

一见钟情
yījiànzhōngqíng
coup de foudre

朋友
péngyou
ami

恨
hèn
haïr, haine

厌恶
yànwù
dégoût

约会
yuēhuì
rendez-vous

友好
yǒuhǎo
amical

敌人
dírén
ennemi

嫉妒, 吃醋
jídù, chīcù
jaloux

亲吻
qīnwěn
embrasser

温柔
wēnróu
tendre

怀疑
huáiyí
méfiance

🔊 UN PEU DE CONVERSATION

- 结婚四十年了，李先生和他太太仍很恩爱。
  Jiéhūn sìshí nián le, Lǐ xiānsheng hé tā tàitai réng hěn ēn'ài.
  Après quarante ans de mariage, Monsieur Li et sa femme sont toujours amoureux.

- 你今天真漂亮，是不是要和你男朋友约会啊?
  Nǐ jīntiān zhēn piàoliang, shìbushì yào hé nǐ nánpéngyou yuēhuì a?
  Tu es très belle aujourd'hui! Tu as rendez-vous avec ton copain?

- 你相信一见钟情吗?
  Nǐ xiāngxìn yījiànzhōngqíng ma?
  Crois-tu au coup de foudre?

- 虽然多年不见，他们俩还是亲密无间。
  Suīrán duōnián bùjiàn, tāmen liǎ háishi qīnmìwújiàn.
  Bien qu'ils ne se soient pas vus depuis des années, ils sont toujours très proches.

LA JOIE

| 幸福 xìngfú bonheur | 欢笑 huānxiào rire de bon cœur | 心情好 xīnqíng hǎo bonne humeur | 兴奋 xīngfèn enthousiaste |

| 快乐 kuàilè heureux | 高兴 gāoxìng content | 满意 mǎnyì satisfait | |

| 快乐, 喜悦 kuàilè, xǐyuè joie | 愉快 yúkuài gai | 轻松 qīngsōng détendu | |

Les rires en chinois
Il existe en chinois un très grand nombre de mots pour qualifier le rire, par exemple : rire sarcastique (冷笑 *lěngxiào*), rire jaune (苦笑 *kǔxiào*), rire sous cape (暗笑 *ànxiào*), rire moqueur (嗤笑 *chīxiào*), rire forcé (干笑 *gānxiào*), rire stupide (憨笑 *hānxiào*) ou encore rire insidieux (阴笑 *yīnxiào*).

LA TRISTESSE

| 心情不好 xīnqíng bù hǎo mauvaise humeur | 伤心 shāngxīn peiné | 不幸 bùxìng malheur | 情绪低落 qíngxù dīluò avoir le cafard |

| 忧郁 yōuyù mélancolique | 苦恼 kǔnǎo soucieux | 眼泪 yǎnlèi larmes | 沮丧, 消沉 jǔsàng, xiāochén déprimé |

| 悲伤, 难过 bēishāng, nánguò triste | 悲痛 bēitòng douleur | 哭 kū pleurer | 绝望 juéwàng désespéré |

🔊 Un peu de conversation

- 每天都能发现新奇的事物，这使我感到很兴奋。
  Měi tiān dōu néng fāxiàn xīnqí de shìwù, zhè shǐ wǒ gǎndào hěn xīngfèn.
  Découvrir des choses nouvelles chaque jour, voilà ce qui m'enthousiasme.

- 每次听这首歌，我心情就特别好。
  Měi cì tīng zhè shǒu gē, wǒ xīnqíng jiù tèbié hǎo.
  Chaque fois que j'écoute cette chanson, ça me met de bonne humeur.

- 无聊的时候去外面比待在家里强。
  Wúliáo de shíhou qù wàimian bǐ dāizài jiāli qiáng.
  Quand on s'ennuie, il vaut mieux sortir que de rester à la maison.

- 最近遇到很多烦恼的事情，导致我情绪一直低落。
  Zuìjìn yùdào hěn duō fánnǎo de shìqing, dǎozhì wǒ qíngxù yīzhí dīluò.
  J'ai eu ces derniers temps beaucoup de soucis : ça m'a donné le cafard.

- 今天不顺，真郁闷！
  Jīntiān bù shùn, zhēn yùmèn!
  Aujourd'hui tout va de travers : je n'ai pas le moral !

VOCABULAIRE ▶ Les sentiments et les émotions

LA PEUR, LA COLÈRE, LA SURPRISE

不安
bù'ān
préoccupé

紧张
jǐnzhāng
stress, être stressé

焦虑, 忧虑
jiāolǜ, yōulǜ
anxiété

可怕
kěpà
épouvantable

担心
dānxīn
inquiet

焦急
jiāojí
angoissé

害怕
hàipà
peur, avoir peur (de)

恐怖
kǒngbù
terrifiant

生气, 怒气
shēngqì, nùqì
colère

厌烦
yànfán
agacé

生气
shēngqì
se fâcher

惹怒, 激怒
rěnù, jīnù
exaspérer (qqn)

不满
bùmǎn
mécontent

疯狂
fēngkuáng
furieux

发火, 发怒
fāhuǒ, fānù
s'emporter

冒犯, 得罪
màofàn, dézuì
offenser

惊讶, 吃惊, 诧异
jīngyà, chījīng, chàyì
surpris

意外, 出乎意料
yìwài, chūhū yìliào
inattendu

使人惊奇
shǐrén jīngqí
surprenant, surprendre

使人震惊
shǐrén zhènjīng
ahurissant

惊奇
jīngqí
étonné

使人吃惊
shǐrén chījīng
stupéfiant

难以置信
nányǐzhìxìn
incroyable

🔊 UN PEU DE CONVERSATION

● 昨天晚上看的恐怖电影让我到现在还感到害怕。
Zuótiān wǎnshang kàn de kǒngbù diànyǐng ràng wǒ dào xiànzài hái gǎndào hàipà.
Le film d'horreur que j'ai regardé hier soir me fait encore peur.

● 生气不是好办法。
Shēngqì bù shì hǎo bànfǎ.
Se mettre en colère n'est pas une bonne solution.

● 她脾气特别好，我没见过她发火。
Tā píqi tèbié hǎo, wǒ méi jiànguo tā fāhuǒ.
Elle a très bon caractère : je ne l'ai jamais vue s'énerver.

MINI QUIZ

1 Quel est le composant le plus fréquent dans le vocabulaire des sentiments ?
2 Traduisez : « Il est de mauvaise humeur aujourd'hui. »
3 Comment dire « être surpris » de trois façons différentes ?
4 Traduisez : 有什么得罪的地方，还请您多多包含！

CORRIGÉ

1 Le composant du cœur (心, 忄).
2 他今天心情不好。
3 惊讶 *jīngyà*, 吃惊 *chījīng*, 诧异 *chàyì*.
4 Si je vous ai blessé, je vous demanderai de m'en excuser.

6 Pensée, opinion, croyance

LA PENSÉE

理智 lǐzhì raison	概念 gàiniàn concept	明白, 理解 míngbai, lǐjiě comprendre	显然, 明显 xiǎnrán, míngxiǎn évident
思维 sīwéi raisonnement	思考, 考虑 sīkǎo, kǎolǜ réfléchir	智慧 zhìhuì sagesse	恰当, 贴切 qiàdàng, tiēqiè pertinent
意识 yìshi conscience	想 xiǎng penser	知识, 学问 zhīshi, xuéwen (le) savoir	
思想 sīxiǎng pensée	认为 rènwéi considérer	意思 yìsi sens	
想法 xiǎngfǎ idée	知道 zhīdào savoir	意义 yìyì signification	

La pensée chinoise

Dans l'histoire de la pensée chinoise, trois courants ont joué un rôle majeur : le confucianisme, le taoïsme et le bouddhisme. Le confucianisme (儒家 *rújiā*) s'est développé à partir des *Entretiens de Confucius* (论语 *Lúnyǔ*) attribués au philosophe 孔夫子 *Kǒng Fūzǐ* (551-479 av. J.-C.). Le taoïsme (道家 *dàojiā*), développé sous la dynastie Han (202 av. J.-C.-220 ap. J.-C.), se fonde sur des textes comme le *Canon de la voie et de la vertu* (道德经 *Dàodéjīng*) et le *Zhuangzi* (庄子 *Zhuāngzǐ*). Le bouddhisme (佛家 *fójiā*), apparu en Inde au Ve siècle av. J.-C., est arrivé en Chine au milieu du Ier siècle ap. J.-C.

UN PEU DE CONVERSATION

- 这个问题我思考了两天仍没想出答案。
Zhè ge wèntí wǒ sīkǎole liǎng tiān réng méi xiǎngchū dá'àn.
J'ai réfléchi à cette question pendant deux jours sans trouver de solution.

- 你还没有意识到问题的重要性。
Nǐ hái méiyǒu yìshi dào wèntí de zhòngyàoxìng.
Tu n'es toujours pas conscient de la gravité du problème.

- 别着急回答，还是再好好考虑一下吧！
Bié zháojí huídá, háishi zài hǎohāo kǎolǜ yī xià ba!
Ne réponds pas trop vite, réfléchis encore un peu!

VOCABULAIRE ▶ Pensée, opinion, croyance

- 有些父母总认为自己的孩子最聪明。
  Yǒu xiē fùmǔ zǒng rènwéi zìjǐ de háizi zuì cōngming.
  Pour certains parents, ce sont toujours leurs enfants les plus intelligents.

- 我爷爷很有学问，他了解很多中国的思想家。
  Wǒ yéye hěn yǒu xuéwen, tā liǎojiě hěn duō Zhōngguó de sīxiǎngjiā.
  Mon grand-père est très cultivé, il connaît beaucoup de penseurs chinois.

- 发生了什么事情让他突然间失去理智？
  Fāshēngle shénme shìqing ràng tā tūránjiān shīqù lǐzhì?
  Que s'est-il passé pour qu'il perde subitement la raison ?

L'OPINION

判断 pànduàn juger	论据 lùnjù argument	错 cuò avoir tort	议论 yìlùn discuter
认为, 觉得 rènwéi, juéde estimer	观点, 看法 guāndiǎn, kànfǎ opinion	同意 tóngyì être d'accord	说服 shuōfú convaincre
肯定 kěndìng affirmer	意见 yìjiàn avis	反对 fǎnduì s'opposer à	劝 quàn persuader
猜想 cāixiǎng supposer	成见 chéngjiàn préjugé	支持 zhīchí soutenir	根据 gēnjù fondement
怀疑 huáiyí douter	对 duì avoir raison	辩论 biànlùn débattre	总结 zǒngjié conclusion

L'IMAGINATION, LE SOUVENIR

想象 xiǎngxiàng imaginer	发明 fāmíng inventer	提醒 tíxǐng rappeler (qqch. à qqn)	回忆 huíyì se souvenir de
想象力 xiǎngxiànglì imagination	记忆力, 记性 jìyìlì, jìxing mémoire	记起 jìqǐ se rappeler (qqch.)	忘记 wàngjì oublier

UN PEU DE CONVERSATION

- 我和他谈的时候你没帮我说话。
  Wǒ hé tā tán de shíhou nǐ méi bāng wǒ shuōhuà.
  Tu ne m'as pas soutenu lorsque j'ai discuté avec lui.

- 这起官员贪污事件，在社会上引起广泛议论。
  Zhè qǐ guānyuán tānwū shìjiàn, zài shèhuì shàng yǐnqǐ guǎngfàn yìlùn.
  Cette affaire de corruption de fonctionnaires a provoqué un grand débat dans la société.

- 要想说服我，你得拿出根据。
  Yào xiǎng shuōfú wǒ, nǐ děi náchū gēnjù.
  Si tu veux me convaincre, il faut me donner des arguments.

- 老王在这个问题上非常固执，谁都说服不了他。
  Lǎo Wáng zài zhè ge wèntí shàng fēicháng gùzhí, shéi dōu shuōfú bu liǎo tā.
  Lao Wang est très borné sur ce sujet, personne ne peut le convaincre.

- 学习绘画培养儿童的想象力。
  Xuéxí huìhuà péiyǎng értóng de xiǎngxiànglì.
  Apprendre à dessiner développe l'imagination des enfants.

- 这些照片勾起我对去年假期的美好回忆。
  Zhè xiē zhàopiàn gōuqǐ wǒ duì qùnián jiàqī de měihǎo huíyì.
  Ces photos me rappellent de jolis souvenirs de mes vacances de l'année dernière.

- 下星期开会我怕忘记，你记得提醒我！
  Xià xīngqī kāihuì wǒ pà wàngjì, nǐ jìde tíxǐng wǒ!
  J'ai peur d'oublier la réunion de la semaine prochaine. N'oublie pas de me la rappeler !

LA CROYANCE

相信 *xiāngxìn* croire	灵魂 *línghún* âme	无神论 *wúshénlùn* athéisme	寺庙 *sìmiào* temple
信仰 *xìnyǎng* croyance	上帝 *shàngdì* dieu	佛教 *fójiào* bouddhisme	清真寺 *qīngzhēnsì* mosquée
信徒 *xìntú* (un) fidèle	天堂 *tiāntáng* paradis	基督教 *jīdūjiào* christianisme	犹太教堂 *yóutài jiàotáng* synagogue
虔诚 *qiánchéng* fervent	天使 *tiānshǐ* ange	伊斯兰教 *yīsīlánjiào* islam	
宗教 *zōngjiào* religion	地狱 *dìyù* enfer	犹太教 *yóutàijiào* judaïsme	
祈祷 *qídǎo* prier	魔鬼 *móguǐ* démon	教堂 *jiàotáng* église	

Un peu de conversation

- 我信天主教。你呢，你信教吗？- 不信教。
  Wǒ xìn tiānzhǔjiào. Nǐ ne, nǐ xìnjiào ma? – Bù xìnjiào.
  Je suis catholique. Et toi, tu as une religion ? – Non.

- 小王很虔诚，吃饭前总会做祈祷。
  Xiǎo Wáng hěn qiánchéng, chīfàn qián zǒng huì zuò qídǎo.
  Xiao Wang est très croyant, il fait toujours sa prière avant de manger.

VOCABULAIRE ▶ Pensée, opinion, croyance

- 这个人做了太多坏事，死后要下地狱的！
  Zhè ge rén zuòle tài duō huàishì, sǐ hòu yào xià dìyù de!
  Ce type fait beaucoup de mal. Il va aller tout droit en enfer!

- 我奶奶信佛，她吃素。
  Wǒ nǎinai xìn fó, tā chīsù.
  Ma grand-mère est bouddhiste; elle est végétarienne.

- 北京的牛街上有一座古老的清真寺。
  Běijīng de Niújiē shàng yǒu yī zuò gǔlǎo de qīngzhēnsì.
  Il y a une vieille mosquée dans la rue Niu à Pékin.

MINI QUIZ

1 Complétez la phrase : 幸亏你……我，不然我真把这件事给忘了。
2 Traduisez : 他对你有意见。
3 Traduisez : 她对你有意思。
4 Quelle est la différence entre 有意思 *yǒuyìsi* et 有意义 *yǒuyìyi* ?
5 Si un « catholique » se dit 天主教徒 *tiānzhǔjiàotú*, comment appelle-t-on un « bouddhiste » ?

CORRIGÉ
1 幸亏你提醒我，不然我真把这件事给忘了。
2 Il a des griefs contre toi. 意见 : (1) opinion, (2) grief.
3 Elle a un faible pour toi. 有意思 : (1) être intéressant, (2) avoir un faible pour quelqu'un.
4 有意思 signifie « être intéressant », 有意义 signifie « avoir du sens ».
5 佛教徒 *fójiàotú*.

7 La nourriture

LES FÉCULENTS

米饭
mǐfàn
riz

饼
bǐng
galette

馒头
mántou
pain cuit à la vapeur

粥
zhōu
bouillie de riz

面条
miàntiáo
nouilles

面包
miànbāo
pain

LA VIANDE ET LES ŒUFS

肉
ròu
viande

火腿肠
huǒtuǐcháng
saucisse de jambon

鸭肉
yāròu
canard

茶叶蛋
cháyèdàn
œuf au thé

猪肉
zhūròu
porc

牛肉
niúròu
bœuf

蛋
dàn
œuf

松花蛋, 皮蛋
sōnghuādàn, pídàn
œuf de cent ans

火腿
huǒtuǐ
jambon

羊肉
yángròu
mouton

炒鸡蛋
chǎo jīdàn
omelette

咸蛋
xiándàn
œuf salé

香肠
xiāngcháng
saucisse, saucisson

鸡肉
jīròu
poulet

荷包蛋
hébāodàn
œuf au plat

▶ LA CUISINE ET LES REPAS P. 213

🔊 UN PEU DE CONVERSATION

● 在宁夏，回族人多，很少人吃猪肉。
Zài Níngxià, Huízúrén duō, hěn shǎo rén chī zhūròu.
Dans le Ningxia, les Huis [communauté musulmane] sont très nombreux, on y mange peu de porc.

● 我特别喜欢吃新疆的羊肉串。
Wǒ tèbié xǐhuan chī Xīnjiāng de yángròuchuàn.
J'adore les brochettes de mouton du Xinjiang.

VOCABULAIRE ▶ La nourriture

- 我们点一个凉菜吧！你看皮蛋豆腐怎么样？
  Wǒmen diǎn yī ge liángcài ba! Nǐ kàn pídàn dòufu zěnmeyàng?
  Commandons un plat froid ! Le tofu aux œufs de cent ans, ça te va ?

- 白粥就着咸鸭蛋吃最好吃了。
  Báizhōu jiùzhe xiányādàn chī zuì hǎochī le.
  Manger de la bouillie de riz avec des œufs salés de cane, c'est ce qu'il y a de meilleur.

LES POISSONS ET FRUITS DE MER

鱼 *yú* poisson	鳎鱼 *tǎyú* sole	海鲜 *hǎixiān* fruits de mer	螃蟹 *pángxiè* crabe
鳝鱼 *shànyú* anguille	鳟鱼 *zūnyú* truite	鱿鱼 *yóuyú* calamar	生蚝 *shēngháo* huître
沙丁鱼 *shādīngyú* sardine	三文鱼 *sānwényú* saumon	虾 *xiā* crevette	
金枪鱼 *jīnqiāngyú* thon	鲤鱼 *lǐyú* carpe	龙虾 *lóngxiā* homard	

UN PEU DE CONVERSATION

- 除夕晚上的年夜饭，一定要吃鱼。
  Chúxī wǎnshang de niányèfàn, yīdìng yào chīyú.
  La veille au soir du Nouvel an, il faut absolument manger du poisson.

- 现在三文鱼和鳟鱼，哪一种比较贵？
  Xiànzài sānwényú hé zūnyú, nǎ yī zhǒng bǐjiào guì?
  Quel est le poisson le plus cher en ce moment, le saumon ou la truite ?

- 我们周末去青岛，我请你吃海鲜。
  Wǒmen zhōumò qù Qīngdǎo, wǒ qǐng nǐ chī hǎixiān.
  Allons à Qingdao ce week-end : je t'invite à manger des fruits de mer.

- 我妈妈去菜市场，买回来了几只很新鲜的螃蟹。
  Wǒ māma qù càishìchǎng, mǎi huílaile jǐ zhī hěn xīnxiān de pángxiè.
  Ma mère est allée au marché et a rapporté des crabes bien frais.

La symbolique de la nourriture

Un certain nombre d'aliments de la cuisine chinoise possèdent une symbolique très particulière, liée à des événements ou à des fêtes traditionnelles. Par exemple, lors du repas de Nouvel an, on mange du poisson (鱼 *yú*) dont la prononciation est la même que celle de 余 dans l'expression 年年有余 *niánniányǒuyú* (avoir du surplus chaque année). Le soir de la fête des Lanternes (première pleine lune de la nouvelle année), on mange des boulettes de riz gluant (汤圆 *tāngyuán*) car elles ressemblent par leur forme et leur couleur à la lune et symbolisent l'unité de la famille réunie pour cette occasion. Enfin, lors d'un repas d'anniversaire, il est d'usage de manger des nouilles, dont la longueur est symbole de longévité.

LES LÉGUMES

蔬菜 shūcài légumes	芹菜 qíncài céleri	西红柿 xīhóngshì tomate	豌豆 wāndòu pois
韭菜 jiǔcài ciboule chinoise	生菜 shēngcài salade	青椒 qīngjiāo poivron	蘑菇 mógu champignon
白菜 báicài chou chinois	土豆 tǔdòu pomme de terre	黄瓜 huánggua concombre	花生米 huāshēngmǐ cacahouète
西蓝花 xīlánhuā brocoli	胡萝卜 húluóbo carotte	豆角 dòujiāo haricot vert	笋 sǔn bambou
菠菜 bōcài épinards	茄子 qiézi aubergine	豆芽 dòuyá germe de soja	藕 ǒu racine de lotus

LES FRUITS

桃 táo pêche	梨 lí poire	橙子 chéngzi orange	香蕉 xiāngjiāo banane
杏儿 xìngr abricot	葡萄 pútao raisin	猕猴桃 míhóutáo kiwi	荔枝 lìzhī litchi
樱桃 yīngtáo cerise	草莓 cǎoméi fraise	西瓜 xīguā pastèque	菠萝 bōluó ananas
枣儿 zǎor jujube	橘子 júzi mandarine	香瓜 xiāngguā melon	柿子 shìzi kaki
苹果 píngguǒ pomme	柠檬 níngméng citron	芒果 mángguǒ mangue	

Un peu de conversation

- 我的孩子不喜欢吃白菜馅的饺子。
  Wǒ de háizi bù xǐhuan chī báicàixiàn de jiǎozi.
  Mes enfants n'aiment pas les raviolis au chou chinois.

- 听说山东的苹果很好吃。
  Tīngshuō Shāndōng de píngguǒ hěn hǎochī.
  Il paraît que les pommes du Shandong sont très bonnes.

VOCABULAIRE ▶ La nourriture

- 中国人很喜欢吃西瓜，北京就有一家西瓜博物馆。
  Zhōngguórén hěn xǐhuan chī xīguā, Běijīng jiù yǒu yī jiā xīguā bówùguǎn.
  Les Chinois adorent la pastèque ; il y a même un musée de la pastèque à Pékin.
- 广东省产荔枝和菠萝。
  Guǎngdōng Shěng chǎn lìzhī hé bōluó.
  La province de Guangdong produit des litchis et des ananas.

LES PRODUITS LAITIERS ET À BASE DE SOJA

牛奶 *niúnǎi* lait	酸奶 *suānnǎi* yaourt	豆浆 *dòujiāng* lait de soja	豆腐脑 *dòufunǎo* fromage de soja en gelée
黄油 *huángyóu* beurre	奶酪 *nǎilào* fromage	豆腐 *dòufu* tofu	豆腐干 *dòufugān* fromage de soja séché
奶油 *nǎiyóu* crème	冰淇淋 *bīngqílín* glace	豆腐乳 *dòufurǔ* pâte de soja	

LES INGRÉDIENTS ET CONDIMENTS

调料 *tiáoliào* condiment	麻油 *máyóu* huile de sésame	辣椒 *làjiāo* piment	甜 *tián* sucré
盐 *yán* sel	味精 *wèijīng* glutamate	葱 *cōng* ciboulette	苦 *kǔ* amer
糖 *táng* sucre	淀粉 *diànfěn* fécule	(生)姜 *(shēng) jiāng* gingembre	辣 *là* pimenté
醋 *cù* vinaigre	胡椒 *hújiāo* poivre	(大)蒜 *(dà) suàn* ail	咸 *xián* salé
酱油 *jiàngyóu* sauce de soja	花椒 *huājiāo* poivre du Sichuan	洋葱 *yángcōng* oignon	酸 *suān* acide

UN PEU DE CONVERSATION

- 你尝过绿豆冰淇淋吗？
  Nǐ chángguo lǜdòu bīngqílín ma?
  As-tu déjà goûté la glace aux haricots mungo ?
- 街上的臭豆腐摊儿很远就闻得到。
  Jiēshang de chòudòufu tānr hěn yuǎn jiù wén de dào.
  Dans la rue, on peut sentir de loin les étals qui vendent du tofu puant.

- 这家饭馆的厨师菜里放味精放得太多，渴死我了。
  Zhè jiā fànguǎn de chúshī cài lǐ fàng wèijīng fàng de tài duō, kěsǐ wǒ le.
  Le cuisinier de ce restaurant met trop de glutamate dans ses plats, je suis mort de soif.

- 湖南人和四川人都特别能吃辣。
  Húnánrén hé Sìchuānrén dōu tèbié néng chī là.
  Les gens du Hunan et du Sichuan mangent très pimenté.

LES BOISSONS

饮料 yǐnliào boisson	果汁 guǒzhī jus de fruit	牛奶 niúnǎi lait	啤酒 píjiǔ bière
矿泉水 kuàngquánshuǐ eau minérale	咖啡 kāfēi café	奶茶 nǎichá thé au lait	葡萄酒 pútaojiǔ vin
可口可乐 kěkǒukělè Coca-Cola	茶 chá thé	白酒 báijiǔ alcool de riz	

Un peu de conversation

- 你想喝酒还是饮料？ — 我喝水就行了。
  Nǐ xiǎng hē jiǔ háishi yǐnliào? – Wǒ hē shuǐ jiù xíng le.
  Veux-tu boire de l'alcool ou autre chose ? – Je prendrai tout simplement de l'eau.

- 我们有橙汁、苹果汁和西瓜汁。您要哪种？
  Wǒmen yǒu chéngzhī, píngguǒzhī hé xīguāzhī. Nín yào nǎ zhǒng?
  Nous avons du jus d'orange, de pomme et de pastèque. Que désirez-vous ?

- 我在中国的时候发现中国人喝茶从不加糖。
  Wǒ zài Zhōngguó de shíhou fāxiàn Zhōngguórén hē chá cóng bù jiā táng.
  En Chine, j'ai remarqué que les Chinois ne sucrent jamais leur thé.

- 青岛啤酒是中国最有知名度的啤酒之一。
  Qīngdǎo píjiǔ shì Zhōngguó zuì yǒu zhīmíngdù de píjiǔ zhīyī.
  Qingdao est une des marques de bière chinoise les plus connues.

Mini quiz

1 Citez trois produits à base de soja.
2 Quels sont les deux composants les plus fréquents dans les noms de fruits ?
3 Comment s'appelle le « lait » végétal que consomment les Chinois ?
4 Si « vin » se dit 葡萄酒 pútaojiǔ, comment dire « vin rouge » et « vin blanc » ?

CORRIGÉ
1 豆浆 dòujiāng, 豆腐脑 dòufunǎo, 豆腐干 dòufugān.
2 Les composants du bois (木) et de l'herbe (艹).
3 Lait de soja : 豆浆 dòujiāng.
4 Vin rouge : 红葡萄酒 hóngpútaojiǔ, Vin blanc : 白葡萄酒 báipútaojiǔ.

8 La cuisine et les repas

LA CUISINE

厨房
chúfáng
cuisine

菜谱
càipǔ
recette

菜刀
càidāo
couteau de cuisine

碗
wǎn
bol

汤勺
tāngsháo
louche

平底锅
píngdǐguō
poêle à frire

炒锅
chǎoguō
wok

锅盖
guōgài
couvercle

蒸笼
zhēnglóng
panier vapeur

电饭煲
diànfànbāo
cuiseur de riz

茶壶
cháhú
théière

暖水瓶
nuǎnshuǐpíng
thermos

瓶子
píngzi
bouteille

塞子
sāizi
bouchon

电热水壶
diànrèshuǐhú
bouilloire électrique

做饭
zuòfàn
cuisiner

削
xiāo
peler

剥
bāo
éplucher

切
qiē
couper

倒
dào
verser

搅拌
jiǎobàn
mélanger

炒
chǎo
faire sauter

炸
zhá
frire

煎
jiān
poêler

蒸
zhēng
cuire à la vapeur

煮
zhǔ
faire bouillir

炖
dùn
faire mijoter

烤
kǎo
faire griller

▶ La nourriture p. 208
▶ La maison p. 216

🔊 Un peu de conversation

- 老公，别在电视前面傻呆着，快来帮我做饭！
  Lǎogōng, bié zài diànshì qiánmian shǎ dāizhe, kuài lái bāng wǒ zuòfàn!
  Chéri, ne reste pas planté devant la télé, viens m'aider à faire la cuisine!

- 我这把菜刀一点儿都不快，根本切不动肉。
  Wǒ zhè bǎ càidāo yī diǎnr dōu bù kuài, gēnběn qiē bu dòng ròu.
  Mon couteau de cuisine est mal aiguisé : je n'arrive pas du tout à découper la viande.

- 用微波炉热一下米饭吧，打两分钟就可以。
  Yòng wēibōlú rè yī xià mǐfàn ba, dǎ liǎng fēnzhōng jiù kěyǐ.
  Fais réchauffer le riz au four à micro-ondes ; deux minutes suffisent.

- 炒茄子之前别忘了用葱、蒜和姜炝锅。
  Chǎo qiézi zhīqián bié wàngle yòng cōng, suàn hé jiāng qiàngguō.
  Avant de faire sauter des aubergines, n'oublie pas de faire revenir de la ciboulette, de l'ail et du gingembre.

- 你把肉切成丁，把豆腐干切成丝，小火煮半小时就好了。
  Nǐ bǎ ròu qiēchéng dīng, bǎ dòufugān qiēchéng sī, xiǎohuǒ zhǔ bàn xiǎoshí jiù hǎo le.
  Coupe la viande en cubes, le tofu séché en lamelles ; fais cuire à feu doux une demi-heure et c'est prêt.

- 这鸡汤我炖了两个小时呢，你再喝点。
  Zhè jītāng wǒ dùnle liǎng ge xiǎoshí ne, nǐ zài hē diǎn.
  J'ai fait mijoter cette soupe de poulet pendant deux heures. Ressers-toi.

LES REPAS

早饭 *zǎofàn* petit déjeuner	桌布 *zhuōbù* nappe	盘子 *pánzi* assiette	甜食 *tiánshí* dessert
午饭 *wǔfàn* déjeuner	餐巾 *cānjīn* serviette	杯子 *bēizi* verre, tasse	菜单 *càidān* menu
晚饭 *wǎnfàn* dîner	餐具 *cānjù* couverts	一份菜 *yī fèn cài* un plat	点菜 *diǎncài* commander
宵夜 *xiāoyè* souper	筷子 *kuàizi* baguettes	凉菜 *liángcài* entrée	餐馆, 饭店 *cānguǎn, fàndiàn* restaurant
野餐 *yěcān* pique-nique	叉子 *chāzi* fourchette	热菜 *rècài* plat chaud	快餐 *kuàicān* fast-food
餐桌 *cānzhuō* table	碟子 *diézi* petite assiette	汤 *tāng* soupe	自助餐 *zìzhùcān* buffet

Les plats

Tous les plats du repas sont posés sur la table et mis à la disposition de chacun. On distingue les plats froids, les plats chauds et les soupes. Les plats froids précèdent les plats chauds, la soupe est servie en début ou en fin de repas selon les régions, les plats chauds sont servis sans distinction chronologique entre eux. La qualité d'un plat se juge sur cinq critères : sa couleur (色 *sè*), son odeur (香 *xiāng*), son goût (味 *wèi*), sa signification (意 *yì*) et sa forme (形 *xíng*). La cuisine chinoise accorde une place importante aux aliments de base (主食 *zhǔshí*), confectionnés au nord du pays à partir de blé et au sud à partir de riz ; ils accompagnent chaque repas.

VOCABULAIRE ▸ La cuisine et les repas   **8**

Un peu de conversation

- 你把碗筷放哪儿了？
  Nǐ bǎ wǎnkuài fàng nǎr le ?
  Où as-tu mis les bols et les baguettes ?

- 给客人们倒点儿喝的，剥橘子。
  Gěi kèrenmen dào diǎnr hē de, bāo júzi.
  Donne à boire aux invités et épluche-leur des mandarines.

- 大家饿了，动筷子吧!
  Dàjiā è le, dòng kuàizi ba !
  Tout le monde a faim, commençons à manger !

- 公司没有食堂，我只好天天中午吃快餐。
  Gōngsī méiyǒu shítáng, wǒ zhǐhǎo tiāntiān zhōngwǔ chī kuàicān.
  Il n'y a pas de cantine dans l'entreprise, je dois déjeuner au fast-food tous les midis.

- 广东人爱饭前喝汤。
  Guǎngdōngrén ài fàn qián hē tāng.
  Les Cantonnais aiment commencer le repas par une soupe.

- 你把剩菜放在冰箱里吧，我们明天再吃完。
  Nǐ bǎ shèngcài fàngzài bīngxiāng lǐ ba, wǒmen míngtiān zài chīwán.
  Mets les restes dans le frigo, nous les finirons demain.

- 我们明天中午在家里吃饭还是上饭馆吃？
  Wǒmen míngtiān zhōngwǔ zài jiāli chīfàn háishi shàng fànguǎn chī?
  Demain on déjeune à la maison ou au restaurant ?

- 看一下菜单，今天你点菜好不好？
  Kàn yī xià càidān, jīntiān nǐ diǎncài hǎo bù hǎo?
  Regarde la carte : aujourd'hui, c'est toi qui commandes.

- 趁外面天气好，咱们去郊外野餐吧!
  Chèn wàimian tiānqì hǎo, zánmen qù jiāowài yěcān ba !
  Profitons du beau temps, allons pique-niquer à la campagne.

Mini quiz

1 Citez trois modes de cuisson.
2 Traduisez : 四川人不怕辣，江西人辣不怕，湖南人怕不辣。
3 Dans le nord de la Chine, à quel moment du repas mange-t-on de la soupe ?
4 Retrouvez les quatre saveurs dans l'expression : 生活中的酸甜苦辣
   shēnghuó zhōng de suāntiánkǔlà.
5 Quel est le composant le plus courant dans le vocabulaire de la cuisson ?

Corrigé

1 炒 *chǎo*, 炸 *zhá*, 煎 *jiān*, 蒸 *zhēng*, 煮 *zhǔ*, 炖 *dùn*, 烤 *kǎo*.
2 Les gens du Sichuan n'ont pas peur de manger pimenté, on ne peut effrayer les gens du Jiangxi avec du piment, les gens du Hunan ont peur de manger non pimenté.
3 En fin de repas.
4 酸 *suān* (acide), 甜 *tián* (sucré), 苦 *kǔ* (amer), 辣 *là* (pimenté). L'expression signifie « les vicissitudes de la vie ».
5 Le composant du feu : 火 et 灬.

9 La maison

L'HABITAT

家里 jiāli chez soi	套房 tàofáng appartement	购买 gòumǎi acheter	租 zū louer
房子 fángzi maison	公寓 gōngyù immeuble	租户 zūhù locataire	搬家 bānjiā déménager
别墅 biéshù pavillon	房东 fángdōng propriétaire	房租 fángzū loyer	装修 zhuāngxiū faire des travaux

LES PARTIES DE LA MAISON

门 mén porte	阁楼 gélóu grenier	地下室 dìxiàshì sous-sol	卧室 wòshì chambre
门铃 ménlíng sonnette	阳台 yángtái terrasse	房间 fángjiān pièce	书房 shūfáng bureau
信箱 xìnxiāng boîte aux lettres	楼梯 lóutī escalier	走廊 zǒuláng couloir	厨房 chúfáng cuisine
花园 huāyuán jardin	窗户 chuānghu fenêtre	起居室 qǐjūshì salon	浴室 yùshì salle de bain
入口 rùkǒu entrée	车库 chēkù garage	客厅 kètīng salle de réception	厕所, 卫生间 cèsuǒ, wèishēngjiān toilettes

L'habitat traditionnel

Les maisons traditionnelles chinoises sont très diverses de matériaux et de formes. Les 四合院 sìhéyuàn, maisons à cours carrées, sont répandues dans le nord de la Chine. Les 四水归堂 sìshuǐguītáng, maisons à petite cour intérieure, sont répandues dans la région de Shanghai. Les 大土楼 dàtǔlóu, maisons rondes à étages, sont caractéristiques des Hakkas du Fujian. Les 吊脚楼 diàojiǎolóu, maisons en bois sur pilotis, sont fréquentes dans le sud-ouest et il existe encore des habitations troglodytiques dans l'ouest du pays.

Vocabulaire ▸ La maison

Un peu de conversation

- 我们下个月要搬到昌平区的一栋别墅里。
  Wǒmen xià ge yuè yào bāndào Chāngpíngqū de yī dòng biéshù lǐ.
  On déménage le mois prochain dans un pavillon dans le quartier de Changping.

- 记得带上钥匙，把门锁好。
  Jìde dàishang yàoshi, bǎ mén suǒhǎo.
  N'oublie pas de prendre les clefs et de bien fermer la porte.

- 我敲了一会儿门，可是没人答应。
  Wǒ qiāole yī huìr mén, kěshì méi rén dāying.
  J'ai frappé longtemps à la porte mais personne n'a répondu.

- 你家的门铃有点吓人，跟拉警报似的！
  Nǐ jiā de ménlíng yǒudiǎn xiàrén, gēn lā jǐngbào shìde!
  La sonnette de ta maison fait un peu peur : elle fait autant de bruit qu'une alarme !

- 别在楼梯里乱放东西，我差点儿摔了一跟头。
  Bié zài lóutī lǐ luàn fàng dōngxi, wǒ chàdiǎnr shuāile yī gēntou.
  Ne mets pas tes affaires n'importe où dans l'escalier, j'ai failli tomber.

- 书房在卧室的隔壁。
  Shūfáng zài wòshì de gébì.
  Le bureau est à côté de la chambre.

- 他们家浴室和我的客厅一样大！
  Tāmen jiā yùshì hé wǒ de kètīng yīyàng dà!
  Leur salle de bain est aussi grande que mon salon !

LE MOBILIER

家具 *jiājù* meuble	凳子 *dèngzi* tabouret	书架 *shūjià* étagère	洗手池 *xǐshǒuchí* lavabo
床 *chuáng* lit	镜子 *jìngzi* miroir	窗帘 *chuānglián* rideaux	淋浴器 *línyùqì* douche
被子 *bèizi* couverture	衣柜 *yīguì* armoire	地毯 *dìtǎn* tapis	浴缸 *yùgāng* baignoire
枕头 *zhěntou* oreiller	柜子 *guìzi* placard	沙发 *shāfā* sofa	
椅子 *yǐzi* chaise	书桌 *shūzhuō* bureau	茶几 *chájī* table basse	
桌子 *zhuōzi* table	台灯 *táidēng* lampe de bureau	烟灰缸 *yānhuīgāng* cendrier	

L'ÉQUIPEMENT

电器
diànqì
appareil électroménager

冰箱
bīngxiāng
réfrigérateur

煤气灶
méiqìzào
cuisinière à gaz

烤箱
kǎoxiāng
four

微波炉
wēibōlú
four à micro-ondes

洗衣机
xǐyījī
lave-linge

洗碗机
xǐwǎnjī
lave-vaisselle

吸尘器
xīchénqì
aspirateur

扫帚, 扫把
sàozhou, sàobǎ
balai

抹布
mābù
chiffon

垃圾桶
lājītǒng
poubelle

收音机
shōuyīnjī
radio

电视机
diànshìjī
télévision

录像机
lùxiàngjī
magnétoscope

DVD 机
DVD jī
lecteur DVD

电脑
diànnǎo
ordinateur

遥控器
yáokòngqì
télécommande

空调
kōngtiáo
climatisation

▸ LA CUISINE P. 213

LES FORMES, LES COULEURS, LES MATIÈRES

面
miàn
surface

圆
yuán
cercle, rond

三角形
sānjiǎoxíng
triangle, triangulaire

方形
fāngxíng
carré

长方形
chángfāngxíng
rectangle, rectangulaire

沿, 边
yán, biān
bord

竖
shù
vertical

横
héng
horizontal

歪
wāi
de travers

黑色
hēisè
noir

白色
báisè
blanc

红色
hóngsè
rouge

蓝色
lánsè
bleu

绿色
lǜsè
vert

黄色
huángsè
jaune

灰色
huīsè
gris

深
shēn
foncé

浅
qiǎn
clair

石头
shítou
pierre

木头
mùtou
bois

玻璃
bōli
verre

塑料
sùliào
plastique

钢铁
gāngtiě
acier

水泥
shuǐní
béton

VOCABULAIRE ▶ La maison

UN PEU DE CONVERSATION

- 我想在茶几下铺张地毯，你觉得怎么样？
  Wǒ xiǎng zài chájī xià pū zhāng dìtǎn, nǐ juéde zěnmeyàng?
  Je voudrais mettre un tapis sous la table à thé. Qu'en penses-tu ?

- 我想买张大书桌，但怕我家的门太小，搬不进去。
  Wǒ xiǎng mǎi zhāng dà shūzhuō, dàn pà wǒ jiā de mén tài xiǎo, bān bu jìnqu.
  J'aimerais acheter un grand bureau, mais la porte est étroite : j'ai peur qu'il ne passe pas.

- 每天都有那么多餐具要洗，要是有洗碗机就好了。
  Měi tiān dōu yǒu nàme duō cānjù yào xǐ, yàoshi yǒu xǐwǎnjī jiù hǎo le.
  Il y a tellement de couverts à laver chaque jour ! Ce serait bien d'avoir un lave-vaisselle.

- 洗衣机坏了，要找人修。
  Xǐyījī huài le, yào zhǎo rén xiū.
  Le lave-linge est en panne ; il faut trouver quelqu'un pour le réparer.

- 广州夏天实在太热了，幸好我们有空调。
  Guǎngzhōu xiàtiān shízài tài rè le, xìnghǎo wǒmen yǒu kōngtiáo.
  Il fait vraiment chaud à Canton en été ; heureusement qu'on a la climatisation.

- 我们家那栋楼很好认，是红色砖楼。
  Wǒmen jiā nà dòng lóu hěn hǎo rèn, shì hóngsè zhuānlóu.
  Notre immeuble est facile à reconnaître : il est en briques rouges.

- 这幅画挂歪了，把它扶正一些。
  Zhè fú huà guàwāi le, bǎ tā fúzhèng yī xiē.
  Ce tableau n'est pas droit, redresse-le un peu.

- 房间是漆成紫色还是棕色我还没想好。
  Fángjiān shì qīchéng zǐsè háishi zōngsè wǒ hái méi xiǎnghǎo.
  Je n'ai pas encore décidé si j'allais peindre la pièce en violet ou en marron.

- 配我家的家具，买玻璃的餐具好，还是陶瓷的好？
  Pèi wǒ jiā de jiājù, mǎi bōli de cānjù hǎo, háishi táocí de hǎo?
  Pour aller avec mes meubles, c'est mieux d'acheter un service en verre ou en porcelaine ?

MINI QUIZ

1 Traduisez : « Le tableau est accroché de travers. »
2 Traduisez : 锁锁了。
3 Quels suffixes servent souvent à former les noms des pièces de la maison ?
4 Comment dites-vous « vert clair » et « vert foncé » ?

CORRIGÉ
1 画儿挂歪了。
2 La porte est fermée à clef.
3 间 *jiān*, 室 *shì*, 厅 *tīng*, 所 *suǒ*.
4 Vert clair : 浅绿色 *qiǎnlǜsè*, vert foncé : 深绿色 *shēnlǜsè*.

10 Les courses

你们这儿可以刷卡吗？

ALLER DANS LES MAGASINS

购物
gòuwù
faire des courses

商店
shāngdiàn
magasin

百货商场
bǎihuò shāngchǎng
grand magasin

摊儿
tānr
étal

橱窗
chúchuāng
vitrine

牌子
páizi
marque

售货员
shòuhuòyuán
vendeur

卖
mài
vendre

包装
bāozhuāng
emballage

送货
sònghuò
livrer

顾客
gùkè
client

消费
xiāofèi
consommer

购物车
gòuwùchē
chariot

收银台
shōuyíntái
caisse

买
mǎi
acheter

花
huā
dépenser

讨价还价, 讲价
tǎojiàhuánjià, jiǎngjià
marchander

大减价
dàjiǎnjià
soldes

打折
dǎzhé
faire une remise

付现金
fù xiànjīn
payer en espèces

付支票
fù zhīpiào
payer par chèque

刷卡
shuākǎ
payer par carte bancaire

在线订购
zàixiàn dìngdān
commander en ligne

贵
guì
cher

便宜
piányi
bon marché

免费
miǎnfèi
gratuit

▸ Les voyages p. 226
▸ L'espace urbain p. 242

Un peu de conversation

● 你逛了一下午商店但什么都没买？
Nǐ guàngle yī xiàwǔ shāngdiàn dàn shénme dōu méi mǎi ?
Tu as fait les magasins tout l'après-midi et tu n'as rien acheté ?

● 上海各大超市都有免费班车接送顾客。
Shànghǎi gè dà chāoshì dōu yǒu miǎnfèi bānchē jiēsòng gùkè.
Tous les hypermarchés de Shanghai ont des navettes gratuites qui accompagnent les clients.

VOCABULAIRE ▸ Les courses

- 在地摊儿上买东西，一定要讨价还价。
  Zài dìtānr shàng mǎi dōngxi, yīdìng yào tǎojiàhuánjià.
  Il faut absolument marchander quand on achète quelque chose sur des étals.

- 冬季大减价是服装店销售额最高的时期。
  Dōngjì dàjiǎnjià shì fúzhuāngdiàn xiāoshòu'é zuì gāo de shíqī.
  Les soldes d'hiver sont la meilleure période pour les magasins de vêtements.

- 你们这儿可以刷卡吗？
  Nǐmen zhèr kěyǐ shuākǎ ma?
  Je peux vous payer par carte ?

ACHETER DES VÊTEMENTS

穿 *chuān* s'habiller [vêtements]	雨衣 *yǔyī* imperméable	内衣 *nèiyī* sous-vêtements	拖鞋 *tuōxié* pantoufles, tongs
脱 *tuō* se déshabiller [vêtements]	外套 *wàitào* veste	胸罩 *xiōngzhào* soutien-gorge	号, 码 *hào, mǎ* taille
戴 *dài* mettre [accessoires]	西服 *xīfú* costume	三角裤 *sānjiǎokù* slip	合身 *héshēn* aller bien (à qqn)
摘 *zhāi* enlever [accessoires]	裤子 *kùzi* pantalon	内裤 *nèikù* culotte	紧 *jǐn* serré
围巾 *wéijīn* écharpe	牛仔裤 *niúzǎikù* jean	睡衣 *shuìyī* pyjama	肥 *féi* ample
领带 *lǐngdài* cravate	短裤 *duǎnkù* short	袜子 *wàzi* chaussettes	长 *cháng* long
帽子 *màozi* chapeau	裙子 *qúnzi* jupe	丝袜 *sīwà* bas	短 *duǎn* court
手套 *shǒutào* gants	连衣裙 *liányīqún* robe	连裤袜 *liánkùwà* collants	时髦 *shímáo* à la mode
腰带 *yāodài* ceinture	毛衣 *máoyī* pull	鞋 *xié* chaussures	过时 *guòshí* démodé
大衣 *dàyī* manteau	衬衣 *chènyī* chemise	运动鞋 *yùndòngxié* baskets	鲜艳 *xiānyàn* voyant
	体恤衫 *tìxùshān* tee-shirt	凉鞋 *liángxié* sandales	朴素 *pǔsù* sobre

Les vêtements traditionnels

Les vêtements traditionnels chinois sont très nombreux et varient suivant les ethnies. Parmi les plus typiques portés chez les Han, on peut citer : la veste longue (长衫 *chángshān*), la jaquette courte à col montant (马褂 *mǎguà*), la veste (袄 *ǎo*), la robe fendue (旗袍 *qípáo*), la calotte à côtes (瓜皮帽 *guāpímào*).

UN PEU DE CONVERSATION

- 外边冷，别忘了穿毛衣，戴围巾。
  Wàibian lěng, bié wàngle chuān máoyī, dài wéijīn.
  Il fait froid dehors, n'oublie pas ton pull et ton écharpe.

- 在北方，冬天家里都有暖气，一进屋就可以脱外套。
  Zài běifāng, dōngtiān jiāli dōu yǒu nuǎnqì, yī jìn wū jiù kěyǐ tuō wàitào.
  Les maisons dans le Nord sont chauffées en hiver. En entrant, on peut enlever sa veste.

- 一到夏天，他就天天穿短裤和拖鞋。
  Yī dào xiàtiān, tā jiù tiāntiān chuān duǎnkù hé tuōxié.
  Dès que l'été arrive, il est tous les jours en short et en tongs.

- 你最喜欢哪个牌子的运动服？
  Nǐ zuì xǐhuan nǎ ge páizi de yùndòngfú?
  Quelle est ta marque de vêtements de sport préférée ?

- 这款皮鞋有四十一号的吗？
  Zhè kuǎn píxié yǒu sìshíyī hào de ma?
  Avez-vous ce modèle de chaussures en 41 ?

- 这条裤子肥了一点儿，有没有小一号的？
  Zhè tiáo kùzi féi le yī diǎnr, yǒu méiyǒu xiǎo yī hào de?
  Ce pantalon est un peu trop large. Avez-vous la taille en dessous ?

MINI QUIZ

1. Associez chacun des noms suivants avec 穿 *chuān* ou 戴 *dài* : 帽子 *màozi*, 雨衣 *yǔyī*, 袜子 *wàzi*, 领带 *lǐngdài*, 凉鞋 *liángxié*.
2. Traduisez : « Cette veste est trop serrée. Avez-vous la taille au-dessus ? »
3. Traduisez : « Vous payez en espèces ou par chèque ? »
4. Quelle est la remise en pourcentage lorsque l'on dit : 打七折 *dǎ qī zhé* ?
5. De quoi 讲价 *jiǎngjià* est-il synonyme ?

CORRIGÉ

1. On utilise le verbe 穿 *chuān* avec 雨衣 *yǔyī*, 袜子 *wàzi* et 凉鞋 *liángxié*, et le verbe 戴 *dài* avec 帽子 *màozi* et 领带 *lǐngdài*.
2. 这件上衣太紧，有没有大一号的？
3. 你付现金还是付支票？
4. 30 % (on paie 70 % du prix) ; 七折.
5. 讨价还价 *tǎojiàhuánjià*.

11 Les sports, la culture, les sorties

我的朋友要拉我去KTV。

LES SPORTS

体育场 tǐyùchǎng stade

体育馆 tǐyùguǎn gymnase

更衣室 gēngyīshì vestiaire

运动服 yùndòngfú vêtement de sport

泳衣 yǒngyī maillot de bain

锻炼 duànliàn s'entraîner

球 qiú ballon

足球 zúqiú football

篮球 lánqiú basket-ball

排球 páiqiú volley-ball

乒乓球 pīngpāngqiú ping-pong

网球 wǎngqiú tennis

羽毛球 yǔmáoqiú badminton

保龄球 bǎolíngqiú bowling

台球 táiqiú billard

体操 tǐcāo gymnastique

田径 tiánjìng athlétisme

游泳 yóuyǒng natation, nager

滑冰 huábīng faire du patin à glace

拳击 quánjī boxe

射箭 shèjiàn tir à l'arc

武术 wǔshù arts martiaux

🔊 UN PEU DE CONVERSATION

- 中国男孩子爱好篮球和足球。
  Zhōngguó nánháizi àihào lánqiú hé zúqiú.
  Les garçons chinois aiment le basket-ball et le football.

- 刘翔是这几年以来中国最有名的田径运动员。
  Liú Xiáng shì zhè jǐ nián yǐlái Zhōngguó zuì yǒumíng de tiánjìng yùndòngyuán.
  Liu Xiang est l'athlète chinois le plus connu de ces dernières années.

- 乒乓球是中国的国球。
  Pīngpāngqiú shì Zhōngguó de guóqiú.
  Le ping-pong est le sport national en Chine.

- 北京的冬天很冷，年年在北海上都有人滑冰。
  Běijīng de dōngtiān hěn lěng, niánnián zài Běihǎi shàng dōu yǒu rén huábīng.
  L'hiver à Pékin est très froid, tous les ans on fait du patin à glace sur le lac Beihai.

- 中国的公园里可以看到一些老年人在练太极拳。
  Zhōngguó de gōngyuán lǐ, kěyǐ kàndào yī xiē lǎoniánrén zài liàn tàijíquán.
  Dans les parcs chinois, on peut voir des personnes âgées qui font du taï-chi-chuan.
- 在中国，台球和保龄球都是很流行的娱乐活动。
  Zài Zhōngguó, táiqiú hé bǎolíngqiú dōu shì hěn liúxíng de yúlè huódòng.
  Le billard et le bowling sont des loisirs très populaires en Chine.

LA CULTURE

看书 *kànshū* — lire
小说 *xiǎoshuō* — roman
诗歌 *shīgē* — poésie
散文 *sǎnwén* — essai
书法 *shūfǎ* — calligraphie
国画 *guóhuà* — peinture chinoise
漫画 *mànhuà* — manga

博物馆 *bówùguǎn* — musée
观光, 参观 *guānguāng, cānguān* — visiter
展览 *zhǎnlǎn* — exposition
电影院 *diànyǐngyuàn* — cinéma
电影 *diànyǐng* — film
一场(电影) *yī chǎng (diànyǐng)* — une séance
首映 *shǒuyìng* — avant-première

剧院 *jùyuàn* — théâtre
话剧 *huàjù* — pièce de théâtre
演出 *yǎnchū* — représentation
订票 *dìngpiào* — réserver une place
歌剧 *gējù* — opéra
芭蕾舞剧 *bālěiwǔjù* — ballet

音乐会, 演唱会 *yīnyuèhuì, yǎnchànghuì* — concert
合唱团 *héchàngtuán* — chorale
相声 *xiàngsheng* — dialogue comique
小品 *xiǎopǐn* — sketch
杂技 *zájì* — cirque chinois

Le dialogue comique
Le dialogue comique (相声 *xiàngsheng*) est un art populaire qui a vu le jour dans le nord de la Chine sous la dynastie Ming. Il est réalisé par une seule ou deux personnes. Sa forme, très codifiée, est constituée de récits (说 *shuō*), d'imitations (学 *xué*), de blagues (逗 *dòu*) et de chansons (唱 *chàng*).

LES JEUX

玩具 *wánjù* — jouet
电子游戏 *diànzǐ yóuxì* — jeu vidéo

象棋 *xiàngqí* — échecs
围棋 *wéiqí* — jeu de go

麻将 *májiàng* — mah-jong
风筝 *fēngzheng* — cerf volant

打牌 *dǎpái* — jouer aux cartes
毽子 *jiànzi* — volant

VOCABULAIRE ▶ Les sports, la culture, les sorties

LES SORTIES

| 出去 chūqu — sortir | 迪斯科 dísīkē — discothèque | 聚会 jùhuì — rencontre (entre amis) | 网吧 wǎngbā — cybercafé |

玩 wán — s'amuser

跳舞 tiàowǔ — danser

酒吧 jiǔbā — bar

泡吧 pàobā — aller dans des bars

卡拉OK kǎlā OK — karaoké

宴会 yànhuì — banquet

▶ L'ESPACE URBAIN P. 242

Un peu de conversation

- 在这种小城市，没有电影院也没有博物馆。
  Zài zhè zhǒng xiǎo chéngshì, méiyǒu diànyǐngyuàn yě méiyǒu bówùguǎn.
  Dans ce genre de petite ville, il n'y a ni cinéma ni musée.

- 我们一起去看下午两点的《南京！南京！》。
  Wǒmen yīqǐ qù kàn xiàwǔ liǎng diǎn de «Nánjīng! Nánjīng!».
  On va voir *Nanjing! Nanjing!* à la séance de 14 heures.

- 周杰伦下个月在上海开演唱会，我要在网上订票。
  Zhōu Jiélún xià ge yuè zài Shànghǎi kāi yǎnchànghuì, wǒ yào zài wǎng shàng dìngpiào.
  Zhou Jielun donne un concert le mois prochain à Shanghai : je vais réserver des billets sur Internet.

- 春节联欢晚会上，有很多小品和相声。
  Chūnjié liánhuān wǎnhuì shàng, yǒu hěn duō xiǎopǐn hé xiàngsheng.
  Pendant la soirée du Nouvel an à la télévision, on peut voir de nombreux sketchs et dialogues comiques.

- 我的朋友要拉我去KTV，可是我最不喜欢唱歌。
  Wǒ de péngyou yào lā wǒ qù KTV, kěshì wǒ zuì bù xǐhuan chànggē.
  Mes amis veulent m'emmener au karaoké, mais je déteste chanter.

- 想泡吧的话，去衡山路，那边酒吧比较多。
  Xiǎng pàobā dehuà, qù Héng Shān lù, nàbiān jiǔbā bǐjiào duō.
  Si tu veux boire un verre, il faut aller rue Hengshan, il y a beaucoup de bars là-bas.

Mini quiz

1 Chassez l'intrus : 篮球 *lánqiú*, 排球 *páiqiú*, 足球 *zúqiú*, 网球 *wǎngqiú*.
2 Traduisez : « Si tu veux aller à ce concert, tu dois absolument réserver. »
3 Que signifie 唱K ?
4 Si 迪斯科 *dísīkē* veut dire « discothèque », devinez le sens de 蹦迪 *bèngdí*.

Corrigé
1 网球 : c'est le seul sport non collectif.
2 想去听这场演唱会，一定要订票。
3 唱卡拉OK (chanter au karaoké).
4 Danser en discothèque.

12 Les voyages

À L'AGENCE DE VOYAGES

旅行社
lǚxíngshè
agence de voyages

游客
yóukè
touriste

旅游
lǚyóu
voyager

参观, 游览
cānguān, yóulǎn
visiter

团体旅游
tuántǐ lǚyóu
voyage organisé

导游
dǎoyóu
guide

预订
yùdìng
réserver

目的地
mùdìdì
destination

行程
xíngchéng
programme de voyage

路线
lùxiàn
itinéraire

淡季
dànjì
basse saison

旺季
wàngjì
haute saison

坐, 乘
zuò, chéng
prendre (un moyen de transport)

单程票
dānchéngpiào
billet simple

往返票
wǎngfǎnpiào
billet aller-retour

出国
chūguó
aller à l'étranger

换钱
huànqián
changer de l'argent

汇率
huìlǜ
taux de change

LES BAGAGES ET LA DOUANE

行李
xíngli
bagages

收拾行李
shōushi xíngli
faire ses bagages

背包
bēibāo
sac à dos

箱子
xiāngzi
valise

托运
tuōyùn
faire enregistrer

超重
chāozhòng
excédent (de bagage)

证件
zhèngjiàn
pièce d'identité

护照
hùzhào
passeport

签证
qiānzhèng
visa

边界
biānjiè
frontière

海关
hǎiguān
douane

海关官员
hǎiguān guānyuán
douanier

申报
shēnbào
déclarer

VOCABULAIRE ▶ Les voyages 12

UN PEU DE CONVERSATION

- 我们这次去新疆的行程是一家旅行社安排好的。
  Wǒmen zhè cì qù Xīnjiāng de xíngchéng shì yī jiā lǚxíngshè ānpái hǎo de.
  C'est une agence de voyages qui a organisé notre excursion au Xinjiang.

- 导游下午带你们去参观上海博物馆。
  Dǎoyóu xiàwǔ dài nǐmen qù cānguān Shànghǎi bówùguǎn.
  Le guide va vous faire visiter le Musée de Shanghai cet après-midi.

- 旅行淡季的价格要比旺季的便宜一半。
  Lǚxíng dànjì de jiàgé yào bǐ wàngjì de piányi yībàn.
  En basse saison, les voyages sont moitié moins chers qu'en haute saison.

- 你去香港买的是单程票还是往返票?
  Nǐ qù Xiānggǎng mǎi de shì dānchéngpiào háishì wǎngfǎnpiào?
  As-tu acheté un aller simple ou un aller-retour pour Hong Kong?

- 每次从中国回来我的行李都超重。
  Měi cì cóng Zhōngguó huílai wǒ de xíngli dōu chāozhòng.
  À chaque fois que je reviens de Chine, j'ai un excédent de bagages.

- 过海关的时候应该出示护照和签证。
  Guò hǎiguān de shíhou yīnggāi chūshì hùzhào hé qiānzhèng.
  Quand on passe la douane, il faut présenter son passeport et son visa.

PRENDRE L'AVION

航空公司
hángkōng gōngsī
compagnie aérienne

飞机
fēijī
avion

机票
jīpiào
billet d'avion

经济舱
jīngjìcāng
classe économique

包机
bāojī
charter

航班
hángbān
vol

飞机场
fēijīchǎng
aéroport

航站楼
hángzhànlóu
terminal

登机
dēngjī
embarquement

起飞
qǐfēi
décoller

降落
jiàngluò
atterrir

晚点
wǎndiǎn
être en retard

空中乘务员
kōngzhōng chéngwùyuán
steward

空姐
kōngjiě
hôtesse de l'air

乘客
chéngkè
passager

座位
zuòwèi
place

安全带
ānquándài
ceinture

UN PEU DE CONVERSATION

- 在中国国际航空公司的网站上可以查到巴黎到上海的航班时刻表。
  Zài Zhōngguó guójì hángkōng gōngsī de wǎngzhàn shàng kěyǐ chádào Bālí dào Shànghǎi de hángbān shíkèbiǎo.
  On peut consulter les horaires des vols Paris-Shanghai sur le site Internet d'Air China.

● 请拿好登机牌到六号登机口。
Qǐng náhǎo dēngjīpái dào liù hào dēngjīkǒu.
Veuillez vous rendre à la porte 6 avec votre carte d'embarquement.

● 各位乘客，请系好安全带，我们马上要起飞了。
Gè wèi chéngkè, qǐng jìhǎo ānquándài, wǒmen mǎshàng yào qǐfēi le.
Chers passagers, veuillez attacher vos ceintures, nous allons bientôt décoller.

● 巴黎到成都没有直飞的航班，要到北京转机。
Bālí dào Chéngdū méiyǒu zhífēi de hángbān, yào dào Běijīng zhuǎnjī.
Il n'y a pas de vol direct entre Paris et Chengdu, il faut faire escale à Pékin.

PRENDRE LA ROUTE

高速公路 *gāosù gōnglù* autoroute	交通 *jiāotōng* circulation	司机 *sījī* chauffeur	打表 *dǎbiǎo* mettre le compteur [taxi]
公路地图 *gōnglù dìtú* carte routière	长途汽车站 *chángtú qìchēzhàn* gare routière	出租车, 的士 *chūzūchē, dīshì* taxi	
加油站 *jiāyóuzhàn* station-service	大巴 *dàbā* autocar		

PRENDRE LE TRAIN

火车站 *huǒchēzhàn* gare ferroviaire	售票处 *shòupiàochù* guichet	列车员 *lièchēyuán* employé de train	软/硬座 *ruǎn/yìngzuò* siège mou/dur
时刻表 *shíkèbiǎo* horaires	车厢 *chēxiāng* wagon	卧铺 *wòpù* couchette	软/硬卧 *ruǎn/yìngwò* couchette molle/dure

▶ L'ESPACE URBAIN P. 242

À L'HÔTEL

宾馆, 酒店 *bīnguǎn, jiǔdiàn* hôtel	房间 *fángjiān* chambre	订房 *dìngfáng* réserver une chambre	钥匙 *yàoshi* clé
青年旅馆 *qīngnián lǚguǎn* auberge de jeunesse	单人间 *dānrénjiān* chambre simple	取消 *qǔxiāo* annuler	押金 *yājīn* caution
露营 *lùyíng* camper	双人间 *shuāngrénjiān* chambre double	登记 *dēngjì* s'enregistrer	退房 *tuìfáng* rendre une chambre

Vocabulaire ▸ Les voyages

🔊 Un peu de conversation

- 大巴司机不管路怎么样都开得很快。
  Dàbā sījī bùguǎn lù zěnmeyàng dōu kāi de hěn kuài.
  Les conducteurs d'autocars roulent très vite, quelle que soit la route.

- 从机场到市中心出租车打表要多少钱？
  Cóng jīchǎng dào shìzhōngxīn chūzūchē dǎbiǎo yào duōshao qián?
  Combien coûte le trajet en taxi de l'aéroport au centre-ville en utilisant le compteur?

- 火车坐票最好提前预订。
  Huǒchē zuòpiào zuì hǎo tíqián yùdìng.
  Pour avoir une place assise dans le train, il vaut mieux réserver son billet.

- 到旅馆要拿证件登记，交押金才能领到房门钥匙。
  Dào lǚguǎn yào ná zhèngjiàn dēngjì, jiāo yājīn cái néng lǐngdào fángmén yàoshi.
  À l'hôtel, il faut fournir une pièce d'identité et verser une caution pour obtenir les clefs de sa chambre.

- 我上个星期打电话订了一间房，现在想取消。
  Wǒ shàng ge xīngqī dǎ diànhuà dìngle yī jiān fáng, xiànzài xiǎng qǔxiāo.
  J'ai réservé la semaine dernière une chambre par téléphone, mais j'aimerais annuler ma réservation.

Mini quiz

1 Si « chambre double » se dit 双人间 *shuāngrénjiān*, comment dire « chambre triple » et « chambre quadruple » ?
2 Traduisez : « Ce vol est direct pour Hong Kong. »
3 Traduisez : « L'autocar de l'agence de voyages est en retard. »
4 Chassez l'intrus : 旅馆 *lǚguǎn*, 宾馆 *bīnguǎn*, 饭馆 *fànguǎn*, 酒店 *jiǔdiàn*.
5 Traduisez : 坐出租车要让司机打表。

Corrigé

1 三人间，四人间。
2 这个航班直飞香港。
3 旅行社的大巴晚点了。
4 Seul 饭馆 n'offre pas le gîte.
5 Lorsque l'on prend un taxi, il faut demander au chauffeur de mettre le compteur en route.

13 Le temps qui passe

深圳二十年前只是个小渔村。

L'HEURE

点(钟)	整	差	晚上
diǎn (zhōng)	zhěng	chà	wǎnshang
heure	précise(s)	moins	du soir

分(钟)	刻	早上	
fēn (zhōng)	kè	zǎoshang	
minute	quart	du matin	

秒(钟)	半	下午	
miǎo (zhōng)	bàn	xiàwǔ	
seconde	demie	de l'après-midi	

UN PEU DE CONVERSATION

- 你的表几点了？ – 现在八点钟，但我的表快。
  Nǐ de biǎo jǐ diǎn le ? – Xiànzài bā diǎn zhōng, dàn wǒ de biǎo kuài.
  Quelle heure est-il à ta montre ? – Il est 8 heures, mais ma montre avance.

- 九点零五分了。
  Jiǔ diǎn líng wǔ fēn le.
  Il est 9 heures 5.

- 现在十点整。
  Xiànzài shí diǎn zhěng.
  Il est 10 heures précises.

- 今天十一点半下课。
  Jīntiān shíyī diǎn bàn xiàkè.
  Aujourd'hui, on termine les cours à 11 heures et demie.

- 我约她十二点见面，结果她十二点一刻才到。
  Wǒ yuē tā shí'èr diǎn jiànmiàn, jiéguǒ tā shí'èr diǎn yī kè cái dào.
  Je lui avais fixé rendez-vous à midi, mais elle n'est arrivée qu'à midi et quart.

- 下午两点开会，你必须准时到。
  Xiàwǔ liǎng diǎn kāihuì, nǐ bìxū zhǔnshí dào.
  La réunion est à 14 heures. Sois à l'heure.

- 张大爷天天晚上八点看新闻。
  Zhāng dàyé tiāntiān wǎnshang bā diǎn kàn xīnwén.
  Monsieur Zhang regarde les informations tous les soirs à 20 heures.

VOCABULAIRE ▸ Le temps qui passe

- 夜里一点了，她还没回来。
  Yèli yī diǎn le, tā hái méi huílai.
  Il est 1 heure du matin et elle n'est pas encore revenue.

- 明天早上八点半在学校门口集合，别迟到啊！
  Míngtiān zǎoshang bā diǎn bàn zài xuéxiào ménkǒu jíhé, bié chídào a!
  Rendez-vous demain matin à 8 heures et demie devant l'entrée de l'école. Ne soyez pas en retard !

LES JOURS

白天 *báitiān* jour	下午 *xiàwǔ* après-midi	今天 *jīntiān* aujourd'hui	星期一 *xīngqīyī* lundi
早上, 早晨 *zǎoshang, zǎochén* matin	晚上 *wǎnshang* soir	明天 *míngtiān* demain	星期二 *xīngqī'èr* mardi
上午 *shàngwǔ* matinée	前天 *qiántiān* avant-hier	后天 *hòutiān* après-demain	周末 *zhōumò* week-end
中午 *zhōngwǔ* midi	昨天 *zuótiān* hier	星期, 礼拜, 周 *xīngqī, lǐbài, zhōu* semaine	

Les jours de la semaine

Les jours de la semaine sont formés du mot 星期 *xīngqī* (ou 礼拜 *lǐbài* ou 周 *zhōu*) suivi du numéro du jour, de 1 pour lundi à 6 pour samedi : 星期一 *xīngqīyī*, 星期二 *xīngqī'èr*, 星期三 *xīngqīsān*, 星期四 *xīngqīsì*, 星期五 *xīngqīwǔ*, 星期六 *xīngqīliù*. Dimanche se dit 星期天 *xīngqītiān* ou 星期日 *xīngqīrì*.

LES MOIS

月, 月份 *yuè, yuèfen* mois	二月 *èryuè* février	下旬 *xiàxún* dernière décade du mois	月底 *yuèdǐ* fin du mois
本月 *běnyuè* mois en cours	上旬 *shàngxún* première décade du mois	月初 *yuèchū* début du mois	季度 *jìdù* trimestre
一月 *yīyuè* janvier	中旬 *zhōngxún* deuxième décade du mois	月中 *yuèzhōng* milieu du mois	学期 *xuéqī* semestre [scolaire]

Les mois de l'année

Les mois de l'année sont formés du mot 月 *yuè* précédé du numéro du mois, de 1 pour janvier à 12 pour décembre : 一月 *yīyuè*, 二月 *èryuè*, 三月 *sānyuè*, 四月 *sìyuè*, 五月 *wǔyuè*, 六月 *liùyuè*, 七月 *qīyuè*, 八月 *bāyuè*, 九月 *jiǔyuè*, 十月 *shíyuè*, 十一月 *shíyīyuè*, 十二月 *shí'èryuè*.

LES ANNÉES

年, 年份 nián, niánfèn année	今年 jīnnián cette année	年初 niánchū début de l'année
前年 qiánnián il y a deux ans	明年 míngnián l'année prochaine	年中 niánzhōng milieu de l'année
去年 qùnián l'année dernière	90年代 jiǔshí niándài les années 90	年底 niándǐ fin de l'année

LE PASSÉ, LE PRÉSENT ET L'AVENIR

时间 shíjiān temps	将来 jiānglái futur	十年 shí nián décennie	当代 dāngdài contemporain, époque actuelle
过去 guòqù passé	年代, 时代 niándài, shídài époque	古代 gǔdài Antiquité [jusqu'à 1840]	过时 guòshí démodé
现在 xiànzài présent	朝代 cháodài dynastie	现代 xiàndài moderne, époque moderne	流行 liúxíng à la mode
如今 rújīn de nos jours	世纪 shìjì siècle		

Les principales dynasties de 221 av. J.-C. à 1912
Dynastie 秦 Qín (221-206 av. J.-C.)
Dynastie 汉 Hàn (206 av. J.-C.-220 ap. J.-C.)
Dynastie 唐 Táng (618-907 ap. J.-C.)
Dynastie 宋 Sòng (960-1279)
Dynastie 元 Yuán (1277-1367)
Dynastie 明 Míng (1368-1644)
Dynastie 清 Qīng (1644-1911)
1912 : Proclamation de la République de Chine (中华民国 Zhōnghuá Mínguó).
Naissance de la Chine moderne.

▶ Les adverbes de temps p. 104

Un peu de conversation

- 据天气预报，明后天南京气温可达三十七度。
  Jù tiānqì yùbào, mínghòutiān Nánjīng qìwēn kědá sānshíqī dù.
  D'après la météo, il fera jusqu'à 37° à Nankin demain et après-demain.

- 我下周末跟同学去登泰山看日出。
  Wǒ xià zhōumò gēn tóngxué qù dēng Tài Shān kàn rìchū.
  Le week-end prochain, je pars escalader le mont Taishan avec des copains de classe pour y voir le lever du soleil.

Vocabulaire ▸ Le temps qui passe

- 中国电影周将于四月下旬举行。
  Zhōngguó diànyǐngzhōu jiāng yú sìyuè xiàxún jǔxíng.
  La semaine du film chinois aura lieu pendant les dix derniers jours d'avril.

- 2008年初中国南方发生了大面积的雪灾。
  Èrlínglíngbā niánchū Zhōngguó nánfāng fāshēngle dà miànjī de xuězāi.
  Début 2008, il y a eu des tempêtes de neige catastrophiques dans le sud de la Chine.

- 时间过得真快，我们得五年没见了。
  Shíjiān guò de zhēn kuài, wǒmen děi wǔ nián méi jiàn le.
  Le temps passe vite, cela doit faire cinq ans que l'on ne s'est pas vus.

- 深圳二十年前只是个小渔村。
  Shēnzhèn èrshí nián qián zhǐ shì ge xiǎo yúcūn.
  Il y a vingt ans, Shenzhen n'était qu'un petit village de pêcheurs.

- 中国古代最短的朝代是秦朝，只存在了十五年。
  Zhōngguó gǔdài zuì duǎn de cháodài shì Qíncháo, zhǐ cúnzàile shíwǔ nián.
  La dynastie la plus courte de l'histoire de Chine est celle des Qin : elle n'a duré que quinze ans.

- 孔夫子是春秋时代的人。
  Kǒng Fūzǐ shì Chūnqiū shídài de rén.
  Confucius a vécu pendant la période des Printemps et des Automnes.

- 欧洲文艺复兴的时候中国是在明朝。
  Ōuzhōu Wényì Fùxīng de shíhou Zhōngguó shì zài Míngcháo.
  Pendant la Renaissance en Europe, la Chine était sous la dynastie Ming.

Mini quiz

1 Traduisez : 本月下旬工厂将暂时关闭。
2 Citez trois mots pour traduire « semaine ».
3 Dites de deux façons différentes : « Il est 13 heures 20. »

Corrigé
1 Pendant les dix derniers jours de ce mois, l'usine sera provisoirement fermée.
2 星期 xīngqī, 礼拜 lǐbài, 周 zhōu.
3 十三点二十分。下午一点二十分。

14 Le climat

我不太喜欢香港的气候。

LA MÉTÉO

天气
tiānqì
temps

气候
qìhòu
climat

天气预报
tiānqì yùbào
météo

温度
wēndù
température

高温
gāowēn
chaleur

热
rè
chaud

闷热
mēnrè
étouffant, lourd

暖和
nuǎnhuo
doux

凉(快)
liáng(kuai)
frais

冷
lěng
froid

零下
língxià
en dessous de zéro

结冰
jiébīng
geler

空气
kōngqì
air

干燥
gānzào
sec

潮湿
cháoshī
humide

湿度
shīdù
humidité

天
tiān
ciel

太阳
tàiyáng
soleil

云
yún
nuage

晴天
qíngtiān
ciel dégagé

阴天
yīntiān
ciel couvert

转晴
zhuǎnqíng
s'éclaircir

季节
jìjié
saison

春天
chūntiān
printemps

夏天
xiàtiān
été

秋天
qiūtiān
automne

冬天
dōngtiān
hiver

🔊 Un peu de conversation

- 天气预报说明天北京晴。
  Tiānqì yùbào shuō míngtiān Běijīng qíng.
  Le bulletin météo prévoit du beau temps sur Pékin pour demain.

- 中国南方的气候潮湿，而北方的气候干燥。
  Zhōngguó nánfāng de qìhòu cháoshī, ér běifāng de qìhòu gānzào.
  Le climat du sud de la Chine est humide, alors que celui du nord est sec.

- 阴天的时候我很容易郁闷。
  Yīntiān de shíhou wǒ hěn róngyì yùmèn.
  Quand le temps est couvert, j'ai tendance à être triste.

VOCABULAIRE ▸ Le climat

- 昆明也叫春城，那儿的气候很舒服，四季如春。
  Kūnmíng yě jiào Chūnchéng, nàr de qìhòu hěn shūfu, sìjìrúchūn.
  Kunming s'appelle aussi « la ville du printemps ». Le climat y est très agréable : c'est le printemps toute l'année.

- 中国长江以南屋里都没有暖气，冬天家里比较冷。
  Zhōngguó Cháng Jiāng yǐnán wū lǐ dōu méiyǒu nuǎnqì, dōngtiān jiāli bǐjiào lěng.
  Au sud du fleuve Yang Tsé, les maisons n'ont pas de chauffage. En hiver, il y fait assez froid.

INTEMPÉRIES ET CATASTROPHES NATURELLES

下雨 *xiàyǔ* pleuvoir

大雨 *dàyǔ* averse

雾 *wù* brume, brouillard

雨季 *yǔjì* saison des pluies

暴雨 *bàoyǔ* pluie diluvienne

下雪 *xiàxuě* neiger

暴风雪 *bàofēngxuě* tempête de neige

刮风 *guāfēng* souffler [vent]

暴风雨 *bàofēngyǔ* tempête

台风 *táifēng* typhon

龙卷风 *lóngjuǎnfēng* ouragan, tornade

雷雨 *léiyǔ* orage

雷 *léi* tonnerre

闪电 *shǎndiàn* éclair

雷电 *léidiàn* foudre

自然灾害 *zìrán zāihài* catastrophe naturelle

海啸 *hǎixiào* raz-de-marée

洪水 *hóngshuǐ* crue

山体滑坡 *shāntǐ huápō* glissement de terrain

泥石流 *níshíliú* coulée de boue

水灾 *shuǐzāi* inondation

旱灾 *hànzāi* sécheresse

沙尘暴 *shāchénbào* tempête de sable

UN PEU DE CONVERSATION

- 天气预报说广州市今天晚上下暴雨。
  Tiānqì yùbào shuō Guǎngzhōu Shì jīntiān wǎnshang xià bàoyǔ.
  La météo annonce des pluies diluviennes pour ce soir sur Canton.

- 我不太喜欢香港的气候，经常下大雨，湿气太重。
  Wǒ bù tài xǐhuan Xiānggǎng de qìhòu, jīngcháng xià dàyǔ, shīqì tài zhòng.
  Je n'aime pas trop le climat de Hong Kong : il y pleut souvent et il y fait très humide.

- 冬季易出现大雾天气。
  Dōngjì yì chūxiàn dàwù tiānqì.
  En hiver, il y a souvent du brouillard.

- 快要下雨了，又是打雷，又是打闪。
  Kuàiyào xiàyǔ le, yòu shì dǎléi, yòu shì dǎshǎn.
  Il va bientôt pleuvoir, il y a du tonnerre et des éclairs.

- 华东和华南的部分地区将有雷雨天气。
  Huádōng hé Huánán de bùfen dìqū jiāng yǒu léiyǔ tiānqì.
  L'est et le sud de la Chine vont subir des orages par endroits.

- 如果我说的有半句假话，就让我天打雷劈！
  Rúguǒ wǒ shuō de yǒu bàn jù jiǎhuà, jiù ràng wǒ tiāndǎléipī!
  Que je sois frappé par la foudre si je mens !

- 连日来的大暴雨造成山体滑坡。
  Liánrìlái de dà bàoyǔ zàochéng shāntǐ huápō.
  Les averses de ces derniers jours ont provoqué des glissements de terrain.

- 在三峡工程启动之前，每年长江流域都会遭遇水灾。
  Zài Sān Xiá gōngchéng qǐdòng zhīqián, měi nián Cháng Jiāng liúyù dōu huì zāoyù shuǐzāi.
  Avant les travaux du barrage des Trois-Gorges, le bassin du fleuve Bleu subissait des inondations tous les ans.

Les climats en Chine

La Chine présente une grande diversité de climats qu'on peut classer en six zones : tropicale (province de Hainan, sud du Yunnan, du Guangdong et de Taiwan) ; subtropicale (sud-est du pays) ; tempérée (Mongolie intérieure et nord du Xinjiang) ; tempérée chaude (Pékin, Hebei, Henan Shandong, Shanxi, Shaanxi) ; tempérée froide (extrême nord du Heilongjiang) ; froide (plateaux du Tibet et du Qinghai). L'endroit le plus froid du pays se trouve au nord de la province du Heilongjiang où la température peut descendre jusqu'à -52°C en hiver, l'endroit le plus chaud du pays se trouve dans le Xinjiang où la température peut s'élever jusqu'à 49°C en été.

Mini quiz

1 Citez au moins trois composants fréquents dans le vocabulaire du temps.
2 Traduisez : 外边冷，多穿一点儿衣服。
3 Traduisez : « Le temps est tantôt clair, tantôt couvert. »
4 Comment traduire « (période de) froid » ?
5 Chassez l'intrus : 雨 *yǔ*, 雪 *xuě*, 风 *fēng*, 雹 *báo*.
6 Devinez le sens de la phrase suivante : 你今天怎么这么勤快，真是太阳从西边出来了！

Corrigé

1 氵(湿, 冷, 冰), 冫(凉, 冻), 雨(雪, 雷, 雹), 日(晴, 晒, 暴), 火(烤, 炎).
2 Il fait froid dehors, couvre-toi bien.
3 天一会儿晴，一会儿阴。
4 低温, *dīwēn* (寒气 *qì*)
5 风, puisqu'il s'agit du seul caractère ne comportant pas le composant de la pluie 雨.
6 « Comment se fait-il que tu sois si travailleur aujourd'hui, c'est vraiment surprenant ! » [C'est aussi surprenant que si le soleil se levait à l'ouest.]

15 La nature et la protection de l'environnement

我姑姑收藏了许多昆虫标本。

LE PAYSAGE

大自然 *dàzìrán* nature	田地 *tiándì* champ	湖 *hú* lac	山 *shān* montagne
风景 *fēngjǐng* paysage	森林 *sēnlín* forêt	大洋 *dàyáng* océan	海拔 *hǎibá* altitude
农村, 乡下 *nóngcūn, xiāngxia* campagne	平原 *píngyuán* plaine	大海 *dàhǎi* mer	山谷 *shāngǔ* vallée
村子 *cūnzi* village	河 *hé* rivière, fleuve	海滩 *hǎitān* plage	小山 *xiǎoshān* colline
农场 *nóngchǎng* ferme	江 *jiāng* fleuve	波浪 *bōlàng* vague	

Un peu de conversation

- 他老家在农村，太湖边的一个小村子里。
Tā lǎojiā zài nóngcūn, Tài Hú biān de yī ge xiao cūnzi lǐ.
Il est originaire de la campagne, d'un petit village au bord du lac Taihu.

- 面对黄山的美景, 大家都陶醉了。
Miànduì Huáng Shān de měijǐng, dàjiā dōu táozuì le.
Tout le monde est ému devant le magnifique paysage des monts Huang.

- 中国现有原始森林已不多。
Zhōngguó xiànyǒu yuánshǐ sēnlín yǐ bù duō.
Il n'y a plus beaucoup de forêts primaires en Chine.

- 中国濒临四大海：渤海、黄海、东海和南海。
Zhōngguó bīnlín sì dàhǎi : Bó Hǎi, Huáng Hǎi, Dōng Hǎi hé Nán Hǎi.
Les quatre mers qui bordent la Chine sont la mer Bohai, la mer Jaune, la mer de Chine orientale et la mer de Chine méridionale.

LES ANIMAUX

动物 dòngwù animal	猪 zhū cochon	乌鸦 wūyā corbeau	昆虫 kūnchóng insecte
狗 gǒu chien	猴子 hóuzi singe	老鹰 lǎoyīng aigle	苍蝇 cāngying mouche
猫 māo chat	狮子 shīzi lion	鱼 yú poisson	蚊子 wénzi moustique
老鼠 lǎoshǔ rat, souris	狼 láng loup	乌龟 wūguī tortue	蝴蝶 húdié papillon
兔子 tùzi lapin	老虎 lǎohǔ tigre	青蛙 qīngwā grenouille	蜜蜂 mìfēng abeille
牛 niú vache	鹿 lù cerf	蛇 shé serpent	蟑螂 zhāngláng cafard
马 mǎ cheval	大象 dàxiàng éléphant	鳄鱼 èyú crocodile	蜘蛛 zhīzhū araignée
山羊 shānyáng chèvre	熊 xióng ours	钓鱼 diàoyú pêcher	蚂蚁 mǎyǐ fourmi
羊, 绵羊 yáng, miányáng mouton	鸟 niǎo oiseau	打猎 dǎliè chasser	

Un peu de conversation

- 我小时候家里养过两只鸟。
  Wǒ xiǎoshíhou jiāli yǎngguo liǎng zhī niǎo.
  Quand j'étais petit, j'ai élevé deux oiseaux à la maison.

- 我姑姑收藏了许多各式各样的昆虫标本。
  Wǒ gūgu shōucángle xǔduō gèshìgèyàng de kūnchóng biāoběn.
  Ma tante a une collection d'insectes de toutes sortes.

- 夏天去西双版纳玩，要小心被蚊子咬。
  Xiàtiān qù Xīshuāngbǎnnà wán, yào xiǎoxīn bèi wénzi yǎo.
  Si tu vas au Xishuangbanna en été, protège-toi bien des piqûres de moustiques.

- 你知道庄子梦见蝴蝶的故事吗?
  Nǐ zhīdào Zhuāngzǐ mèngjian húdié de gùshi ma?
  Connais-tu l'histoire de Zhuangzi qui rêve d'un papillon?

VOCABULAIRE ▸ La nature et la protection de l'environnement

Les douze signes du zodiaque

Les douze signes du zodiaque sont représentés dans l'astrologie chinoise par des animaux : le rat (鼠 shǔ), le bœuf (牛 niú), le tigre (虎 hǔ), le lapin (兔 tù), le dragon (龙 lóng), le serpent (蛇 shé), le cheval (马 mǎ), la chèvre (羊 yáng), le singe (猴 hóu), le coq (鸡 jī), le chien (狗 gǒu) et le cochon (猪 zhū). Cet ordre est invariable. Le signe astrologique d'une personne est fonction de son année de naissance : c'est par exemple le rat si elle est née en 2008, le bœuf si elle est née en 2009, le tigre si elle est née en 2010…

▸ **La nourriture p. 208**
▸ **La cuisine et les repas p. 213**

LES VÉGÉTAUX

植物 *zhíwù* plante	树叶 *shùyè* feuille	玫瑰 *méigui* rose	种植 *zhòngzhí* planter
树 *shù* arbre	树枝 *shùzhī* branche	梅花 *méihuā* fleur de prunier	浇水 *jiāoshuǐ* arroser
果树 *guǒshù* arbre fruitier	树干 *shùgàn* tronc	兰花 *lánhuā* orchidée	发芽 *fāyá* bourgeonner, germer
杨树 *yángshù* peuplier	树根 *shùgēn* racine	菊花 *júhuā* chrysanthème	开花 *kāihuā* fleurir
松树 *sōngshù* pin	花 *huā* fleur	竹子 *zhúzi* bambou	摘 *zhāi* cueillir
橡树 *xiàngshù* chêne	花瓣 *huābàn* pétale	种子 *zhǒngzi* semence	

🔊 UN PEU DE CONVERSATION

● 白杨树在中国文学中是坚韧的象征。
Báiyángshù zài Zhōngguó wénxué zhōng shì jiānrèn de xiàngzhēng.
Dans la littérature chinoise, le peuplier blanc est symbole de ténacité.

● 很多树根都可以制成药物。
Hěn duō shùgēn dōu kěyǐ zhìchéng yàowù.
Beaucoup de racines peuvent entrer dans la composition des médicaments.

● 梅花、兰花、竹子和菊花是中国画里常用的题材。
Méihuā, lánhuā, zhúzi hé júhuā shì zhōngguóhuà lǐ chángyòng de tícái.
Les fleurs de prunier, les orchidées, les bambous et les chrysanthèmes sont des motifs fréquents dans la peinture chinoise.

● 秋天我种了一些玫瑰，现在开始开花了。
Qiūtiān wǒ zhòngle yī xiē méigui, xiànzài kāishǐ kāihuā le.
J'ai planté des rosiers cet automne et ça y est : ils commencent à fleurir.

LA POLLUTION ET LA PROTECTION DE L'ENVIRONNEMENT

生态
shēngtài
écologie

生态平衡
shēngtài pínghéng
équilibre écologique

污染
wūrǎn
pollution

环境保护
huánjìng bǎohù
protection de l'environnement

森林公园
sēnlín gōngyuán
parc naturel

濒危动物
bīnwēi dòngwù
espèce en voie de disparition

保护动物
bǎohù dòngwù
animal protégé

气候变暖
qìhòu biànnuǎn
réchauffement climatique

臭氧层
chòuyǎngcéng
couche d'ozone

温室气体
wēnshì qìtǐ
gaz à effet de serre

森林砍伐
sēnlín kǎnfá
déboisement

水土流失
shuǐtǔ liúshī
érosion du sol

荒漠化
huāngmòhuà
désertification

植树造林
zhíshù zàolín
reboisement

油污
yóuwū
marée noire

水污染
shuǐwūrǎn
pollution de l'eau

(可)饮用水
(kě)yǐnyòngshuǐ
eau potable

农药
nóngyào
pesticide

化肥
huàféi
engrais chimique

有毒
yǒudú
toxique

受污染
shòu wūrǎn
contaminé

垃圾
lājī
déchets

核废料
héfèiliào
déchets nucléaires

转基因
zhuǎnjīyīn
OGM

绿色食品
lǜsè shípǐn
aliment biologique

一次性
yīcìxìng
jetable

回收
huíshōu
recycler

分类
fēnlèi
trier

可持续增长
kěchíxù zēngzhǎng
croissance durable

节能
jiénéng
économies d'énergie

清洁能源
qīngjié néngyuán
énergie propre

可再生能源
kězàishēng néngyuán
énergie renouvelable

🔊 Un peu de conversation

- 中国越来越重视经济发展与环境保护之间的平衡。
  Zhōngguó yuèláiyuè zhòngshì jīngjì fāzhǎn yǔ huánjìng bǎohù zhījiān de pínghéng.
  La Chine accorde de plus en plus d'importance à l'équilibre entre développement économique et protection de l'environnement.

- 中国濒危动物名单上已经有近两百种鸟类。
  Zhōngguó bīnwēi dòngwù míngdān shàng yǐjing yǒu jìn liǎngbǎi zhǒng niǎolèi.
  Sur la liste des espèces menacées d'extinction en Chine, il y a déjà près de deux cents sortes d'oiseaux.

- 2008奥运期间北京的空气污染减轻了。
  Èrlínglíngbā Àoyùn qījiān Běijīng de kōngqì wūrǎn jiǎnqīng le.
  Pendant les jeux Olympiques de 2008, la pollution atmosphérique de Pékin a diminué.

Vocabulaire ▸ La nature et la protection de l'environnement 15

● 王太太他们家现在都只吃绿色食品。
Wáng tàitai tāmen jiā xiànzài dōu zhǐ chī lǜsè shípǐn.
Chez Madame Wang, on ne mange plus que des aliments bio.

● 从这个月起，我们小区实行垃圾分类。
Cóng zhè ge yuè qǐ, wǒmen xiǎoqū shíxíng lājī fēnlèi.
À partir de ce mois-ci, notre zone résidentielle applique le tri des ordures.

Mini quiz

1 Traduisez : 世界上海拔最高的咸水湖是西藏的纳木错。
2 Quel est le sens premier de l'expression 上山下乡 *shàngshānxiàxiāng* ? Quel est son sens historique ?
3 Quels sont les cinq composants les plus fréquents dans les noms des animaux ?
4 Citez les quatre parties d'un arbre de bas en haut.
5 Si « pollution de l'eau » se dit 水污染 *shuǐwūrǎn*, comment traduire « pollution atmosphérique » ?
6 Traduisez : 一次性筷子.

Corrigé

1 Le lac salé le plus élevé du monde est le lac Namtso au Tibet.
2 « Aller à la campagne ». L'expression désigne le mouvement initié en Chine en 1968 qui envoyait les jeunes à la campagne pour qu'ils s'y « instruisent ».
3 犭, 鸟, 虫, 鱼, 鸟.
4 树根 *shùgēn*, 树干 *shùgàn*, 树枝 *shùzhī*, 树叶 *shùyè*.
5 空气污染 *kōngqì wūrǎn*.
6 Baguettes jetables.

16 L'espace urbain

LES RUES ET ESPACES VERTS

城市
chéngshì
ville

市中心
shìzhōngxīn
centre-ville

郊区
jiāoqū
banlieue

地区, 地段
dìqū, dìduàn
quartier

街道
jiēdào
rue

小街, 小巷
xiǎojiē, xiǎoxiàng
ruelle

胡同
hútòng
hutong
[ruelle de Pékin]

吵
chǎo
bruyant

热闹
rènao
vivant

安静
ānjìng
calme

人行道
rénxíngdào
trottoir

广场
guǎngchǎng
place

公园
gōngyuán
parc

长椅
chángyǐ
banc

散步
sànbù
se promener

广告牌
guǎnggàopái
panneau publicitaire

停车场
tíngchēchǎng
parking

红绿灯
hónglǜdēng
feux tricolores

路标
lùbiāo
panneau de circulation

堵车
dǔchē
embouteillage

旅游景点
lǚyóu jǐngdiǎn
site touristique

名胜古迹
míngshènggǔjì
monument historique

寺庙
sìmiào
temple

墓地
mùdì
cimetière

▶ LES SPORTS, LA CULTURE, LES SORTIES P. 223

UN PEU DE CONVERSATION

● 北京名胜古迹众多, 不单单有故宫和长城。
Běijīng míngshènggǔjì zhòngduō, bù dāndān yǒu Gùgōng hé Chángchéng.
Les monuments historiques de Pékin sont très nombreux, il n'y a pas que la Cité interdite et la Grande Muraille.

● 在宁波市中心寺庙相当多。
Zài Níngbō shìzhōngxīn sìmiào xiāngdāng duō.
Il y a beaucoup de temples dans le centre-ville de Ningbo.

VOCABULAIRE ▸ L'espace urbain

- 在北京，两栋四层楼房的间距应该是二十米。
  Zài Běijīng, liǎng dòng sì céng lóufáng de jiānjù yīnggāi shì èrshí mǐ.
  À Pékin, la distance obligatoire entre deux immeubles de quatre étages est de vingt mètres.

- 上海的夜生活很热闹，酒吧和夜总会特别多。
  Shànghǎi de yèshēnghuó hěn rènao, jiǔbā hé yèzǒnghuì tèbié duō.
  La nuit à Shanghai est animée car les bars et les boîtes de nuit sont très nombreux.

LES TRANSPORTS EN COMMUN

交通工具 *jiāotōng gōngjù* moyen de transport	地铁 *dìtiě* métro	自行车 *zìxíngchē* vélo	错过 *cuòguò* rater (un bus…)
车站 *chēzhàn* gare, station	公交车 *gōngjiāochē* autobus	坐 *zuò* prendre (le métro…)	转(车), 倒(车) *zhuǎn(chē), dǎo(chē)* prendre une correspondance
	电车 *diànchē* tramway		

▸ LES VOYAGES P. 226

L'évolution des moyens de transport

Les moyens de transport personnels ont connu une évolution rapide : le vélo s'est popularisé dans les années 1980, la moto a commencé à le remplacer dans les années 1990 et le nombre de voitures a fortement augmenté à partir du début des années 2000. Concernant les transports en commun, le réseau de bus est traditionnellement bien développé. Ces dernières années, le métro s'est étendu rapidement dans les grandes villes (celui de Pékin est passé de deux lignes en 1992 à sept lignes en 2009).

UN PEU DE CONVERSATION

- 我刚错过一班地铁，下一班要七分钟以后才到。
  Wǒ gāng cuòguò yī bān dìtiě, xià yī bān yào qī fēn zhōng yǐhòu cái dào.
  Je viens de rater un métro ; le prochain est dans sept minutes.

- 在这种大城市，最方便的交通工具还是公共汽车。
  Zài zhè zhǒng dà chéngshì, zuì fāngbiàn de jiāotōng gōngjù háishi gōnggòng qìchē.
  Le moyen de transport le plus pratique dans ce genre de grande ville reste l'autobus.

- 你上班是坐公共汽车还是坐地铁？
  Nǐ shàngbān shì zuò gōnggòng qìchē háishi zuò dìtiě?
  Tu prends le bus ou le métro pour aller travailler ?

- 上下班高峰时打不到出租车。
  Shàngxiàbān gāofēng shí dǎ bu dào chūzūchē.
  Il est impossible de trouver un taxi aux heures de pointe.

LES SERVICES

市政府
shìzhèngfǔ
mairie

邮局
yóujú
bureau de poste

取款机
qǔkuǎnjī
distributeur automatique

图书馆
túshūguǎn
bibliothèque

警察局
jǐngchájú
commissariat

消防员
xiāofángyuán
pompiers

取款
qǔkuǎn
retirer de l'argent

托儿所
tuō'érsuǒ
crèche

警察
jǐngchá
police, policier

银行
yínháng
banque

学校
xuéxiào
école

保姆
bǎomǔ
garde d'enfant, bonne

LES MAGASINS

商店
shāngdiàn
magasin

杂货店
záhuòdiàn
épicerie

文具店
wénjùdiàn
papeterie

服装店
fúzhuāngdiàn
magasin de vêtements

市场
shìchǎng
marché

面包店
miànbāodiàn
boulangerie

报亭
bàotíng
kiosque à journaux

鞋店
xiédiàn
magasin de chaussures

超级市场
chāojí shìchǎng
supermarché

肉店
ròudiàn
boucherie

花店
huādiàn
fleuriste

洗衣店
xǐyīdiàn
laverie automatique

食品店
shípǐndiàn
magasin d'alimentation

书店
shūdiàn
librairie

Un peu de conversation

- 警察局就在市政府的对面。
  Jǐngchájú jiù zài shìzhèngfǔ de duìmiàn.
  Le commissariat est en face de la mairie.

- 这个取款机坏了，您得到银行里排队取款。
  Zhè ge qǔkuǎnjī huài le, nín děi dào yínháng lǐ páiduì qǔkuǎn.
  Ce distributeur automatique est en panne : il faut que vous fassiez la queue dans la banque pour retirer de l'argent.

- 你下午能陪我去图书馆吗?
  Nǐ xiàwǔ néng péi wǒ qù túshūguǎn ma?
  Peux-tu m'accompagner à la bibliothèque cet après-midi?

- 我觉得在菜市场买的蔬菜水果比在超市买的新鲜。
  Wǒ juéde zài càishìchǎng mǎi de shūcài shuǐguǒ bǐ zài chāoshì mǎi de xīnxian.
  Je trouve que les légumes et les fruits du marché sont plus frais que ceux du supermarché.

- 离这儿最近的报亭在邮局旁边。
  Lí zhèr zuìjìn de bàotíng zài yóujú pángbiān.
  Le kiosque à journaux le plus proche d'ici est à côté de la poste.

VOCABULAIRE ▶ L'espace urbain

- 她妹妹在花店工作。
  Tā mèimei zài huādiàn gōngzuò.
  Sa petite sœur travaille chez un fleuriste.

- 下午要把我的那身蓝色西服送到洗衣店。
  Xiàwǔ yào bǎ wǒ de nà shēn lánsè xīfú sòngdào xǐyīdiàn.
  Je dois porter mon costume bleu chez le teinturier cet après-midi.

Mini quiz

1 Trouvez le mot correspondant à la définition suivante : 城市周围的地区。
2 Traduisez : 去图书馆要坐306路车再倒54路。
3 Si « boucherie » se dit 肉店 *ròudiàn*, comment dire « boulangerie » ?
4 Traduisez : « Il faut souvent faire la queue à la banque. »

Corrigé
1 郊区 *jiāoqū*.
2 Pour aller à la bibliothèque, il faut prendre le bus 306 puis le 54.
3 面包店 *miànbāodiàn*.
4 在银行经常要排队。

17 L'éducation

要想学好一门外语，一定要多练口语。

LE SYSTÈME ÉDUCATIF

学习
xuéxí
étudier

学费
xuéfèi
frais de scolarité

年级
niánjí
classe [niveau]

学校
xuéxiào
école

幼儿园
yòu'éryuán
école maternelle

小学
xiǎoxué
école primaire

初中
chūzhōng
collège

高中
gāozhōng
lycée

大学
dàxué
université

校园
xiàoyuán
campus

商业学校
shāngyè xuéxiào
école de commerce

工程学院
gōngchéng xuéyuàn
école d'ingénieurs

公立学校
gōnglì xuéxiào
école publique

私立学校
sīlì xuéxiào
école privée

夜校
yèxiào
cours du soir

毕业
bìyè
être diplômé

文凭
wénpíng
diplôme

学士学位
xuéshì xuéwèi
licence

硕士学位
shuòshì xuéwèi
master

博士学位
bóshì xuéwèi
doctorat

Un peu de conversation

- 上海有些私立高中的学费特别贵。
  Shànghǎi yǒu xiē sīlì gāozhōng de xuéfèi tèbié guì.
  Les frais de scolarité de certains lycées privés à Shanghai sont particulièrement élevés.

- 大明考上重点大学了，他们全家都很高兴。
  Dàmíng kǎoshàng zhòngdiǎn dàxué le, tāmen quán jiā dōu hěn gāoxìng.
  Daming a été reçu dans une université importante : sa famille est très contente.

- 硕士毕业后，还要读三年才能取得博士学位。
  Shuòshì bìyè hòu, hái yào dú sān nián cái néng qǔdé bóshì xuéwèi.
  Après le master, il faut encore trois ans d'études pour pouvoir obtenir un doctorat.

- 学校的图书馆，一次可以借几本书？
  Xuéxiào de túshūguǎn, yī cì kěyǐ jiè jǐ běn shū?
  Combien de livres peut-on emprunter à la fois à la bibliothèque de la fac ?

- 名牌大学毕业的学生找工作很容易。
  Míngpái dàxué bìyè de xuésheng zhǎo gōngzuò hěn róngyì.
  Il est très facile de trouver du travail pour un diplômé d'une université renommée.

VOCABULAIRE ▶ L'éducation

LES FOURNITURES SCOLAIRES

纸
zhǐ
papier

钢笔
gāngbǐ
stylo à plume

笔盒, 笔袋
bǐhé, bǐdài
trousse

记事本
jìshìběn
agenda

铅笔
qiānbǐ
crayon à papier

圆珠笔
yuánzhūbǐ
stylo à bille

直尺, 尺子
zhíchǐ, chǐzi
règle

书
shū
livre

笔削, 铅笔刀
bǐxuē, qiānbǐdāo
taille-crayon

荧光笔
yíngguāngbǐ
surligneur

计算器
jìsuànqì
calculette

课本, 教材
kèběn, jiàocái
manuel scolaire

橡皮擦
xiàngpícā
gomme

修正液, 涂改液
xiūzhèngyè, túgǎiyè
correcteur

笔记本
bǐjìběn
cahier

LES COURS

班级
bānjí
classe
[groupe d'élèves]

班主任
bānzhǔrèn
professeur principal

文科
wénkē
lettres et sciences humaines

练习
liànxí
exercice

教室
jiàoshì
salle de classe

学生
xuésheng
élève

外语
wàiyǔ
langue étrangère

作业
zuòyè
devoir

粉笔
fěnbǐ
craie

班长
bānzhǎng
délégué de classe

一节课
yī jié kè
un cours

复习
fùxí
réviser

黑板
hēibǎn
tableau noir

同班同学
tóngbān tóngxué
camarade de classe

课程表
kèchéngbiǎo
emploi du temps

考试
kǎoshì
examen

食堂
shítáng
cantine

校友
xiàoyǒu
camarade d'école

上课
shàngkè
avoir cours

口试
kǒushì
examen oral

宿舍
sùshè
dortoir

科目
kēmù
matière

课间休息
kèjiān xiūxi
récréation

笔试
bǐshì
examen écrit

老师, 教师
lǎoshī, jiàoshī
professeur

理科
lǐkē
sciences

上学
shàngxué
aller en cours

分数
fēnshù
note

🔊 UN PEU DE CONVERSATION

● 用自动铅笔比用铅笔方便多了。
Yòng zìdòng qiānbǐ bǐ yòng qiānbǐ fāngbiàn duō le.
Un critérium est beaucoup plus pratique qu'un crayon à papier.

- 做几何题时，需要用圆规和三角尺。
  Zuò jǐhétí shí, xūyào yòng yuánguī hé sānjiǎochǐ.
  En géométrie, on a besoin d'un compas et d'une équerre.

- 你能不能借我你的美工刀？
  Nǐ néng bù néng jiè wǒ nǐ de měigōngdāo?
  Peux-tu me prêter ton cutter?

- 很多中国学生都不习惯用记事本。
  Hěn duō Zhōngguó xuésheng dōu bù xíguàn yòng jìshìběn.
  Nombreux sont les élèves chinois qui n'ont pas l'habitude d'utiliser un agenda.

- 请同学们把单词表里的生词用荧光笔涂上。
  Qǐng tóngxuémen bǎ dāncíbiǎo lǐ de shēngcí yòng yíngguāngbǐ túshàng.
  Surlignez les mots nouveaux dans votre carnet de vocabulaire.

- 中国的高二学生要面临文科或者理科的选择。
  Zhōngguó de gāo'èr xuésheng yào miànlín wénkē huòzhě lǐkē de xuǎnzé.
  Les élèves chinois de première doivent choisir entre lettres et sciences.

- 要想学好一门外语，一定要多练口语。
  Yào xiǎng xuéhǎo yī mén wàiyǔ, yīdìng yào duō liàn kǒuyǔ.
  Pour bien apprendre une langue étrangère, il faut s'entraîner beaucoup à l'oral.

- 你赶快加紧复习吧：过两个星期就考数学考试了。
  Nǐ gǎnkuài jiājǐn fùxí ba : guò liǎng ge xīngqī jiù kǎo shùxué kǎoshì le.
  Dépêche-toi de réviser : l'examen de maths est dans deux semaines.

- 老师点名的时候发现有两个学生逃课。
  Lǎoshī diǎnmíng de shíhou fāxiàn yǒu liǎng ge xuésheng táokè.
  En faisant l'appel, le professeur s'est aperçu que deux élèves avaient séché le cours.

- 食堂饭菜真难吃。
  Shítáng fàncài zhēn nánchī.
  La nourriture de la cantine est vraiment mauvaise.

- 很多学生上课偷偷发短信。
  Hěn duō xuésheng shàngkè tōutōu fā duǎnxìn.
  Beaucoup d'élèves envoient des SMS en cachette pendant les cours.

MINI QUIZ

1 Répondez à la double question : 中国大学生一般在哪儿吃饭? 在哪儿住?
2 Quelle est la différence entre 同学 *tóngxué* et 校友 *xiàoyǒu*?
3 Chassez l'intrus : 荧光笔 *yíngguāngbǐ*, 圆珠笔 *yuánzhūbǐ*, 钢笔 *gāngbǐ*, 笔记本 *bǐjìběn*.
4 Traduisez : 我数学考试得了满分。

CORRIGÉ

1 À la question « Où mangent et dorment généralement les étudiants chinois ? », il faut répondre 食堂 *shítáng* (cantine) et 宿舍 *sùshè* (dortoir).
2 On appelle 同学 *tóngxué* quelqu'un avec qui on a été en classe et 校友 *xiàoyǒu* une personne qui est seulement allée dans la même école ou la même université.
3 笔记本 *bǐjìběn* (cahier).
4 J'ai eu la note maximale au contrôle de maths.

18 La vie professionnelle

很多欧洲企业希望从中国市场获得巨大盈利。

QUELQUES MÉTIERS

工作 *gōngzuò* travail, travailler	律师 *lǜshī* avocat	农民 *nóngmín* paysan	售货员 *shòuhuòyuán* vendeur
生涯 *shēngyá* carrière	商人 *shāngrén* commerçant	工人 *gōngrén* ouvrier	服务员 *fúwùyuán* serveur
干部 *gànbu* cadre	医生 *yīshēng* médecin	矿工 *kuànggōng* mineur	军人 *jūnrén* militaire
公务员 *gōngwùyuán* fonctionnaire	牙医 *yáyī* dentiste	水管工 *shuǐguǎngōng* plombier	警察 *jǐngchá* policier
工程师 *gōngchéngshī* ingénieur	记者 *jìzhě* journaliste	电工 *diàngōng* électricien	
会计 *kuàijì* comptable	建筑师 *jiànzhùshī* architecte	泥瓦匠 *níwǎjiàng* maçon	
秘书 *mìshu* secrétaire	演员 *yǎnyuán* acteur	厨师 *chúshī* cuisinier	

▶ Le CV p. 185

🔊 Un peu de conversation

● 我的邻居当上了银行副经理。
Wǒ de línjū dāngshàngle yínháng fùjīnglǐ.
Mon voisin est devenu directeur adjoint d'une banque.

● 他老婆去年在一所律师事务所找到了一份工作。
Tā lǎopo qùnián zài yī suǒ lǜshī shìwùsuǒ zhǎodàole yī fèn gōngzuò.
Il y a un an, sa femme a trouvé du travail dans un cabinet d'avocats.

● 中国医生都在公立医院工作，私人诊所很少。
Zhōngguó yīshēng dōu zài gōnglì yīyuàn gōngzuò, sīrén zhěnsuǒ hěn shǎo.
Les médecins chinois travaillent tous à l'hôpital public, il y a très peu de cabinets privés.

- 在外国记者眼中，中国警察怎么样？
  Zài wàiguó jìzhě yǎnzhōng, Zhōngguó jǐngchá zěnmeyàng?
  Comment la police chinoise est-elle perçue par les journalistes étrangers ?

- 酒店服务员和商场售货员，哪个工资高一点？
  Jiǔdiàn fúwùyuán hé shāngchǎng shòuhuòyuán, nǎ ge gōngzī gāo yī diǎn?
  Qui a le salaire le plus élevé : un garçon d'hôtel ou un vendeur dans une galerie marchande ?

L'ACTIVITÉ DE L'ENTREPRISE

公司 *gōngsī* société	雇用 *gùyòng* employer	白领 *báilǐng* col blanc	竞争 *jìngzhēng* concurrence
企业 *qǐyè* entreprise	老板 *lǎobǎn* patron	蓝领 *lánlǐng* col bleu	客户 *kèhù* client
外企 *wàiqǐ* entreprise étrangère	经理 *jīnglǐ* directeur	同事 *tóngshì* collègue	合同 *hétong* contrat
中小企业 *zhōngxiǎo qǐyè* P.M.E.	主任 *zhǔrèn* responsable	同行 *tóngháng* confrère	营业额 *yíngyè'é* chiffre d'affaires
雇主 *gùzhǔ* employeur	人员 *rényuán* personnel	供求 *gōngqiú* (l')offre et (la) demande	利润 *lìrùn* bénéfice
	职员 *zhíyuán* (un) employé		倒闭 *dǎobì* faire faillite

UN PEU DE CONVERSATION

- 很多欧洲企业希望从中国市场获得巨大盈利。
  Hěn duō Ōuzhōu qǐyè xīwàng cóng Zhōngguó shìchǎng huòdé jùdà yínglì.
  Beaucoup d'entreprises européennes espèrent réaliser des bénéfices importants sur le marché chinois.

- 现在闹经济危机，我们这种小商人的生意很难做啊！
  Xiànzài nào jīngjì wēijī, wǒmen zhè zhǒng xiǎoshāngrén de shēngyì hěn nánzuò a!
  Maintenant, avec la crise, des petits commerçants comme nous ont du mal à survivre !

- 由于消费者需求骤减，这家企业已解雇了六十人。
  Yóuyú xiāofèizhě xūqiú zhòu jiǎn, zhè jiā qǐyè yǐ jiěgùle liùshí rén.
  En raison de la baisse de la consommation, cette entreprise a licencié soixante employés.

- 现在的大学生毕业了都想当白领。
  Xiànzài de dàxuéshēng bìyèle dōu xiǎng dāng báilǐng.
  Les étudiants qui sortent de l'université veulent tous devenir cols blancs.

VOCABULAIRE ▸ La vie professionnelle

LES CONDITIONS DE TRAVAIL

工资
gōngzī
salaire

就业
jiùyè
obtenir un emploi

全职/兼职工作
quánzhí/jiānzhí gōngzuò
travail à temps complet/partiel

假期
jiàqī
vacances

工作合同
gōngzuò hétong
contrat de travail

辞退
cítuì
licencier

加班
jiābān
faire des heures supplémentaires

退休
tuìxiū
prendre sa retraite

长期工作合同
chángqī gōngzuò hétong
CDI

失业
shīyè
chômage

病假
bìngjià
congé de maladie

退休金
tuìxiūjīn
retraite [pension]

短期工作合同
duǎnqī gōngzuò hétong
CDD

失业者
shīyèzhě
chômeur

招聘启事
zhāopin qǐshì
offre d'emploi

产假
chǎnjià
congé de maternité

社会保险
shèhuì bǎoxiǎn
assurance sociale

医疗保险
yīliáo bǎoxiǎn
assurance santé

实习
shíxí
stage

🔊 Un peu de conversation

● 大学应届毕业生很难就业。
Dàxué yīngjiè bìyèshēng hěn nán jiùyè.
Les étudiants diplômés de cette année ont du mal à trouver du travail.

● 这家公司早在上个月已经开始第一波裁员。
Zhè jiā gōngsī zǎo zài shàng ge yuè yǐjing kāishǐ dì-yī bō cáiyuán.
Cette société a lancé le mois dernier une première vague de licenciements.

● 我爸是离休干部，他的退休金很高。
Wǒ bà shì líxiū gànbu, tā de tuìxiūjīn hěn gāo.
Mon père était cadre, il a une bonne retraite.

Mini quiz

1 Traduisez : « Nous sommes confrères, mais nous ne sommes pas collègues. »
2 Traduisez : 我下周要签合同。
3 Comment traduire « le marché de l'emploi » ?
4 Devinez ce que signifie 朝九晚五 *zhāojiǔwǎnwǔ*.

Corrigé
1 我们是同行，但不是同事。[Un confrère exerce la même profession, un collègue exerce sur le même lieu de travail.]
2 La semaine prochaine, je vais signer mon contrat d'embauche.
3 就业市场 *jiùyè shìchǎng*.
4 L'expression désigne une journée de travail [littéralement : 9 heures du matin et 5 heures du soir].

19 Les médias

这档节目的主持人很受观众的欢迎。

LA PRESSE ÉCRITE

媒体
méitǐ
médias

资讯, 消息
zīxùn, xiāoxi
information

报刊
bàokān
presse

发行量
fāxíngliàng
tirage

报纸
bàozhǐ
journal

杂志, 期刊
zázhì, qīkān
magazine

日报
rìbào
quotidien

周报
zhōubào
hebdomadaire

月报
yuèbào
mensuel

通讯社
tōngxùnshè
agence de presse

记者
jìzhě
journaliste

新闻发布会
xīnwén fābùhuì
conférence de presse

查禁
chájìn
censurer

新闻
xīnwén
actualités, informations

采访
cǎifǎng
faire un reportage

主题
zhǔtí
sujet

调查
diàochá
enquête

题目, 标题
tímù, biāotí
titre

头版
tóubǎn
(la) une

社论
shèlùn
éditorial

文章
wénzhāng
article

专栏
zhuānlán
rubrique, chronique

启事
qǐshì
petite annonce

新闻图片
xīnwén túpiàn
photo de presse

漫画
mànhuà
dessin humoristique

广告
guǎnggào
publicité

Un peu de conversation

- 每次看《扬子晚报》, 我爸爸先看时政版, 我总是先看体育版。
Měi cì kàn « Yángzi wǎnbào », wǒ bàba xiān kàn shízhèngbǎn, wǒ zǒngshì xiān kàn tǐyùbǎn.
Chaque fois qu'on lit *Yangtsé soir*, mon père commence par la page d'actualités politiques, et moi par la page des sports.

- 明星不容易当, 连谈恋爱都要开新闻发布会。
Míngxīng bù róngyì dāng, lián tán liàn'ài dōu yào kāi xīnwén fābùhuì.
Ce n'est pas facile d'être une vedette : il faut tenir des conférences de presse même pour parler de ses histoires d'amour.

VOCABULAIRE ▸ Les médias

- 外国记者在中国采访要先得到有关部门的许可。
  Wàiguó jìzhě zài Zhōngguó cǎifǎng yào xiān dédào yǒuguān bùmén de xǔkě.
  Si les journalistes étrangers veulent faire des reportages en Chine, ils doivent d'abord obtenir l'autorisation auprès des services compétents.

- 报纸上的招工启示越来越少了。
  Bàozhǐ shàng de zhāogōng qǐshì yuèláiyuè shǎo le.
  On trouve de moins en moins d'offres d'emploi dans le journal.

- 1949年元旦的人民日报社论标题是"将革命进行到底"。
  Yījiǔsìjiǔ nián Yuándàn de Rénmín Rìbào shèlùn biāotí shì « Jiāng gémìng jìnxíng dàodǐ ».
  Le titre de l'éditorial du *Quotidien du Peuple* du 1er janvier 1949 était : « Mener la révolution jusqu'au bout ».

LA RADIO ET LA TÉLÉVISION

收音机
shōuyīnjī
poste de radio

卫星电视
wèixīng diànshì
TV par satellite

天气预报
tiānqì yùbào
météo

观众
guānzhòng
spectateur, public

广播电台
guǎngbō diàntái
station de radio

频道
píndào
chaîne

广告
guǎnggào
spot publicitaire

换频道, 换台
huàn píndào, huàn tái
zapper

电视机
diànshìjī
téléviseur

电视连续剧
diànshì liánxùjù
feuilleton télévisé

主持人
zhǔchírén
présentateur, animateur

遥控器
yáokòngqì
télécommande

电视
diànshì
télévision

访谈节目
fǎngtán jiémù
talk show

听众
tīngzhòng
auditeur, auditoire

播放
bōfàng
diffuser

节目
jiémù
émission [radio, TV]

游戏节目
yóuxì jiémù
jeu télévisé

直播
zhíbō
en direct

UN PEU DE CONVERSATION

- 老胡每天晚上回家都会打开收音机收听新闻。
  Lǎo Hú měi tiān wǎnshang huíjiā dōu huì dǎkāi shōuyīnjī shōutīng xīnwén.
  Quand Lao Hu rentre chez lui le soir, il allume son poste de radio pour écouter les informations.

- 法国国际广播电台天天都播华语节目。
  Fǎguó Guójì Guǎngbō diàntái tiāntiān dōu bō huáyǔ jiémù.
  Radio France Internationale diffuse tous les jours des programmes en chinois.

- 电视连续剧《奋斗》引起观众热评。
  Diànshì liánxùjù « Fèndòu » yǐnqǐ guānzhòng rèpíng.
  Le feuilleton télévisé *Lutter* a enthousiasmé les téléspectateurs.

- 这档节目的主持人很受观众的欢迎。
  Zhè dàng jiémù de zhǔchírén hěn shòu guānzhòng de huānyíng.
  Le présentateur de cette émission est très apprécié du public.

- 麻烦你把遥控器递过来，我最不喜欢看游戏节目。
  Máfan nǐ bǎ yáokòngqì dì guòlai, wǒ zuì bù xǐhuan kàn yóuxì jiémù.
  Passe-moi la télécommande, je déteste les jeux télévisés.

Mini quiz

1 Traduisez : 今天《人民日报》的头版头条是"中国主席访问法国"。
2 Traduisez : « Je n'aime par regarder les publicités télévisées. »
3 Complétez la phrase avec le mot approprié : 很多……喜欢这个电视主持人。
4 Devinez ce que signifie 法新社 *Fǎxīnshè*.
5 Chassez l'intrus : 杂志 *zázhì*, 日报 *rìbào*, 周报 *zhōubào*, 晚报 *wǎnbào*.

Corrigé
1 La une du *Quotidien du Peuple* d'aujourd'hui est : « Le président chinois se rend en visite en France. »
2 我不喜欢看电视广告。
3 很多观众喜欢这个电视主持人。
4 AFP.
5 杂志, n'est pas un journal mais une revue.

20 Les outils de communication

LE COURRIER POSTAL

邮局
yóujú
poste

邮递员
yóudìyuán
facteur

寄
jì
poster, expédier

邮费
yóufèi
frais d'envoi

信箱
xìnxiāng
boîte aux lettres

邮件
yóujiàn
courrier

信
xìn
lettre

挂号信
guàhàoxìn
lettre recommandée

快递
kuàidì
courrier express

明信片
míngxìnpiàn
carte postale

包裹
bāoguǒ
paquet

信封
xìnfēng
enveloppe

邮票
yóupiào
timbre

地址
dìzhǐ
adresse

寄件人
jìjiànrén
expéditeur

收件人
shōujiànrén
destinataire

邮政编码
yóuzhèng biānmǎ
code postal

Un peu de conversation

● 中国和法国之间邮寄的最快方式是航空邮件。
Zhōngguó hé Fǎguó zhījiān yóujì de zuì kuài fāngshì shì hángkōng yóujiàn.
Le mode d'expédition le plus rapide entre la Chine et la France est le courrier par avion.

● 我今早打开信箱看有没有收到信，结果没有！
Wǒ jīnzǎo dǎkāi xìnxiāng kàn yǒu méiyǒu shōudàoxìn, jiéguǒ méiyǒu!
Ce matin, j'ai ouvert ma boîte aux lettres pour voir si j'avais du courrier, résultat : rien!

● 中文信封的格式是左上角写收件人地址，右下角写寄信人的地址。
Zhōngwén xìnfēng de géshi shì zuǒshàngjiǎo xiě shōujiànrén dìzhǐ, yòuxiàjiǎo xiě jìxìnrén de dìzhǐ.
Sur une enveloppe chinoise, l'adresse du destinataire s'écrit en haut à gauche, l'adresse de l'expéditeur en bas à droite.

● 我妹妹每到一个新的国家旅游都会给我寄一张明信片。
Wǒ mèimei měi dào yī ge xīn de guójiā lǚyóu dōu huì gěi wǒ jì yī zhāng míngxìnpiàn.
Quand ma petite sœur voyage dans un nouveau pays, elle m'envoie toujours une carte postale.

- 你不在包裹上写邮编，怎么寄到呢？
Nǐ bù zài bāoguǒ shàng xiě yóubiān, zěnme jìdào ne?
Si tu n'écris pas le code postal sur le colis, comment veux-tu qu'il arrive à destination?

LE TÉLÉPHONE

电话 *diànhuà* (le) téléphone	打电话 *dǎ diànhuà* téléphoner	接通 *jiētōng* libre	分机 *fēnjī* poste, extension
公共电话 *gōnggòng diànhuà* téléphone public	电话号码 *diànhuà hàomǎ* numéro de téléphone	占线 *zhànxiàn* occupé	长途电话 *chángtú diànhuà* appel longue distance
手机 *shǒujī* téléphone portable	拨号 *bōhào* composer le numéro	喂 *wèi* allô	国际电话 *guójì diànhuà* appel international
电话卡 *diànhuàkǎ* carte téléphonique	接，接听 *jiē, jiētīng* décrocher	留言机 *liúyánjī* répondeur	短信，信息 *duǎnxìn, xìnxī* texto
电话簿 *diànhuàbù* annuaire téléphonique	挂，挂断 *guà, guàduàn* raccrocher	留言 *liúyán* laisser un message	发 (传真, 信息) *fā (chuánzhēn, xìnxī)* envoyer (un fax, un texto)
		总机 *zǒngjī* standard	

UN PEU DE CONVERSATION

- 喂，您是哪位？
Wèi, nín shì nǎ wèi?
Allô, qui est à l'appareil?

- 老张，过来接电话，有人找你。
Lǎo Zhāng, guòlai jiē diànhuà, yǒu rén zhǎo nǐ.
Lao Zhang, viens répondre, on te demande.

- 她天天煲电话粥，但看到她的电话账单她总是很吃惊。
Tā tiāntiān bāo diànhuà zhōu, dàn kàndào tā de diànhuà zhàngdān tā zǒngshì hěn chījīng.
Elle passe des heures au téléphone tous les jours mais elle est toujours surprise en voyant la note.

- 电话铃响了，但我没来得及接。
Diànhuàlíng xiǎngle, dàn wǒ méi láidejí jiē.
Le téléphone a sonné, mais je n'ai pas eu le temps de décrocher.

- 公用电话比以前少多了。
Gōngyòng diànhuà bǐ yǐqián shǎo duō le.
Les cabines publiques sont beaucoup moins nombreuses qu'auparavant.

VOCABULAIRE ▶ Les outils de communication

- 我打了一上午，可是他们办公室电话一直占线。
  Wǒ dǎle yī shàngwǔ, kěshì tāmen bàngōngshì diànhuà yīzhí zhànxiàn.
  J'ai appelé toute la matinée, mais le téléphone de leur bureau sonne toujours occupé.

- 如果没人接就留言吧。
  Rúguǒ méi rén jiē jiù liúyán ba.
  Si personne ne répond, laisse un message.

- 你可以打宾馆的总机再转到我的房间。
  Nǐ kěyǐ dǎ bīnguǎn de zǒngjī zài zhuǎndào wǒ de fángjiān.
  Tu peux appeler le standard de l'hôtel pour qu'on te passe ma chambre.

L'INFORMATIQUE ET INTERNET

电脑
diànnǎo
ordinateur

笔记本电脑
bǐjìběn diànnǎo
ordinateur portable

硬盘
yìngpán
disque dur

屏幕
píngmù
écran

鼠标
shǔbiāo
souris

因特网
Yīntèwǎng
Internet

网络
wǎngluò
réseau

宽带
kuāndài
haut débit

网络公司
wǎngluò gōngsī
fournisseur d'accès

连接
liánjiē
se connecter

搜索引擎
sōusuǒ yǐnqíng
moteur de recherche

浏览器
liúlǎnqì
logiciel de navigation

浏览
liúlǎn
parcourir, surfer

网站
wǎngzhàn
site web

网页
wǎngyè
page web

论坛
lùntán
forum de discussion

电子邮件
diànzǐ yóujiàn
courriel

垃圾邮件
lājī yóujiàn
spam, courrier indésirable

聊天工具
liáotiān gōngjù
messagerie instantanée

链接
liànjiē
lien

网址
wǎngzhǐ
adresse Internet

网民
wǎngmín
internaute

点击
diǎnjī
cliquer

下载
xiàzài
télécharger

病毒
bìngdú
virus

打印
dǎyìn
imprimer

扫描
sǎomiáo
scanner

优盘
yōupán
clé USB

UN PEU DE CONVERSATION

- 我的电脑出故障，不能上网了。
  Wǒ de diànnǎo chū gùzhàng, bù néng shàngwǎng le.
  Mon ordinateur est en panne, je ne peux plus me connecter.

- 我每天收到很多垃圾邮件。
  Wǒ měi tiān shōudào hěn duō lājī yóujiàn.
  Je reçois chaque jour beaucoup de spams.

- 随着网络的发展，现在已基本达到信息全球化。
  Suízhe wǎngluò de fāzhǎn, xiànzài yǐ jīběn dádào xìnxī quánqiúhuà.
  Avec le développement d'Internet, nous avons maintenant pratiquement atteint la mondialisation de l'information.

- 哪个浏览器速度最快最安全？
  Nǎ ge liúlǎnqì sùdù zuì kuài zuì ānquán?
  Quel est le logiciel de navigation le plus rapide et le plus sûr ?

- 一旦你点击这个链接就会下载病毒。
  Yīdàn nǐ diǎnjī zhè ge liànjiē jiù huì xiàzǎi bìngdú.
  Si tu cliques sur ce lien, tu vas télécharger un virus.

Mini quiz

1 Quelle est l'abréviation de 邮政编码 ?
2 Traduisez : 我收到了您的来信。
3 Traduisez : « Le téléphone sonne, qui va répondre ? »
4 Traduisez : « Je voudrais passer un appel longue distance. »
5 Traduisez : 请点击链接下载文件。
6 Choisissez le mot approprié, 网络 *wǎngluò*, 网民 *wǎngmín* ou 网站 *wǎngzhàn*, pour compléter la phrase : 我想搜索一个⋯⋯的地址。

Corrigé
1 邮编, *yóubiān*.
2 J'ai reçu votre lettre.
3 电话铃响了，谁去接？
4 我想打长途电话。
5 Veuillez cliquer sur le lien pour télécharger le fichier.
6 我想搜索一个网站的地址。(网站 : site Internet)

随着网络的发展, 现在已基本达到信息全球化。

21 La vie en société

中国的贫富差距越来越大了。

LES COMPOSANTES SOCIALES

社会
shèhuì
société

社会阶层
shèhuì jiēcéng
classe sociale

工人阶级
gōngrén jiējí
classe ouvrière

资产阶级
zīchǎn jiējí
bourgeoisie

中产阶级
zhōngchǎn jiējí
classe moyenne

统治阶级
tǒngzhì jiējí
classe dirigeante

贫穷
pínqióng
pauvre

富裕
fùyù
riche

暴发户
bàofāhù
nouveau riche

权利
quánlì
droit

人权
rénquán
droits de l'homme

协会
xiéhuì
association

工会
gōnghuì
syndicat

奋斗
fèndòu
lutter

自由
zìyóu
liberté

团结
tuánjié
solidarité

游行示威
yóuxíng shìwēi
manifestation

罢工
bàgōng
grève

公民
gōngmín
citoyen

身份
shēnfen
statut

市民
shìmín
citadin

少数民族
shǎoshù mínzú
minorité ethnique

移民
yímín
immigrant

农民工
nóngmíngōng
ouvrier-paysan

流动人口
liúdòng rénkǒu
population migrante

户口
hùkǒu
certificat de résidence

户籍制度
hùjí zhìdù
système du registre d'état civil

Un peu de conversation

• 为抗议公司的裁员计划，工会本周组织罢工。
Wèi kàngyì gōngsī de cáiyuán jìhuà, gōnghuì běnzhōu zǔzhī bàgōng.
Pour protester contre le plan de licenciement de l'entreprise, le syndicat organise une grève cette semaine.

• 中国除了汉族，还有五十五个少数民族。
Zhōngguó chúle Hànzú, hái yǒu wǔshíwǔ ge shǎoshù mínzú.
À part l'ethnie Han, il existe en Chine cinquante-cinq minorités ethniques.

- 中国的农村和城市的贫富差距越来越大了。
  Zhōngguó de nóngcūn hé chéngshì de pínfù chàjù yuèláiyuè dà le.
  En Chine, les écarts de richesse entre citadins et paysans sont de plus en plus importants.

- 越来越多的流动人口对户籍管理造成困难。
  Yuèláiyuè duō de liúdòng rénkǒu duì hùjí guǎnlǐ zàochéng kùnnan.
  La population migrante est de plus en plus nombreuse, ce qui entraîne des difficultés pour la gestion du registre d'état civil.

- 农民工对自己在城市里的工作条件评价如何?
  Nóngmíngōng duì zìjǐ zài chéngshì lǐ de gōngzuò tiáojiàn píngjià rúhé?
  Comment les ouvriers-paysans jugent-ils leurs conditions de travail en ville ?

LES QUESTIONS SOCIALES

社会服务 *shèhuì fúwù* services sociaux	毒品 *dúpǐn* drogue	犯罪 *fànzuì* crime	种族主义 *zhǒngzú zhǔyì* racisme
乞讨 *qǐtǎo* mendier	毒贩 *dúfàn* trafiquant de drogue	暴力 *bàolì* violence	歧视 *qíshì* discrimination
流浪汉 *liúlànghàn* clochard	吸毒 *xīdú* se droguer	卖淫 *màiyín* prostitution	家庭暴力 *jiātíng bàolì* violence familiale

Un peu de conversation

- 这个协会帮助无家可归的流浪汉。
  Zhè ge xiéhuì bāngzhù wújiākěguī de liúlànghàn.
  Cette association aide les SDF qui n'ont nulle part où dormir.

- 这个刚刚被抓的毒贩将面临最高判决。
  Zhè ge gānggāng bèi zhuā de dúfàn jiāng miànlín zuì gāo pànjué.
  Le trafiquant de drogue qui vient d'être arrêté risque la peine maximale.

- 今年公安对卖淫嫖娼加强了打击力度。
  Jīnnián gōng'ān duì màiyín piáochāng jiāqiángle dǎjī lìdu.
  Cette année, la police a renforcé sa répression contre la prostitution.

- 一直到现在艾滋病人仍然受到歧视。
  Yīzhí dào xiànzài àizībìngrén réngrán shòudào qíshì.
  Les malades du sida subissent aujourd'hui encore des discriminations.

VOCABULAIRE ▸ La vie en société

LA JUSTICE

法律
fǎlǜ
loi

民法
mínfǎ
droit civil

刑法
xíngfǎ
droit pénal

合法
héfǎ
légal

违法
wéifǎ
illégal

无罪
wúzuì
innocent

有罪
yǒuzuì
coupable

袭击
xíjī
agresser

偷
tōu
voler

诈骗
zhàpiàn
escroquer

绑架
bǎngjià
kidnapper

强奸
qiángjiān
violer

杀死
shāsǐ
tuer

捉住
zhuōzhù
arrêter

打官司
dǎ guānsi
poursuivre en justice

起诉
qǐsù
intenter un procès (contre qqn)

控告
kònggào
porter plainte, accuser

官司
guānsi
procès

法院, 法庭
fǎyuàn, fǎtíng
tribunal

法官, 审判员
fǎguān, shěnpànyuán
juge

审判
shěnpàn
juger

辩白
biànbái
défendre

律师
lǜshī
avocat

被告
bèigào
accusé

证人
zhèngrén
témoin

证明
zhèngmíng
témoigner

判刑
pànxíng
condamner

罚款
fákuǎn
amende

刑罚
xíngfá
peine

有期徒刑
yǒuqī túxíng
peine de prison

坐牢
zuòláo
faire de la prison

无期徒刑
wúqī túxíng
réclusion à perpétuité

死刑
sǐxíng
peine capitale

释放
shìfàng
libérer

🔊 Un peu de conversation

● 最近火车站附近连着发生几起绑架案。
Zuìjìn huǒchēzhàn fùjìn liánzhe fāshēng jǐ qǐ bǎngjià'àn.
Il y a eu ces derniers temps plusieurs affaires de kidnapping aux alentours de la gare.

● 打官司很花时间和金钱。
Dǎ guānsi hěn huā shíjiān hé jīnqián.
Faire un procès coûte beaucoup de temps et d'argent.

● 对这个大毒枭的审判是公开的，大家都可以去旁听。
Duì zhè ge dà dúxiāo de shěnpàn shì gōngkāi de, dàjiā dōu kěyǐ qù pángtīng.
Le procès de ce parrain de la drogue est public, tout le monde peut y assister.

- 在中国的一些城市，大街上随地吐痰要被罚款五十人民币。
Zài Zhōngguó de yī xiē chéngshì, dàjiē shàng suídì tǔtán yào bèi fákuǎn wǔshí Rénmínbì.
Dans certaines villes chinoises, cracher par terre dans la rue est passible de 50 RMB d'amende.

- 目前世界上有将近一百个国家仍实行死刑。
Mùqián shìjiè shàng yǒu jiāngjìn yībǎi ge guójiā réng shíxíng sǐxíng.
Il y a actuellement près de cent pays qui appliquent encore la peine de mort.

Mini quiz

1 Quelle la forme non abrégée du mot 民工 *míngōng* ?
2 Combien y a-t-il d'ethnies et de minorités ethniques en Chine ?
3 Comment traduire « condamner à la réclusion à perpétuité » ?
4 Traduisez : 他坐了一年牢。

Corrigé
1 农民工 *nóngmíngōng*.
2 Respectivement 56 et 55.
3 判无期徒刑 *pàn wúqī túxíng*.
4 Il a fait un an de prison.

越来越多的流动人口对户籍管理造成困难。

Traduction :
trouver le mot juste

Abréviations utilisées
qqn : quelqu'un
qqch. : quelque chose
cl. : classificateur
V : verbe
inf. : infinitif

À (LIEU)

- **destination → 到** *dào*
  - Li Gang va à Jinan chercher un ami.
    李钢到济南去找一个朋友。
    Lǐ Gāng **dào** Jǐnán qù zhǎo yī ge péngyou.

- **localisation → 在** *zài*
  - Liu Bo étudie à Chengdu.
    刘波在成都学习。
    Liú Bō **zài** Chéngdū xuéxí.

- **(naître, grandir, mourir…) à → V + 在** *zài*
  - Lao She est né et mort à Pékin.
    老舍生在北京，死在北京。
    Lǎo Shě shēng**zài** Běijīng, sǐ**zài** Běijīng.

- **(se trouver) à → 在** *zài*
  - Wang Xiang est à Wuhan en ce moment.
    王湘现在在武汉。
    Wáng Xiāng xiànzài **zài** Wǔhàn.

▸ Vers p. 329
▸ Coverbes p. 99

À (TEMPS)

- **à + moment → circonstanciel de temps**
  - Nous partirons demain à cinq heures.
    我们明天五点钟出发。
    Wǒmen míngtiān **wǔ diǎn zhōng** chūfā.

▸ De p. 282

- **jusqu'à → 到** *dào*
  - Nous sommes en vacances jusqu'à demain.
    我们放假放到明天。
    Wǒmen fàngjià fàng**dào** míngtiān.

▸ De… à… p. 282

- **(se produire, naître, mourir…) à → V + 在** *zài*
  - Le tremblement de terre de Wenchuan s'est produit le 12 mai 2008 à 14 heures 28.
    汶川地震发生在2008年5月12日下午2点28分。
    Wènchuān dìzhèn fāshēng**zài** èrlínglíngbā nián wǔyuè shí'èr rì xiàwǔ liǎng diǎn èrshíbā fēn.

À (AUTRES SENS)

- **à l'intention de (bénéficiaire de l'action) → 给** *gěi*
  - Cela fait longtemps que Li Hai n'a pas écrit à ses parents.
    李海已经很久没有给他父母写信。
    Lǐ Hǎi yǐjīng hěn jiǔ méiyǒu **gěi** tā fùmǔ xiěxìn.

TRADUCTION ▸ À (lieu)

- **à l'égard de (participant à l'action)** ➔ 跟 *gēn*
  - Qu'as-tu dit à ta petite sœur pour qu'elle se fâche comme ça ?
    你跟你妹妹说了什么让她这样发火？
    Nǐ gēn nǐ mèimei shuōle shénme ràng tā zhèyàng fāhuǒ ?

- **en direction de (destinataire de l'action)** ➔ 对 *duì*, 向 *xiàng*
  - Wang Fang a expliqué son point de vue à son patron.
    王芳对她的老板讲了她的看法。
    Wáng Fāng duì tā de lǎobǎn jiǎngle tā de kànfǎ.
  - Xiao Ming a demandé deux yuans à sa mère.
    小明向他妈妈要了两元钱。
    Xiǎomíng xiàng tā māma yàole liǎng yuán qián.

▸ **COVERBES P. 99**
▸ **DE (APPARTENANCE) P. 283**

ACCEPTER

- **accepter qqch.** ➔ 接受 *jiēshòu*
  - Je ne peux pas **accepter** son cadeau.
    我不能接受他的礼物。
    Wǒ bù néng jiēshòu tā de lǐwù.
  - Li Jing **accepte** facilement les critiques.
    李静很容易接受批评。
    Lǐ Jìng hěn róngyì jiēshòu pīpíng.

- **accepter de + inf.** ➔ 同意 *tóngyì*, 答应 *dāying*
  - Nos voisins **ont accepté de** nous prêter leur échelle.
    我们邻居同意把他们的梯子借给我们。
    Wǒmen línjū tóngyì bǎ tāmen de tīzi jiègěi wǒmen.
  - Il **accepte de** nous aider.
    他答应帮助我们。
    Tā dāying bāngzhù wǒmen.

ACCOMPAGNER

- **faire qqch. avec qqn** ➔ 陪 *péi*
  - Tu m'**accompagnes** voir le dernier film de Feng Xiaogang ?
    你陪我去看冯小刚新出的电影？
    Nǐ péi wǒ qù kàn Féng Xiǎogāng xīn chū de diànyǐng ?

- **conduire qqn quelque part** ➔ 送 *sòng*
  - Je t'**accompagne** à la gare demain matin.
    明天早上我送你到火车站。
    Míngtiān zǎoshang wǒ sòng nǐ dào huǒchēzhàn.

AN

période de temps → 年 nián
- Zhang Yong a habité deux **ans** à Hong Kong.
  张勇在香港住了两年。
  *Zhāng Yǒng zài Xiānggǎng zhùle liǎng **nián**.*

âge → 岁 suì
- J'ai trente **ans** et ma petite amie vingt-huit.
  我三十岁，我女朋友二十八。
  *Wǒ sānshí **suì**, wǒ nǚpéngyou èrshíbā.*

APPRENDRE

recevoir un enseignement → 学 xué, 学习 xuéxí
- Wang Gang **apprend** l'anglais et le japonais.
  王刚学习英语和日语。
  *Wáng Gāng **xuéxí** yīngyǔ hé rìyǔ.*

donner un enseignement → 教 jiāo
- Zhang Li **apprend** à ses enfants à dessiner.
  张丽教她的小孩画画儿。
  *Zhāng Lì **jiāo** tā de xiǎohái huàhuàr.*

Notez bien
Le verbe 教 *jiāo* peut être suivi d'un complément d'objet indirect, ici, 她的小孩 *tā de xiǎohái* (à ses enfants) et d'un complément d'objet direct, ici, 画画儿 *huàhuàr* (à dessiner).

entendre dire → 听说 tīngshuō
- Elle vient d'**apprendre** qu'elle était mutée en province.
  她刚刚听说她被调到外省工作。
  *Tā gānggāng **tīngshuō** tā bèi diàodào wàishěng gōngzuò.*

être informé de → 得知 dézhī
- J'ai **appris** la nouvelle à la radio.
  我从收音机里得知了这条新闻。
  *Wǒ cóng shōuyīnjī lǐ **dézhī**le zhè tiáo xīnwén.*

informer → 告诉 gàosu, 通知 tōngzhī
- C'est sa mère qui lui a **appris** la nouvelle.
  是她母亲告诉了她这个消息。
  *Shì tā mǔqin **gàosu**le tā zhè ge xiāoxi.*
- La secrétaire leur a **appris** que la date de la réunion était reportée.
  秘书通知他们开会的日期推迟了。
  *Mìshu **tōngzhī** tāmen kāihuì de rìqī tuīchí le.*

APRÈS (ADVERBE)

- **dans le passé ou le futur → 然后** *ránhòu*
  - On a mangé un petit quelque chose, et **après** on a travaillé tout l'après-midi.
    我们随便吃了一点儿东西，然后干了一下午的活。
    *Wǒmen suíbiàn chīle yī diǎnr dōngxi, **ránhòu** gànle yī xiàwǔ de huó.*
  - Je compte aller d'abord à Shanghai, et **après** à Suzhou.
    我打算先去上海，然后再去苏州。
    *Wǒ dǎsuan xiān qù Shànghǎi, **ránhòu** zài qù Sūzhōu.*

- **dans le passé uniquement → 后来** *hòulái*
  - On se voyait souvent autrefois, mais **après** on a perdu contact.
    我们原来经常见面，但后来我们失去了联系。
    *Wǒmen yuánlái jīngcháng jiànmiàn, dàn **hòulái** wǒmen shīqùle liánxì.*

APRÈS (PRÉPOSITION)

- **après (temps) → 以后** *yǐhòu*
  - Allons prendre un verre ensemble ce soir **après** le travail.
    今天晚上下了班以后一起去喝一杯吧。
    *Jīntiān wǎnshang xiàle bān **yǐhòu** yīqǐ qù hē yī bēi ba.*
  - À peine deux jours **après** mon accident de voiture, je recommençais à marcher.
    刚刚出车祸的两天以后，我又能走路了。
    *Gānggāng chū chēhuò de liǎng tiān **yǐhòu**, wǒ yòu néng zǒulù le.*

- **après (lieu) → 在……后(面/边)** *zài... hòu(mian/bian)*
  - La poste se trouve dans la rue **après** le prochain carrefour.
    邮局在下个十字路口后面的那条街上。
    *Yóujú **zài** xià ge shízìlùkǒu **hòumian** de nà tiáo jiē shàng.*

ARRÊTER

- **interrompre une action → 停** *tíng*, **关** *guān*
  - Tu peux **arrêter** la voiture ? Je voudrais prendre une photo.
    你能不能停车？我想拍照。
    *Nǐ néng bù néng **tíng**chē? Wǒ xiǎng pāizhào.*
  - Tu as **arrêté** la radio ? – Oui, j'avais besoin de calme.
    你把收音机关了？– 是，我想安静一下。
    *Nǐ bǎ shōuyīnjī **guān** le? – Shì, wǒ xiǎng ānjìng yī xià.*

- **capturer → 捉住** *zhuōzhù*, **抓住** *zhuāzhù*
  - La police a **arrêté** le voleur.
    警察抓住了小偷。
    *Jǐngchá **zhuāzhù**le xiǎotōu.*

- **renoncer à** → 戒 *jiè*
  - Wang Lei a **arrêté** de boire, mais pas encore de fumer.
    王磊戒酒了，可是还没戒烟。
    Wáng Lěi jièjiǔ le, kěshì hái méi jièyān.

- **arrête / arrêtons / arrêtez de + inf.** → 别/不要……了 *bié/bùyào… le*
  - **Arrête** de nous donner des conseils.
    别为我们出主意了。
    Bié wèi wǒmen chū zhǔyì le.

ARRIVER

- **atteindre une destination** → 到 *dào*, 到达 *dàodá*
  - Nous venons d'**arriver** à Pékin.
    我们刚刚到达北京。
    Wǒmen gānggāng dàodá Běijīng.

- **se produire** → 发生 *fāshēng*
  - Qu'est-il **arrivé** hier ?
    昨天发生了什么事情？
    Zuótiān fāshēngle shénme shìqing?

- **parvenir à** → 能 *néng*, 可以 *kěyǐ*, composé verbal d'obtention du résultat
  - Tu es marié ? Je n'**arrive** pas à le croire !
    你结婚了？我不能相信！
    Nǐ jiéhūn le? Wǒ bù néng xiāngxìn!
  - Liu Xiang s'est blessé, il devra attendre un mois et demi pour **arriver** à marcher normalement.
    刘翔受伤了，他要等一个半月才可以正常走路。
    Liú Xiáng shòushāng le, tā yào děng yī ge bàn yuè cái kěyǐ zhèngcháng zǒulù.
  - Tu parles trop bas, je n'**arrive** pas à t'entendre.
    你说话的声音太小，我听不到。
    Nǐ shuōhuà de shēngyīn tài xiǎo, wǒ tīng bu dào.

  ▶ POUVOIR P. 316

ASSEZ

- **suffisamment** → 够 *gòu*
  - As-tu **assez** d'argent sur toi ?
    你身上的钱够不够？
    Nǐ shēnshang de qián gòu bù gòu?

- **relativement** → 比较 *bǐjiào*
  - Il parle **assez** bien chinois.
    他的中文说得比较好。
    Tā de zhōngwén shuō de bǐjiào hǎo.

TRADUCTION ▸ Arriver

AUCUN

▸ **aucun (+ nom)** ➔ 一……也不/也没(有) yī… yě bù/yě méi(yǒu) + V
- Demain, **aucun** élève ne viendra.
  明天一个学生也不会来。
  Míngtiān yī ge xuésheng yě bù huì lái.
- J'ai écrit quelques lettres, mais je n'ai reçu **aucune** réponse.
  我写了几封信，可是一封回信也没有收到。
  Wǒ xiěle jǐ fēng xìn, kěshì yī fēng huíxìn yě méiyǒu shōudào.
- Tu as pris des photos ? – Non, **aucune**.
  你拍照了吗？– 一张也没拍。
  Nǐ pāizhào le ma? – Yī zhāng yě méi pāi.

NOTEZ BIEN
On utilise 也没 yě méi pour le passé et 也不 yě bù pour le présent et le futur.

▸ **aucun de + nom** ➔ 没有一 méiyǒu yī
- Je n'aime **aucun** de ces livres.
  这几本书中，没有一本我喜欢的。
  Zhè jǐ běn shū zhōng, méiyǒu yī běn wǒ xǐhuan de.

▸ **n'avoir aucun + nom** ➔ 没有任何 méiyǒu rènhé
- Il n'a **aucun** ami.
  他没有任何朋友。
  Tā méiyǒu rènhé péngyou.

AUSSI

▸ **de plus** ➔ 也 yě
- J'aime regarder les séries télévisées américaines, et **aussi** les séries chinoises.
  我喜欢看美国电视剧，也喜欢看中国电视剧。
  Wǒ xǐhuan kàn Měiguó diànshìjù, yě xǐhuan kàn Zhōngguó diànshìjù.

NOTEZ BIEN
也 yě est un adverbe : il précède obligatoirement le verbe.

▸ **en reprise de phrase** ➔ 也 yě + V
- Li Qilin participe à la soirée de demain, moi **aussi**.
  李起林参加明天的晚会，我也参加。
  Lǐ Qǐlín cānjiā míngtiān de wǎnhuì, wǒ yě cānjiā.

▸ **à ce point** ➔ 那么 nàme, 这么 zhème, 这样 zhèyàng
- Je ne pensais pas qu'il était **aussi** riche.
  我没想到他那么有钱。
  Wǒ méi xiǎngdào tā nàme yǒuqián.

▸ **TELLEMENT P. 327**

- **aussi... que** → 和/跟……一样 *hé/gēn... yīyàng*
  - Xiao Wang est **aussi** intelligent **que** son grand frère.
    小王跟他哥哥一样聪明。
    *Xiǎo Wáng **gēn** tā gēge **yīyàng** cōngmíng.*

▸ COMPARAISON P. 162

AUTANT

- **verbe + autant** → 这么/那么 *zhème/nàme* + V
  - Je ne pensais pas m'amuser **autant** !
    没想到有这么好玩！
    *Méi xiǎngdào yǒu **zhème** hǎowán !*
  - Il pleut toujours **autant** ici ?
    这里还下那么多雨？
    *Zhèli hái xià **nàme** duō yǔ ?*

- **autant de + nom** → 这么/那么 *zhème/nàme* + V
  - Je ne pensais pas que Zhuang Xiaobo aurait **autant de** courage.
    我没想到庄小波这么有勇气。
    *Wǒ méi xiǎngdào Zhuāng Xiǎobō **zhème** yǒu yǒngqì.*
  - Je ne savais pas qu'il avait pris **autant de** photos.
    我不知道他拍了那么多照片。
    *Wǒ bù zhīdào tā pāile **nàme** duō zhàopiàn.*

- **autant que** → 跟……一样多 *gēn... yīyàng duō*
  - Zhu Jiayi travaille **autant que** vous.
    诸佳怡工作得跟你们一样多。
    *Zhū Jiāyí gōngzuò de **gēn** nǐmen **yīyàng duō**.*

- **autant (préférence)** → 不如 *bùrú*
  - Ce n'est qu'à une station, **autant** y aller à pied.
    只有一站地远，不如走着去。
    *Zhǐ yǒu yī zhàn dì yuǎn, **bùrú** zǒuzhe qù.*

AUTRE

- **en plus** → 别的 *bié de*
  - Tes bagages sont-ils tous là ? Il n'y en a pas **d'autres** ?
    你的行李都在这里吗？没有别的？
    *Nǐ de xíngli dōu zài zhèli ma? Méiyǒu **bié de**?*
  - Il vous fallait **autre** chose ? – Je n'ai besoin de rien **d'autre**, merci !
    您还需要一点儿别的吗？ – 不需要别的了，谢谢！
    *Nín hái xūyào yī diǎnr **bié de** ma ? – Bù xūyào **bié de** le, xièxie !*

Traduction ▶ Autant

🟠 **les autres (par opposition aux uns)** ➔ 其他 *qítā* **(personnes)**, 其它 *qítā* **(animaux et choses)**

- Il est plus intelligent que **les autres** camarades de notre classe.
  他比我们班其他同学聪明。
  Tā bǐ wǒmen bān qítā tóngxué cōngming.
- Il n'y a que deux livres en français sur mon étagère, **les autres** sont en chinois.
  我的书架上只有两本法文书，其它的都是中文书。
  Wǒ de shūjià shàng zhǐ yǒu liǎng běn fǎwén shū, qítā de dōu shì zhōngwén shū.

🟠 **les autres (par opposition à moi)** ➔ 别人 *biéren*, 人家 *rénjiā*

- Je ne sais pas ce que pensent **les autres**, mais moi je ne suis pas d'accord.
  我不知道别人怎么看，可我不同意。
  Wǒ bù zhīdào biéren zěnme kàn, kě wǒ bù tóngyì.
- **Les autres** sont tous partis. Pourquoi ne pars-tu pas ?
  人家都走了，你为什么不走？
  Rénjiā dōu zǒu le, nǐ wèishénme bù zǒu ?

NOTEZ BIEN

别人 *biéren* et 人家 *rénjiā* désignent certaines personnes en dehors du locuteur et de son interlocuteur.

🟠 **différent** ➔ 不同 *bùtóng*, 另(外)一 *lìng(wài) yī*

- **Autres** temps, **autres** mœurs.
  时代不同，习俗不同。
  Shídài bùtóng, xísú bùtóng.
- C'est une **autre** affaire.
  那是另一回事。
  Nà shì lìng yī huí shì.
- Je voudrais te parler d'un **autre** problème.
  我想跟你谈另外一个问题。
  Wǒ xiǎng gēn nǐ tán lìngwài yī ge wèntí.

NOTEZ BIEN

另外 *lìngwài* désigne un élément unique et 不同 *bùtóng* qualifie un ensemble de plusieurs éléments.

AVANT (PRÉPOSITION)

- **avant (temps)** → 前 *qián*, 以前 *yǐqián*, 之前 *zhīqián*
  - Une semaine **avant** de mourir, grand-père était encore en train de bricoler à la maison.
    去世的前一个星期，爷爷还在家修修弄弄。
    *Qùshì de **qián** yī ge xīngqī, yéye hái zài jiā xiūxiu-nòngnong.*
  - Un an **avant** de se marier, ils ne se connaissaient pas encore.
    结婚前一年他们还不认识。
    *Jiéhūn **qián** yī nián tāmen hái bù rènshi.*
  - N'oublie pas de me téléphoner **avant** de venir à Pékin.
    来北京之前，别忘了给我打电话。
    *Lái Běijīng **zhīqián**, bié wàngle gěi wǒ dǎ diànhuà.*

- **avant (lieu)** → 在……前(面/边) *zài… qián(mian/bian)*
  - La poste se trouve dans la rue **avant** le prochain carrefour.
    邮局在下个十字路口前面的那条街上。
    *Yóujú **zài** xià ge shízìlùkǒu **qiánmian** de nà tiáo jiē shàng.*
  - Arrête-toi **avant** le feu rouge.
    在红绿灯前边停下车吧。
    ***Zài** hónglǜdēng **qiánbian** tíngxià chē ba.*

AVANT (ADVERBE)

- **auparavant** → 先 *xiān*
  - Il aurait dû t'en parler **avant**.
    他应该先跟你说一下。
    *Tā yīnggāi **xiān** gēn nǐ shuō yī xià.*

- **autrefois** → 从前 *cóngqián*, 以前 *yǐqián*
  - Nous étions bons amis **avant**.
    我们从前是好朋友。
    *Wǒmen **cóngqián** shì hǎo péngyou.*
  - **Avant**, il y avait un cinéma ici.
    以前，这里有家电影院。
    ***Yǐqián**, zhèli yǒu jiā diànyǐngyuàn.*

AVEC

- **relation entre individus** → 和 *hé*, 同 *tóng*, 跟 *gēn*
  - Je mange **avec** un ami demain soir.
    我明天晚上和一个朋友一起吃饭。
    *Wǒ míngtiān wǎnshang **hé** yī ge péngyou yīqǐ chīfàn.*
  - Je suis d'accord **avec** toi.
    我跟你同意。
    *Wǒ **gēn** nǐ tóngyì.*

TRADUCTION ▸ **Avant (préposition)**

- **moyen → 用** yòng
  - Je sais manger **avec** des baguettes.
    我会用筷子吃饭。
    *Wǒ huì **yòng** kuàizi chīfàn.*

- **manière → adverbe + 地** de + V
  - Zhao Jianguo a fêté **avec** gaieté son cinquantième anniversaire.
    赵建国愉快地度过了五十岁生日。
    *Zhào Jiànguó yúkuài **de** dùguòle wǔshí suì shēngrì.*

AVIS

- **opinion → 意见** yìjiàn, **主意** zhǔyì, **看法** kànfǎ
  - Huang Ting voudrait donner son **avis**.
    黄婷想发表自己的意见。
    *Huáng Tíng xiǎng fābiǎo zìjǐ de **yìjiàn**.*
  - Mes collègues ont encore changé d'**avis**.
    我的同事又改变了主意。
    *Wǒ de tóngshì yòu gǎibiànle **zhǔyì**.*
  - Le directeur et le sous-directeur ont des **avis** différents.
    经理和副经理有不同的看法。
    *Jīnglǐ hé fùjīnglǐ yǒu bùtóng de **kànfǎ**.*

- **à mon / ton / son avis → 在我/你/他看来** zài wǒ/nǐ/tā kànlai, **依我/你/他看(来)** yī wǒ/nǐ/tā kàn(lai)
  - À votre **avis**, Zhang Wei a-t-il raison ou tort ?
    在你们看来，张伟说的是对的还是错的？
    *Zài nǐmen **kànlai**, Zhāng Wěi shuō de shì duì de háishi cuò de ?*
  - À mon **avis**, tu ne peux pas régler cette affaire comme ça.
    依我看来，你不能这么办这件事。
    *Yī wǒ **kànlai**, nǐ bù néng zhème bàn zhè jiàn shì.*

BIEN

- **manière → 好** hǎo
  - Je dors **bien** en vacances.
    放假时，我睡得很好。
    *Fàngjià shí, wǒ shuì de hěn **hǎo**.*
  - La petite amie de Zhang Lei danse **bien**.
    张磊的女朋友跳舞跳得很好。
    *Zhāng Lěi de nǚpéngyou tiàowǔ tiào de hěn **hǎo**.*

- **intensité → 好** hǎo, **很** hěn
  - Xu Ping a manqué **bien** des occasions.
    徐萍错过了好多机会。
    *Xú Píng cuòguòle **hǎo** duō jīhuì.*

- Je voudrais **bien** savoir ce qu'il s'est passé.
  我很想知道发生了什么事。
  Wǒ **hěn** xiǎng zhīdào fāshēngle shénme shì.

NOTEZ BIEN
La manière est exprimée avec un verbe qualificatif (voir p. 96), alors que l'intensité est exprimée avec un adverbe (voir p. 111).

au moins → 足足 zúzú**, 至少** zhìshǎo
- Je l'ai **bien** attendu trois heures.
  我足足等了他三个小时。
  Wǒ **zúzú** děngle tā sān ge xiǎoshí.
- Il y a **bien** deux ans que je n'ai pas vu Liu Yuan.
  我至少两年没有见到刘源了。
  Wǒ **zhìshǎo** liǎng nián méiyǒu jiàndào Liú Yuán le.

CHANCE

probabilité → 可能 kěnéng
- Sun Jing a des **chances** de réussir.
  孙景有成功的可能。
  Sūn Jǐng yǒu chénggōng de **kěnéng**.

occasion → 机会 jīhuì
- C'est notre dernière **chance**.
  这是我们最后的机会。
  Zhè shì wǒmen zuìhòu de **jīhuì**.

avoir de la chance → 走运 zǒuyùn**, 运气** yùnqi**, 幸运** xìngyùn
- Je n'ai vraiment **pas de chance** : lorsque je suis arrivé sur le quai, le train venait de partir.
  我真不走运，到站台上的时候火车刚刚开走。
  Wǒ zhēn bù **zǒuyùn**, dào zhàntái shàng de shíhou huǒchē gānggāng kāizǒu.
- Xiao Zhou a vraiment **de la chance** !
  小周的运气真好！
  Xiǎo Zhōu de **yùnqi** zhēn hǎo!
- Li Siqi a gagné le premier prix, il **a beaucoup de chance** !
  李思齐中了头奖，太幸运了！
  Lǐ Sīqí zhòngle tóujiǎng, tài **xìngyùn** le!

EXPRESSIONS COURANTES

Pas de chance!	Bonne chance!	par chance
不巧	祝你好运	幸亏
Bù qiǎo!	Zhù nǐ hǎo yùn!	xìngkuī

BESCHERELLE ▸ le chinois pour tous

CHANGER

rendre différent → 改变 gǎibiàn, 改 gǎi

- Nous sommes obligés de **changer** nos plans.
  我们不得不改变计划。
  Wǒmen bùdébù **gǎibiàn** jìhuà.

- Il a **changé** de nom.
  他改名了。
  Tā **gǎi**míng le.

devenir différent → 变 biàn, 改变 gǎibiàn, 变化 biànhuà

- Le temps **a changé** : il fait beau à présent.
  天气变了，现在晴天了。
  Tiānqì **biàn** le, xiànzài qíngtiān le.

- La situation **a changé**.
  情况改变了。
  Qíngkuàng **gǎibiàn** le.

- Depuis que Sun Kun est revenu de l'étranger, son attitude **a changé**.
  从国外回来以后，孙坤的态度变化了。
  Cóng guówài huílai yǐhòu, Sūn Kūn de tàidu **biànhuà** le.

échanger → 换 huàn

- Il pleut, **change** de chaussures avant de sortir.
  外边下雨，你先换鞋再出去。
  Wàibian xiàyǔ, nǐ xiān **huàn** xié zài chūqu.

- Tu sais où je pourrais **changer** de l'argent ? Je voudrais **changer** mes euros en renminbi.
  你知不知道哪儿能换钱？我想把欧元换成人民币。
  Nǐ zhī bù zhīdào nǎr néng **huàn** qián ? Wǒ xiǎng bǎ Ōuyuán **huàn**chéng Rénmínbì.

CHAQUE

fréquence ou totalité → 每 měi

- Mon grand-père se lève tôt **chaque** matin.
  我爷爷每天早上都起得很早。
  Wǒ yéye **měi** tiān zǎoshang dōu qǐ de hěn zǎo.

- Je me souviens de **chaque** réplique de ce film.
  我记得这部电影的每一句台词。
  Wǒ jìde zhè bù diànyǐng de **měi** yī jù táicí.

NOTEZ BIEN

Pour « chaque année », « chaque mois » et « chaque jour »,
il existe deux possibilités : 每 měi ou la duplication (voir p. 53).

chaque année	chaque mois	chaque jour
年年 / 每年	月月 / 每(个)月	天天 / 每天
niánnián / měi nián	yuèyuè / měi (ge) yuè	tiāntiān / měi tiān

- **chacun des éléments → 各 gè**
  - Il est paru deux dictionnaires chinois-français le mois dernier. Je possède un exemplaire de **chaque**.
    上个月刚出了两本新的中法词典，我各有一本。
    Shàng ge yuè gāng chūle liǎng běn xīn de zhōngfǎ cídiǎn, wǒ gè yǒu yī běn.
  - Les licenciements vont concerner **chaque** usine du sud de la Chine.
    裁员将涉及中国南方的各个工厂。
    Cáiyuán jiāng shèjí Zhōngguó nánfāng de gè ge gōngchǎng.

  NOTEZ BIEN
  每 *měi*, souvent utilisé avec 都 *dōu*, rassemble chacune des parties d'un ensemble sans exception, alors que 各 *gè* envisage différentes parties d'un ensemble.
  ▸ **TOUT P. 328**

CHEZ

- **dans la maison de → nom / pronom + 家 jiā**
  - J'irai **chez** toi demain si j'ai le temps.
    明天有空我到你家去。
    Míngtiān yǒukòng wǒ dào nǐ jiā qù.
  - Monsieur Liu rentre **chez** lui tous les soirs à 22 h.
    刘先生每天晚上十点回家。
    Liú xiānsheng měi tiān wǎnshang shí diǎn huíjiā.

  NOTEZ BIEN
  L'expression « rentrer chez soi » est figée en chinois : 回家 *huíjiā*.

- **chez + catégorie d'individus → nom**
  - **Chez** les Chinois, le nom de famille précède le prénom.
    中国人的姓在名字之前。
    Zhōngguórén de xìng zài míngzi zhīqián.
  - Le taux de chômage **chez** les jeunes n'a jamais été aussi élevé.
    年轻人的失业率没这么高过。
    Niánqīngrén de shīyèlǜ méi zhème gāoguo.

- **chez + profession → nom**
  - Je vais **chez** le coiffeur.
    我上理发店去。
    Wǒ shàng lǐfàdiàn qù.
  - Je vais **chez** le médecin.
    我去看大夫。
    Wǒ qù kàn dàifu.

- **dans l'œuvre de → 在……的作品里 zài… de zuòpǐn lǐ**
  - On trouve ce point de vue **chez** Lu Xun.
    在鲁迅的作品里可以看到这个观点。
    Zài Lǔ Xùn de zuòpǐn lǐ kěyǐ kàndào zhè ge guāndiǎn.

TRADUCTION ▸ Chez **C**

COMBIEN ?

- **caractéristique → 多** *duō* **+ verbe qualificatif**
  - Combien mesure cette personne ? [combien grand]
    那个人有多高？
    Nà ge rén yǒu duō gāo?
  - Combien de temps as-tu attendu ? [combien long]
    你等了多长时间？
    Nǐ děngle duō cháng shíjiān?

- **quantité inférieure à 10 → 几** *jǐ* **+ cl. + nom**
  - Il va encore falloir que je te le répète **combien** de fois ?
    我还要跟你说几次？
    Wǒ hái yào gēn nǐ shuō jǐ cì?

- **quantité égale ou supérieure à 10 → 多少** *duōshao* **+ nom**
  - Il fait **combien** de pages, ton mémoire ?
    你的论文有多少页？
    Nǐ de lùnwén yǒu duōshao yè?

  ▸ **INTERROGATIFS P. 66**

COMME

- **conformément à → 像** *xiàng*
  - **Comme** je te l'ai dit hier, je ne pourrai pas venir de toute la semaine prochaine.
    像昨天说的，我下个星期都来不了。
    Xiàng zuótiān shuō de, wǒ xià ge xīngqī dōu lái bu liǎo.

- **à quel point → 多(么)** *duō(me)*
  - **Comme** c'est cher !
    多贵呀！
    Duō guì ya!

- **par exemple → 比方说** *bǐfangshuō*, **比如(说)** *bǐrú(shuō)*
  - J'apprécie beaucoup d'auteurs chinois, **comme** Ba Jin et Mo Yan.
    我喜欢很多中国作家，比方说巴金和莫言。
    Wǒ xǐhuan hěn duō Zhōngguó zuòjiā, bǐfangshuō Bā Jīn hé Mò Yán.

- **comme (comparaison) → 像……一样** *xiàng… yīyàng*
  - Zhang Jiahao est médecin **comme** son père.
    张家豪像他的父亲一样，也当医生。
    Zhāng Jiāháo xiàng tā de fùqin yīyàng, yě dāng yīshēng.

- **comme (cause) → 因为** *yīnwèi*, **既然** *jìrán*
  - **Comme** il s'est mis à pleuvoir, nous irons nous promener un peu plus tard.
    因为现在下雨，我们晚一点儿再去散步。
    Yīnwèi xiànzài xiàyǔ, wǒmen wǎn yī diǎnr zài qù sànbù.

- **Comme** tu ne veux pas y aller, j'irai moi-même.
  既然你不想去，我就亲自去。
  Jìrán nǐ bù xiǎng qù, wǒ jiù qīnzì qù.

➡ **au moment où** → 正当 *zhèngdāng*, 在……的同时 *zài... de tóngshí*
- Un client a téléphoné **comme** j'allais sortir du travail.
  正当我要下班，一个顾客打来了电话。
  Zhèngdāng wǒ yào xiàbān, yī ge gùkè dǎláile diànhuà.
- Le téléphone a sonné **comme** j'entrais chez moi.
  在我进家门的同时，电话铃响了。
  Zài wǒ jìn jiāmén de tóngshí, diànhuàlíng xiǎng le.

COMMENCER

➡ **débuter** → 开始 *kāishǐ*
- Nous **commencerons** le cours à dix heures demain.
  我们明天十点开始上课。
  Wǒmen míngtiān shí diǎn kāishǐ shàngkè.
- Dépêche-toi ! Le film **commence** dans cinq minutes.
  快一点！电影还有五分钟就要开始了。
  Kuài yīdiǎn! Diànyǐng hái yǒu wǔ fēn zhōng jiù yào kāishǐ le.

➡ **commencer à / de + inf. (action prévue)** → 开始 *kāishǐ* + V (+ 起来/下来 *qǐlai/xiàlai*)
- Vous **commencerez** à courir à 3 : 1…, 2…, 3 !
  我数到三你们就开始跑：一……二……三！
  Wǒ shǔdào sān nǐmen jiù kāishǐ pǎo: yī…, èr…, sān!
- En hiver, il **commence** à faire sombre vers 17 h.
  冬天的时候，下午五点多钟，天开始慢慢暗下来。
  Dōngtiān de shíhou, xiàwǔ wǔ diǎn duō zhōng, tiān kāishǐ mànmàn àn xiàlai.

➡ **commencer à / de + inf. (action imprévue)** → (开始 *kāishǐ* +) V + 起来/下来 *qǐlai/xiàlai*
- Ces derniers jours, le temps **commence** à se réchauffer.
  这几天天气开始热起来了。
  Zhè jǐ tiān tiānqì kāishǐ rè qǐlai le.
- Personne ne sait pourquoi il a soudain **commencé** à rire.
  谁也不知道为什么他突然间笑起来了。
  Shéi yě bù zhīdào wèishénme tā tūránjiān xiào qǐlai le.

NOTEZ BIEN

起来 *qǐlai* s'emploie avec des verbes ou verbes qualificatifs croissants, du yin (sombre, froid, lent…) au yang (brillant, chaud, rapide…)
et 下来 *xiàlai* avec des verbes ou verbes qualificatifs décroissants, du yang au yin.

- **commencer par qqch. / qqn** → 从……开始 *cóng... kāishǐ*
  - Par quel plat veux-tu commencer ?
    你想从哪个菜开始吃？
    Nǐ xiǎng cóng nǎ ge cài kāishǐ chī?

COMPRENDRE

- **contenir, englober** → 包括 *bāokuò*
  - Le loyer comprend l'eau et l'électricité.
    房租包括水电费。
    Fángzū bāokuò shuǐdiànfèi.

- **saisir le sens de** → 理解 *lǐjiě*, 明白 *míngbai*, 懂 *dǒng*
  - Le professeur a expliqué le sens de cette phrase, mais je ne comprends toujours pas très bien.
    老师解释了这句话的意思，可是我还不太理解。
    Lǎoshī jiěshìle zhè jù huà de yìsi, kěshì wǒ hái bù tài lǐjiě.
  - Je comprends ce que tu veux dire.
    我明白你的意思。
    Wǒ míngbai nǐ de yìsi.
  - Il ne comprend pas le chinois.
    他不懂中文。
    Tā bù dǒng zhōngwén.

Notez bien

理解 *lǐjiě* signifie « comprendre la nature de quelque chose ou de quelqu'un », 明白 *míngbai* signifie « comprendre à fond, avoir les idées claires sur quelque chose » et 懂 *dǒng* « comprendre quelque chose dans sa globalité ».

- **accepter, concevoir** → 理解 *lǐjiě*, 谅解 *liàngjiě*
  - Vraiment, je ne comprends pas ta réaction, tu devrais être content !
    我真不理解你的反应，你应该高兴才对！
    Wǒ zhēn bù lǐjiě nǐ de fǎnyìng, nǐ yīnggāi gāoxìng cái duì!
  - Je comprends votre embarras.
    我谅解你的苦衷。
    Wǒ liàngjiě nǐ de kǔzhōng.

Notez bien

谅解 *liàngjiě* signifie « pardonner quelqu'un après avoir pris connaissance de sa situation ».

- **se rendre compte de** → 明白 *míngbai*, V + 出 *chū*
  - J'ai tout de suite compris qu'il mentait.
    我马上明白了他在撒谎。
    Wǒ mǎshàng míngbaile tā zài sāhuǎng.

- J'ai compris au ton de sa voix qu'elle ne reviendrait pas.
  听她的语气我就听出她不会回来的。
  Tīng tā de yǔqì wǒ jiù tīng**chū** tā bù huì huílai de.

CONNAÎTRE

▸ **avoir des informations sur** → 知道 *zhīdào*
- Je connais l'adresse de Chen Xinyi.
  我知道陈欣怡的地址。
  Wǒ **zhīdào** Chén Xīnyí de dìzhǐ.

▸ **connaître par expérience** → 认得 *rènde*
- Je connais le chemin pour aller chez Yang Yubing.
  我认得去杨玉冰家的路。
  Wǒ **rènde** qù Yáng Yùbīng jiā de lù.

▸ **avoir connaissance de l'existence de** → 听说过 *tīngshuōguo*
- Je la connais de nom.
  我听说过她。
  Wǒ **tīngshuōguo** tā.
- Tu connais ce roman ? C'est une amie qui me l'a prêté.
  你听说过这本小说吗？一个朋友借给我的。
  Nǐ **tīngshuōguo** zhè běn xiǎoshuō ma? Yī ge péngyou jiègěi wǒ de.

▸ **avoir des relations sociales avec** → 认识 *rènshi*
- Je connais le maire, c'était autrefois un camarade d'université.
  我认识市长，他当年是我一个大学同学。
  Wǒ **rènshi** shìzhǎng, tā dāngnián shì wǒ yī ge dàxué tóngxué.
- Tu savais qu'ils s'étaient connus à Shanghai ?
  你知道他们是在上海认识的吗？
  Nǐ zhīdào tāmen shì zài Shànghǎi **rènshi** de ma?

▸ **comprendre le caractère de** → 了解 *liǎojiě*
- Personne ne connaît mieux Chen Jun que moi.
  没有人比我更了解陈俊。
  Méiyǒu rén bǐ wǒ gèng **liǎojiě** Chén Jùn.

▸ **être familier avec** → 熟悉 *shúxī*
- Je connais bien cette entreprise, j'y ai travaillé pendant trois ans.
  我很熟悉这个公司，在那儿工作了三年。
  Wǒ hěn **shúxī** zhè ge gōngsī, zài nàr gōngzuòle sān nián.

▸ **connaître une ville, un pays** → 去过 *qùguo*
- Tu connais Rome ?
  你去过罗马吗？
  Nǐ **qùguo** Luómǎ ma?

CONTINUER

- **poursuivre une même action** → 继续 *jìxù* (+ V + 下去 *xiàqu*)
  - Nous nous en tiendrons là pour aujourd'hui, nous **continuerons** sur ce sujet demain.
    我们今天到此结束，明天继续讨论。
    *Wǒmen jīntiān dào cǐ jiéshù, míngtiān **jìxù** tǎolùn.*
  - Cela fait un an que j'apprends la calligraphie, je pense **continuer**.
    我学书法学了一年了，还想继续学下去。
    *Wǒ xué shūfǎ xuéle yī nián le, hái xiǎng **jìxù** xué **xiàqu**.*

- **enchaîner sur une autre action** → 接着 *jiēzhe* + V (+ 下去 *xiàqu*)
  - La conférence d'aujourd'hui est terminée, nous **continuerons** demain en abordant la dynastie Qing.
    今天的讲座就讲到这里，明天接着讲清朝。
    *Jīntiān de jiǎngzuò jiù jiǎngdào zhèli, míngtiān **jiēzhe** jiǎng Qīngcháo.*
  - Le patron a allumé une cigarette et a **continué** de parler.
    老板点了支烟，又接着讲了下去。
    *Lǎobǎn diǎnle zhī yān, yòu **jiēzhe** jiǎngle **xiàqu**.*

Notez bien

接着 *jiēzhe* est un adverbe : il est donc obligatoirement suivi d'un verbe, contrairement à 继续 *jìxù* qui peut apparaître seul. Tous deux peuvent être employés avec le composé verbal d'obtention du résultat 下去 *xiàqu* signifiant que l'action commencée dans le présent se poursuivra (voir p. 132).

CONTRAIRE (AU CONTRAIRE)

- 相反 *xiāngfǎn*
  - Après ce drame, il ne s'est pas laissé abattre, il est **au contraire** devenu plus fort.
    经过这次不幸，他没有消沉，相反他更加坚强了。
    *Jīngguò zhè cì bùxìng, tā méiyǒu xiāochén, **xiāngfǎn** tā gèngjiā jiānqiáng le.*

- 反而 *fǎn'ér*
  - Zhang Guanyu pensait se reposer pendant les vacances et **au contraire**, il a été encore plus occupé que d'habitude.
    张冠宇本来想在假期好好休息，但这个时候比平时反而更忙了。
    *Zhāng Guànyǔ běnlái xiǎng zài jiàqī hǎohāo xiūxi, dàn zhè ge shíhou bǐ píngshí **fǎn'ér** gèng máng le.*

Notez bien

相反 *xiāngfǎn* est un verbe qualificatif qui se place au début de la deuxième proposition. 反而 *fǎn'ér* est un adverbe et se place donc avant le verbe de la deuxième proposition.

CROIRE

- **estimer →** 想 *xiǎng*, 认为 *rènwéi*
  - Je **crois** qu'il ne viendra pas.
    我想他不会来。
    *Wǒ **xiǎng** tā bù huì lái.*
  - Je **crois** que Chen Xiang est fait pour être acteur.
    我认为陈翔适合当演员。
    *Wǒ **rènwéi** Chén Xiáng shìhé dāng yǎnyuán.*

- **avoir confiance en →** 相信 *xiāngxìn*, 信任 *xìnrèn*
  - Le plus important pour progresser, c'est de **croire** en soi.
    要想进步，最重要的是相信自己。
    *Yào xiǎng jìnbù, zuì zhòngyào de shì **xiāngxìn** zìjǐ.*
  - Il raconte n'importe quoi, et tout le monde le **croit** !
    他胡说八道，但大家都相信他！
    *Tā húshuōbādào, dàn dàjiā dōu **xiāngxìn** tā !*
  - J'ai toujours **cru** en lui.
    我一直信任他。
    *Wǒ yīzhí **xìnrèn** tā.*

  > **Notez bien**
  > Avec la négation 不 *bù*, le verbe peut être abrégé en 信 *xìn*.

- **avoir la foi →** 信 *xìn*
  - Il ne **croit** pas en Dieu.
    他不信教。
    *Tā bù **xìn**jiào.*

- **(se) croire à tort →** (自)以为 *(zì) yǐwéi*
  - Je la **croyais** plus grande que ça.
    我以为她更高一点儿。
    *Wǒ **yǐwéi** tā gèng gāo yī diǎnr.*
  - Li Xinhe se **croit** intelligent.
    李心和自以为聪明。
    *Lǐ Xīnhé **zì yǐwéi** cōngming.*

DE

- **de... à... (temps) →** (从)……到…… *(cóng)... dào...*
  - Nous avons une réunion cet après-midi **de** 15 h à 17 h.
    我们今天下午从三点到五点开会。
    *Wǒmen jīntiān xiàwǔ **cóng** sān diǎn **dào** wǔ diǎn kāihuì.*

- **à partir de →** 从/自……起 *cóng/zì... qǐ*, 从……开始 *cóng... kāishǐ*
  - À partir d'aujourd'hui, je commence un régime.
    自今天起，我开始减肥。
    *Zì jīntiān **qǐ**, wǒ kāishǐ jiǎnféi.*

TRADUCTION ▸ Croire

- Il y a dix ans, Luo Shipin est parti de zéro pour créer son entreprise.
十年前，罗世平从零开始建立了他的公司。
Shí nián qián, Luó Shìpíng **cóng** líng **kāishǐ** jiànlìle tā de gōngsī.

de... (à / pour) (lieu) → 从……(到……) cóng... (dào...), 自 zì

- Il y a deux kilomètres de chez moi à la gare.
从我家到火车站有两公里。
Cóng wǒ jiā **dào** huǒchēzhàn yǒu liǎng gōnglǐ.
- Cet avion part de Pékin pour Shanghai à 11 h 30.
本航班十一点三十分自北京飞往上海。
Běn hángbān shíyī diǎn sānshí fēn **zì** Běijīng fēiwǎng Shànghǎi.
- Accueillons nos nouveaux collègues venus de Pékin.
欢迎来自北京的新同事。
Huānyíng lái**zì** Běijīng de xīn tóngshì.

NOTEZ BIEN
Les prépositions 从 cóng et 自 zì sont synonymes. 从 cóng est plutôt utilisé à l'oral et 自 zì à l'écrit. Seul 自 zì peut être placé après un verbe pour introduire le point de départ du mouvement.

appartenance → 的 de

- Aujourd'hui j'ai rencontré le fils de Wang Lixin : j'ai failli ne pas le reconnaître.
我今天碰到了王利新的儿子，差点儿没认出他来。
Wǒ jīntiān pèngdàole Wáng Lìxīn **de** érzi, chàdiǎnr méi rènchū tā lai.
- Il est à qui, ce vélo ? – C'est celui de Wu Jiang.
这是谁的自行车? – 是吴江的。
Zhè shì shéi de zìxíngchē? – Shì Wú Jiāng **de**.

DÉJÀ

auparavant → (曾经 céngjīng +) V + 过 guo

- Es-tu déjà allé en Chine ? – Oui, j'y suis déjà allé trois fois.
你去过中国吗? – 去过三次。
Nǐ qù**guo** Zhōngguó ma? – Qù**guo** sān cì.
- J'ai déjà discuté de cette question avec Li Na.
我曾经跟李娜谈过这个问题。
Wǒ **céngjīng** gēn Lǐ Nà tán**guo** zhè ge wèntí.

dès à présent → 已经 yǐjīng + V (+ 了 le), 都……了 dōu... le

- Tu as déjà fini de manger ?
你已经吃完了?
Nǐ **yǐjīng** chīwán **le**?
- Il est déjà cinq heures.
都五点了。
Dōu wǔ diǎn **le**.

Notez bien

曾经 *céngjīng* fait référence à un passé sans lien avec le moment de la parole. 已经 *yǐjīng* porte sur une action ou un état qui peut se poursuivre au moment où l'on parle. 都 *dōu*, utilisé avec la particule finale d'actualisation 了 *le*, est synonyme de 已经 *yǐjīng*.

DEMANDER

- **s'adresser à qqn pour obtenir qqch.** → 向……要 *xiàng... yào,* 请求 *qǐngqiú*
  - Wang Huan m'a **demandé** un stylo.
    王欢向我要了一支笔。
    *Wáng Huān **xiàng** wǒ **yào**le yī zhī bǐ.*
  - Je n'ai pas d'autre solution que de lui **demander** son aide.
    我没有别的办法，只能向他请求帮助。
    *Wǒ méiyǒu bié de bànfǎ, zhǐ néng xiàng tā **qǐngqiú** bāngzhù.*

- **demander à qqn de faire qqch.** → 要求 *yāoqiú*, 请 *qǐng*
  - Je **demande** à tout le monde de m'écouter attentivement.
    我要求大家注意听我说。
    *Wǒ **yāoqiú** dàjiā zhùyì tīng wǒ shuō.*
  - Je vais **demander** à mon neveu de m'apprendre à utiliser un ordinateur.
    我准备请我侄子教我用电脑。
    *Wǒ zhǔnbèi **qǐng** wǒ zhízi jiāo wǒ yòng diànnǎo.*

- **questionner** → 问 *wèn*
  - Je dois prendre une décision importante, j'aimerais vous **demander** votre avis.
    我要做出一个很重要的决定，想问问您的看法。
    *Wǒ yào zuòchū yī ge hěn zhòngyào de juédìng, xiǎng **wènwen** nín de kànfǎ.*

- **nécessiter** → 需要 *xūyào*
  - Apprendre une langue étrangère **demande** du temps.
    学习一门外语需要时间。
    *Xuéxí yī mén wàiyǔ **xūyào** shíjiān.*

- **chercher à joindre qqn** → 找 *zhǎo*
  - Monsieur Wang, quelqu'un vous **demande** au téléphone.
    王先生，有人打电话找您。
    *Wáng xiānsheng, yǒu rén dǎ diànhuà **zhǎo** nín.*

TRADUCTION ▸ Demander

DEPUIS

- **depuis + durée → complément de durée**
  - Je t'attends **depuis** vingt minutes.
    我已经等了你二十分钟了。
    Wǒ yǐjing děngle nǐ **èrshí fēn zhōng** le.
    ▸ COMPLÉMENT DE DURÉE P. 141

- **depuis + lieu → 从** cóng, **自** zì
  - **Depuis** chez moi je peux voir le "Nid d'oiseau".
    从我家可以看到鸟巢。
    Cóng wǒ jiā kěyǐ kàndào Niǎocháo.

- **depuis que →** (从/自/自从)……以后/以来 (cóng/zì/zìcóng)… yǐhòu/yǐlái
  - **Depuis que** Wang Jianxin a été nommé chef de bureau, il fait des heures supplémentaires tous les jours.
    从王建新当上了办公室主任以后，他天天加班。
    Cóng Wáng Jiànxīn dāngshàngle bàngōngshì zhǔrèn **yǐhòu**, tā tiāntiān jiābān.
  - **Depuis que** Jiang Hong est partie à l'étranger, je n'ai plus de nouvelles d'elle.
    自江红出国以来，我就没有她的消息了。
    Zì Jiāng Hóng chūguó **yǐlái**, wǒ jiù méiyǒu tā de xiāoxi le.

DERNIER

- **final →** 最后 zuìhòu
  - Cet écrivain est mort récemment, voilà son **dernier** roman.
    这个作家不久前死的，这是他的最后一部小说。
    Zhè ge zuòjiā bùjiǔ qián sǐ de, zhè shì tā de **zuìhòu** yī bù xiǎoshuō.
  - C'est la **dernière** fois que je lui fais confiance.
    这是我最后一次相信他。
    Zhè shì wǒ **zuìhòu** yī cì xiāngxìn tā.

- **le plus récent →** 最新 zuì xīn, 这 zhè **+ nombre +** 天/年 tiān/nián
  - Cet écrivain est très populaire ces derniers temps ; ceci est son **dernier** roman.
    这个作家最近很流行，这是他最新出的小说。
    Zhè ge zuòjiā zuìjìn hěn liúxíng, zhè shì tā **zuì xīn** chū de xiǎoshuō.
  - Où as-tu travaillé ces deux **dernières** années ?
    你这两年在哪儿工作？
    Nǐ **zhè** liǎng **nián** zài nǎr gōngzuò ?

EXPRESSIONS COURANTES

la semaine dernière	le mois dernier	l'année dernière
上个星期	上个月	去年
shàng ge xīngqī	shàng ge yuè	qùnián

ces derniers temps	ces derniers jours	ces dernières semaines
最近	这几天	这几个星期
zuìjìn	zhè jǐ tiān	zhè jǐ ge xīngqī

ces derniers mois	ces dernières années	
这几个月	这几年	
zhè jǐ ge yuè	zhè jǐ nián	

DÈS

■ **à partir de** → 从(……起/就) cóng (... qǐ/jiù), 就 jiù
- Je commence à faire du sport **dès** demain.
  从明天起，我开始做运动。
  Cóng míngtiān qǐ, wǒ kāishǐ zuò yùndòng.
- **Dès** la porte d'entrée de la cour, on pouvait sentir une odeur de nouilles sautées.
  从院子的大门就可以闻到一股炒面的味道。
  Cóng yuànzi de dàmén jiù kěyǐ wéndào yī gǔ chǎomiàn de wèidao.
- Il a créé son entreprise **dès** 1983.
  他一九八三年就开公司了。
  Tā yījiǔbāsān nián jiù kāi gōngsī le.

■ **dès que** → 一……就 yī... jiù
- **Dès que** j'ai vu l'expression de ma mère, j'ai su qu'il s'était passé quelque chose.
  我一看到我妈脸上的表情就知道出事了。
  Wǒ yī kàndào wǒ mā liǎn shàng de biǎoqíng jiù zhīdào chūshì le.

DEUX

■ **pour calculer et numéroter** → 二 èr
- Ouvrez votre livre à la page **deux** cent vingt-**deux**.
  请打开书，翻到二百二十二页。
  Qǐng dǎkāi shū, fāndào èrbǎi èrshí'èr yè.
- Je prends le bus numéro **deux** pour aller travailler.
  我坐二路公共汽车去上班。
  Wǒ zuò èr lù gōnggòng qìchē qù shàngbān.

TRADUCTION ▸ Dès **D**

🟠 **pour indiquer une quantité → 两 liǎng**

- Aujourd'hui j'ai acheté **deux** poissons, **deux** kilos de viande et **deux** sacs de riz.
  我今天买了两条鱼、两公斤肉和两袋米。
  *Wǒ jīntiān mǎile **liǎng** tiáo yú, **liǎng** gōngjīn ròu hé **liǎng** dài mǐ.*

- J'ai attendu ma petite amie **deux** jours, **deux** heures et **deux** minutes.
  我等我女朋友等了两天两个小时零两分钟。
  *Wǒ děng wǒ nǚpéngyou děngle **liǎng** tiān **liǎng** ge xiǎoshí líng **liǎng** fēn zhōng.*

NOTEZ BIEN

Devant l'unité de mesure de poids 两 liǎng (50 grammes), il faut utiliser 二 èr et non 两 liǎng.
▸ **NOMBRES P. 62**

DEVOIR

🟠 **obligation liée aux circonstances → 得 děi**

- Je **dois** partir, sinon je vais rater mon avion.
  我必须得走了，要不然就要误机了。
  *Wǒ bìxū **děi** zǒu le, yàobùrán jiù yào wùjī le.*

🟠 **ordre, conseil → 要 yào**

- Tu n'es pas guéri, tu **dois** encore prendre tes médicaments.
  你的病还没好，你还要吃药。
  *Nǐ de bìng hái méi hǎo, nǐ hái **yào** chīyào.*

NOTEZ BIEN

要 yào possède de nombreux sens ; il signifie « devoir » dans les phrases affirmatives à la deuxième personne. 必须 bìxū est un adverbe qui peut être utilisé avec 得 děi et 要 yào. Il accentue le caractère impératif de l'énoncé. Sa négation est 不必 bùbì ou 无须 wúxū.

▸ **VOULOIR P. 330**
▸ **IL FAUT P. 296**

🟠 **obligation morale → 应该 yīnggāi**

- Elle n'est pas de bonne humeur ces derniers temps, tu **devrais** être un peu plus gentil avec elle.
  她最近心情不好，你应该对她好一点儿。
  *Tā zuìjìn xīnqíng bù hǎo, nǐ **yīnggāi** duì tā hǎo yī diǎnr.*

🟠 **supposition → 应该 yīnggāi**

- Vous êtes des amis de longue date, tu **dois** bien le connaître ?
  你们是多年的朋友，你应该很了解他吧？
  *Nǐmen shì duōnián de péngyou, nǐ **yīnggāi** hěn liǎojiě tā ba?*

- Vous **avez dû** être étonnés, non ?
  你们**应该**吃一惊了吧！
  *Nǐmen **yīnggāi** chī yī jīng le ba !*

  ▸ Verbes auxiliaires p. 93

dette ➜ 欠 *qiàn*

- Mon frère me **doit** toujours cinq mille yuans.
  我哥还**欠**我五千块钱。
  *Wǒ gē hái **qiàn** wǒ wǔqiān kuài qián.*

cause ➜ 由于 *yóuyú*

- Le retard de l'avion **est dû** à un problème technique.
  由于技术问题飞机晚点了。
  ***Yóuyú** jìshù wèntí fēijī wǎndiǎn le.*

DIRE

prononcer des paroles ➜ 说 *shuō*

- « À la semaine prochaine ! », **dit**-il.
  他**说**"下星期见！"
  *Tā **shuō** "xià xīngqī jiàn !"*
- Elle **a dit** 14 h ou 15 h pour le rendez-vous ?
  她**说**下午两点还是三点约会？
  *Tā **shuō** xiàwǔ liǎng diǎn háishi sān diǎn yuēhuì ?*

dire qqch. à qqn ➜ 跟……说 *gēn… shuō*, 告诉 *gàosu*

- Je te **dis** qu'il n'osera pas.
  我**跟**你**说**他不敢。
  *Wǒ **gēn** nǐ **shuō** tā bù gǎn.*
- **Dis** à Xiao Li que j'arrive !
  告诉小李我马上到！
  ***Gàosu** Xiǎo Lǐ wǒ mǎshàng dào !*

demander à qqn de faire qqch. ➜ 让 *ràng*, 叫 *jiào*

- **Dis** à Wu Tao d'aller acheter les billets !
  让吴涛去买票！
  ***Ràng** Wú Tāo qù mǎi piào !*
- Je vais **dire** à Song Ziyang de commander à manger.
  我要**叫**宋子扬订餐。
  *Wǒ yào **jiào** Sòng Zǐyáng dìngcān.*

Expressions courantes

Qu'en dis-tu ?	On dit…	On dirait…
怎么样？	据说…… / 听说……	好像……
Zěnmeyàng ?	*Jùshuō… / Tīngshuō…*	*Hǎoxiàng…*

TRADUCTION ▶ Dire **D**

DISCUTER

▶ **bavarder** → 聊(天) *liáo(tiān)*, 谈 *tán*

- Nous **avons discuté** ensemble du cinéma chinois.
  我们一起聊了中国电影。
  Wǒmen yīqǐ liáole Zhōngguó diànyǐng.
- Nous **avons discuté** toute la soirée.
  我们谈了一晚上。
  Wǒmen tánle yī wǎnshang.

Notez bien

聊 *liáo* ne peut être suivi de 天 *tiān* que lorsqu'il n'est pas suivi d'un autre COD.

Nous **avons discuté** ensemble.
我们一起聊了天。
Wǒmen yīqǐ liáole tiān.

▶ **débattre** → 讨论 *tǎolùn*, 议论 *yìlùn*, 商量 *shāngliang*

- Nous **avons discuté** de cette affaire pendant longtemps sans parvenir à un accord.
  大家讨论这事很久了，一直不能达成共识。
  Dàjiā tǎolùn zhè shì hěn jiǔ le, yīzhí bù néng dáchéng gòngshí.
- Tout le monde est en train de **discuter** de cette affaire de corruption.
  大家都在议论这件腐败案件。
  Dàjiā dōu zài yìlùn zhè jiàn fǔbài ànjiàn.
- Avant de vous donner une réponse, je dois d'abord en **discuter** avec ma femme.
  给您一个答复之前，我得先跟我太太商量。
  Gěi nín yī ge dáfù zhīqián, wǒ děi xiān gēn wǒ tàitai shāngliang.

Notez bien

讨论 *tǎolùn* et 议论 *yìlùn* sont utilisés pour des discussions à plusieurs ; 议论 *yìlùn* a souvent un sens péjoratif. 商量 *shāngliang* est employé en général pour des discussions à deux et implique la volonté de résoudre un problème.

EFFECTIVEMENT

▶ **vraiment, réellement** → 的确 *díquè*, 确实 *quèshí*

- Ce n'est **effectivement** pas de sa faute si ton plan n'a pas marché.
  你的计划没成功的确不是他的错。
  Nǐ de jìhuà méi chénggōng díquè bù shì tā de cuò.
- C'est **effectivement** une bonne idée.
  这确实是个好主意。
  Zhè quèshí shì ge hǎo zhǔyì.

- **comme prévu → 果然** *guǒrán*
  - La météo avait annoncé de la pluie pour aujourd'hui, et il a **effective**ment plu toute la journée.
  天气预报说今天有雨，果然下了一天雨。
  Tiānqì yùbào shuō jīntiān yǒu yǔ, guǒrán xiàle yī tiān yǔ.

EN + NOM

- **moyen de transport → 坐** *zuò*
  - Aujourd'hui, mon chef est venu au bureau **en** métro.
  今天我老板是坐地铁来上班的。
  Jīntiān wǒ lǎobǎn shì zuò dìtiě lái shàngbān de.

- **matière → déterminant du nom**
  - J'ai acheté une table **en** bois.
  我买了一张木头桌子。
  Wǒ mǎile yī zhāng mùtou zhuōzi.

- **localisation → 在** *zài*
  - Ils font une balade **en** forêt chaque week-end.
  他们每个周末都在森林里散步。
  Tāmen měi ge zhōumò dōu zài sēnlín lǐ sànbù.

- **destination → 到** *dào*
  - Zhang Min part travailler **en** Australie le mois prochain.
  张敏下个月到澳大利亚去工作。
  Zhāng Mǐn xià ge yuè dào Àodàlìyà qù gōngzuò.

- **temps → nom de temps**
  - Wang Xiuying a commencé à travailler ici **en** septembre.
  王秀英是九月在这里开始工作的。
  Wáng Xiùyīng shì jiǔyuè zài zhèlǐ kāishǐ gōngzuò de.

- **dans un délai de → 在……（的）时间内** *zài... (de) shíjiān nèi*
  - Est-ce que tu réussiras à tout finir **en** deux jours ?
  你能不能在两天的时间内都做完？
  Nǐ néng bù néng zài liǎng tiān de shíjiān nèi dōu zuòwán?

EN + VERBE

- **actions équivalentes → 一边……一边……** *yībiān... yībiān...*,
  一面……一面…… *yīmiàn... yīmiàn...*
  - Il mange **en** lisant.
  他一边吃饭，一边看书。
  Tā yībiān chīfàn, yībiān kànshū.
  - Il préparait le dîner **en** lui racontant sa journée.
  他一面准备晚饭一面给他讲他一天怎么样。
  Tā yīmiàn zhǔnbèi wǎnfàn yīmiàn gěi tā jiǎng tā yī tiān zěnmeyàng.

TRADUCTION ▸ En + nom

- **actions principale et secondaire → V secondaire + 着 zhe + V principal**
  - Mon petit frère aime faire ses devoirs **en** écoutant de la musique
    我弟弟喜欢听着音乐做作业。
    Wǒ dìdi xǐhuan tīngzhe yīnyuè zuò zuòyè.

  NOTEZ BIEN
  Avec la particule d'aspect 着 zhe, une action secondaire est effectuée pendant une action principale et en précise la manière.
  ▸ **ASPECT DE L'ÉTAT PROLONGÉ P. 122**

- **action et manière → composé verbal directionnel**
  - Deux oiseaux sont entrés dans la pièce **en** volant.
    两只鸟飞进屋里来了。
    Liǎng zhī niǎo fēijìn wū lǐ lái le.
  - Cette rivière est large, mais il l'a tout de même traversée **en** sautant.
    这条河很宽，但他还是跳过来了。
    Zhè tiáo hé hěn kuān, dàn tā háishi tiào guòlai le.

  NOTEZ BIEN
  Ce type de composé verbal décrit une action unique, exprimée en une seule proposition, mais subdivisée en plusieurs actions simples.
  ▸ **COMPOSÉ VERBAL DIRECTIONNEL P. 136**

ENCORE

- **une fois de plus dans le passé → 又 yòu**
  - Mon ex-mari est venu me voir tous les jours de la semaine dernière et il est **encore** venu hier.
    我的前夫上个星期天天都来看我，昨天又来了。
    Wǒ de qiánfū shàng ge xīngqī tiāntiān dōu lái kàn wǒ, zuótiān yòu lái le.

- **une fois de plus dans le futur → 再 zài**
  - Je suis allé au cinéma ce matin et je pense y aller **encore** demain.
    我今天上午去看电影了，也想明天再去。
    Wǒ jīntiān shàngwǔ qù kàn diànyǐng le, yě xiǎng míngtiān zài qù.

- **poursuite de l'action → 还 hái**
  - Mes voisins ont joué toute la nuit au mah-jong et y jouent **encore** en ce moment !
    我的邻居打了一夜麻将，现在还在打！
    Wǒ de línjū dǎle yī yè májiàng, xiànzài hái zài dǎ !
  ▸ 还 hái, 又 yòu ET 再 zài P. 113

ET

▶ **pour relier deux noms** → 和 *hé*, 与 *yǔ*, (以)及 *(yǐ)jí*

- Mon père est allé en mission à Hangzhou et à Suzhou.
  我父亲出差，去了杭州和苏州。
  Wǒ fùqin chūchāi, qùle Hángzhōu **hé** Sūzhōu.

- Lui et moi avons des avis différents.
  我与他有不同的看法。
  Wǒ **yǔ** tā yǒu bùtóng de kànfǎ.

- Il y a de nombreux barrages en Chine, comme le barrage des Trois-Gorges et le barrage de Zipingpu.
  中国有很多大坝，比如三峡及紫平铺。
  Zhōngguó yǒu hěn duō dàbà, bǐrú Sān Xiá **jí** Zǐpíngpù.

- Pékin, Shanghai et Chongqing sont de grandes villes chinoises.
  北京、上海以及重庆是中国的大城市。
  Běijīng, Shànghǎi **yǐjí** Chóngqìng shì Zhōngguó de dà chéngshì.

▶ **pour relier deux verbes ou verbes qualificatifs** → 也 *yě*, 又……又…… *yòu... yòu...*, 和 *hé*, 还 *hái*

- J'ai envie de manger du pop-corn et de boire quelque chose.
  我想吃爆米花，也想喝饮料。
  Wǒ xiǎng chī bàomǐhuā, **yě** xiǎng hē yǐnliào.

- Wang Haolei est grand et fort.
  王浩磊又高又壮。
  Wáng Hàolěi **yòu** gāo **yòu** zhuàng.

- Entre étudier et s'amuser, Zhao Jun choisit toujours de s'amuser.
  学习和玩之间，赵军总是选择玩。
  Xuéxí **hé** wán zhījiān, Zhào Jūn zǒngshì xuǎnzé wán.

Notez bien

Le français utilise « et » pour coordonner deux compléments d'objet d'un même verbe. En chinois, on reprend souvent le verbe. Observez :

Je veux manger de la viande et du poisson.
我想吃肉，也想吃鱼。
Wǒ xiǎng **chī** ròu, yě xiǎng **chī** yú.

Il sait parler chinois et japonais.
他会说汉语，还会说日语。
Tā huì **shuō** hànyǔ, hái huì **shuō** rìyǔ.

▶ **pour relier deux propositions** → 而且 *érqiě*, 并且 *bìngqiě*, 以及 *yǐjí*

- Mon voisin sait parler chinois et il le parle très bien.
  我邻居会说汉语，而且说得相当好。
  Wǒ línjū huì shuō hànyǔ, **érqiě** shuō de xiāngdāng hǎo.

- Cette pièce est spacieuse et elle est très lumineuse.
  这间屋子很宽敞，并且很明亮。
  Zhè jiān wūzi hěn kuānchang, **bìngqiě** hěn míngliàng.

TRADUCTION ▸ Et

- Il faut décider rapidement si l'on agit ou pas et comment agir.
  行动还是不行动，以及怎么行动，应该赶紧决定。
  Xíngdòng háishi bù xíngdòng, **yǐjí** zěnme xíngdòng, yīnggāi gǎnjǐn juédìng.

NOTEZ BIEN

以及 *yǐjí*, 及 *jí* et 与 *yǔ* appartiennent au registre écrit.

ÊTRE

identité, équivalence ou appartenance à un ensemble → 是 *shì*

- Zhou Lei est un ami de ma sœur.
  周雷是我姐姐的一个朋友。
  Zhōu Léi **shì** wǒ jiějie de yī ge péngyou.

- Ma femme est coréenne.
  我妻子是韩国人。
  Wǒ qīzi **shì** hánguórén.

▸ **VERBE** 是 *shì* P. 90

être + adjectif → verbe qualificatif

- Mon patron est très borné.
  我老板很固执。
  Wǒ lǎobǎn hěn **gùzhí**.

- Sa réponse n'est pas très claire.
  他的回答不太清楚。
  Tā de huídá bù tài **qīngchu**.

▸ **VERBES QUALIFICATIFS** P. 96

se trouver à → 在 *zài*

- En ce moment, il est à l'étranger.
  他现在在国外。
  Tā xiànzài **zài** guówài.

- Si tu es chez toi cet après-midi, je passerai te voir.
  如果你下午在家，我就去看看你。
  Rúguǒ nǐ xiàwǔ **zài** jiā, wǒ jiù qù kànkan nǐ.

exercer une profession → 当 *dāng*

- Quand je serai grand, je voudrais être journaliste.
  我长大了以后想当记者。
  Wǒ zhǎngdàle yǐhòu xiǎng **dāng** jìzhě.

ÊTRE EN TRAIN DE

pour désigner une action en cours → 在 *zài* + V

- Je suis en train de manger. Peux-tu rappeler un peu plus tard ?
  我在吃饭，你能不能晚一点儿再来电话？
  Wǒ **zài** chīfàn, nǐ néng bù néng wǎn yī diǎnr zài lái diànhuà ?

- Ne fais pas de bruit, tout le monde est en train de dormir !
  别吵，大家在睡觉呢！
  Bié chǎo, dàjiā zài shuìjiào ne!

pour insister sur l'actualité de l'action → 正在 zhèngzài + V

- Il est en train de se reposer, ne le dérange pas.
  他正在休息，别打扰他。
  Tā zhèngzài xiūxi, bié dǎrǎo tā.
- Je suis en train de téléphoner, tu peux baisser un peu le son de la télévision ?
  我正在打电话呢，麻烦你把电视的声音关小一点儿。
  Wǒ zhèngzài dǎ diànhuà ne, máfan nǐ bǎ diànshì de shēngyīn guānxiǎo yī diǎnr.

NOTEZ BIEN
呢 *ne* est une particule finale qui porte sur l'ensemble de la phrase. Elle exprime une action en cours de déroulement (voir p. 123).
Elle peut être employée en combinaison avec 正在 zhèngzài et 在 zài.
正 zhèng employé seul signifie « justement ».

FAÇON

moyen → 办法 bànfǎ

- C'est la seule façon de régler le problème.
  这是解决问题的唯一办法。
  Zhè shì jiějué wèntí de wéiyī bànfǎ.
- Vous connaissez une bonne façon de payer moins cher le téléphone ?
  你知道少付电话费的好办法吗？
  Nǐ zhīdào shǎo fù diànhuàfèi de hǎo bànfǎ ma?

méthode → 方法 fāngfǎ, 方式 fāngshì

- Sa façon d'étudier est très efficace.
  他的学习方法很有效。
  Tā de xuéxí fāngfǎ hěn yǒuxiào.
- Je lui ai conseillé de changer sa façon de travailler.
  我向他建议改变工作方式。
  Wǒ xiàng tā jiànyì gǎibiàn gōngzuò fāngshì.

NOTEZ BIEN
方法 *fāngfǎ* désigne une façon de faire ou de penser, 方式 *fāngshì* désigne un modèle, un procédé d'action plus stable et difficile à changer.

TRADUCTION ▶ Façon **F**

FAILLIR

- **satisfaction qu'une action souhaitée ait finalement eu lieu** → 差点儿没
  chàdiǎnr méi + V, 几乎 *jīhū* + V

  - Je me suis levé en retard, j'**ai failli** ne pas avoir mon train.
    [Mais je l'ai eu finalement !]
    我起来晚了，**差点儿没**赶上火车。
    *Wǒ qǐlai wǎnle, **chàdiǎnr méi** gǎnshàng huǒchē.*

  - Ce quartier a beaucoup changé : j'**ai failli** ne pas le reconnaître.
    [Mais j'ai fini par le reconnaître !]
    这个区的变化很大，我几乎认不出来了。
    *Zhè ge qū de biànhuà hěn dà, wǒ **jīhū** rèn bu chūlai le.*

- **regret qu'une action souhaitée n'ait pas eu lieu** → 差点儿(就)
  chàdiǎnr (jiù) + V

  - J'**ai failli** avoir le train de 10 heures. Quelle poisse ! Le prochain est seulement dans une heure.
    我差点儿赶上十点钟的那趟车，真倒霉，下一班要等一个小时了。
    *Wǒ **chàdiǎnr** gǎnshàng shí diǎn zhōng de nà tàng chē, zhēn dǎoméi, xià yī bān yào děng yī ge xiǎoshí le.*

- **satisfaction qu'une action non souhaitée n'ait pas eu lieu** → 差点儿(没)
  chàdiǎnr (méi) + V

  - J'**ai failli** manquer le train.
    我**差点儿(没)**错过火车。
    *Wǒ **chàdiǎnr (méi)** cuòguò huǒchē.*

  ### Notez bien
  Lorsque le locuteur parle d'une action qu'il ne souhaite pas voir réalisée, 差点儿 *chàdiǎnr* + V et 差点儿没 *chàdiǎnr méi* + V sont synonymes. Ils indiquent tous les deux que l'action n'a pas eu lieu.

FAIRE ATTENTION

- **être prudent** → 小心 *xiǎoxīn*

  - Il y a beaucoup de circulation, **fais attention** en traversant.
    路上车多，过马路一定要小心。
    *Lùshang chē duō, guò mǎlù yīdìng yào **xiǎoxīn**.*

  ### Notez bien
  Pour dire « faites attention à ne pas... », 别 *bié* (ne... pas) n'est pas indispensable.

  Faites attention à ne pas tomber !
  小心(别)摔倒！
  Xiǎoxīn (bié) shuāidǎo !

▶ **prêter attention à → 注意** *zhùyì*
- Pour bien parler chinois, il faut **faire attention** aux quatre tons.
 想说好中文，一定要注意四声。
 *Xiǎng shuōhǎo zhōngwén, yídìng yào **zhùyì** sìshēng.*

FALLOIR (IL FAUT)

▶ **il faut + nom → 需要** *xūyào*
- Pour aller de Pékin à Lanzhou en train, **il faut** plus de vingt heures.
 坐火车从北京到兰州需要二十多个小时。
 *Zuò huǒchē cóng Běijīng dào Lánzhōu **xūyào** èrshí duō ge xiǎoshí.*

▶ **il faut + V → 必须** *bìxū*, **应该** *yīnggāi*, **要** *yào*
- **Il faut** que tu trouves une solution.
 你必须找到解决的办法。
 *Nǐ **bìxū** zhǎodào jiějué de bànfǎ.*
- Le temps devient froid, **il faut** allumer le chauffage.
 天气冷了，应该开暖气了。
 *Tiānqì lěng le, **yīnggāi** kāi nuǎnqì le.*
- Il neige, la route est glissante, **il faut** être prudent au volant.
 下雪了，路滑，开车要小心。
 *Xiàxuě le, lù huá, kāichē **yào** xiǎoxīn.*

Notez bien
必须 *bìxū*, 应该 *yīnggāi* et 要 *yào* n'ont le sens de « il faut » que dans des phrases impersonnelles. Dans les autres cas, ils signifient « devoir ».
▶ **Devoir p. 287**

FERMER

▶ **clore, éteindre → 关** *guān*
- **Ferme** la fenêtre : j'ai froid.
 请把窗户关上，我有点儿冷。
 *Qǐng bǎ chuānghu **guān**shàng, wǒ yǒu diǎnr lěng.*
- Tu n'as pas oublié de **fermer** le gaz avant de partir ?
 走之前你没忘记把煤气关了吧？
 *Zǒu zhīqián nǐ méi wàngjì bǎ méiqì **guān** le ba?*

▶ **fermer à clef → 锁** *suǒ*
- L'été dernier, on a oublié de **fermer** le garage et on s'est fait cambrioler.
 去年夏天忘了把车库门锁好，我们家被偷了。
 *Qùnián xiàtiān wàngle bǎ chēkùmén **suǒ**hǎo, wǒmen jiā bèi tōu le.*

▶ **boutonner un vêtement → 扣** *kòu*
- Il y a du vent, **ferme** ton manteau !
 外边刮风，把大衣扣上！
 *Wàibian guāfēng, bǎ dàyī **kòu**shàng!*

TRADUCTION ▶ Falloir

- **fermer les yeux, la bouche →** 闭 *bì*
    - **Ferme** les yeux et repose-toi un instant !
      闭上眼睛休息一会儿吧！
      Bìshàng yǎnjing xiūxi yī huǐr ba!

FINALEMENT

- **résultat d'un long processus (dans le passé ou le futur) →** 到底 *dàodǐ*
    - Mes parents avaient depuis longtemps envie de faire le tour du monde. Leur souhait s'est **finalement** réalisé.
      我爸妈早就想周游世界，他们的愿望到底实现了。
      *Wǒ bàmā zǎo jiù xiǎng zhōuyóu shìjiè, tāmen de yuànwàng **dàodǐ** shíxiàn le.*

- **résultat attendu ou espéré (dans le passé uniquement) →** 终于 *zhōngyú*
    - Après quatre années de travail acharné, il a **finalement** obtenu son doctorat.
      经过四年的刻苦学习他终于获得了博士学位。
      *Jīngguò sì nián de kèkǔ xuéxí tā **zhōngyú** huòdéle bóshì xuéwèi.*

    ### NOTEZ BIEN
    终于 *zhōngyú* s'emploie uniquement dans les phrases affirmatives. Dans les phrases interrogatives, 到底 *dàodǐ* a le sens de « presser quelqu'un de questions » ; il est dans ce cas plutôt traduit par « en définitive ».
    Est-ce que tu viens demain en définitive ?
    你明天到底来不来？
    *Nǐ míngtiān **dàodǐ** lái bù lái?*

- **résultat obtenu avec difficulté →** 总算 *zǒngsuàn*
    - Mon fils a **finalement** obtenu un résultat correct à cet examen.
      我儿子这次考试总算考得还可以。
      *Wǒ érzi zhè cì kǎoshì **zǒngsuàn** kǎo de hái kěyǐ.*
    - Yang Jian a cherché longtemps, mais son problème de logement est **finalement** réglé.
      杨健找了很久，不过他的住房问题总算解决了。
      *Yáng Jiàn zhǎole hěn jiǔ, bùguò tā de zhùfáng wèntí **zǒngsuàn** jiějué le.*

- **résultat obtenu en dernier →** 最后 *zuìhòu*
    - Je n'ai pas vu la fin du match de basket d'hier, **finalement** qui a gagné ?
      昨天的篮球赛我没看完，最后谁赢了？
      *Zuótiān de lánqiúsài wǒ méi kànwán, **zuìhòu** shéi yíng le?*

FINIR

- **s'achever → 结束** *jiéshù*, **完** *wán*
  - Les vacances **sont finies**.
    假期**结束**了。
    *Jiàqī **jiéshù** le.*
  - Le semestre **est** bientôt **fini**.
    这个学期快**完**了。
    *Zhè ge xuéqī kuài **wán** le.*

- **finir (un travail...) → 完成** *wánchéng*
  - Nous **avons fini** la tâche.
    我们**完成**了任务。
    *Wǒmen **wánchéng**le rènwu.*

- **finir de + inf. → V + 完/好** *wán/hǎo*
  - Han Yi **a fini de** manger, on peut s'en aller.
    韩谊吃**完**饭了,我们可以走了。
    *Hán Yì chī**wán** fàn le, wǒmen kěyǐ zǒu le.*
  - J'**ai fini de** m'habiller.
    我把衣服穿**好**了。
    *Wǒ bǎ yīfu chuān**hǎo** le.*

- **finir par + inf. → 终于** *zhōngyú* **+ V**
  - Mes clients **ont fini par** se décider : ils achètent la maison.
    我的客户**终于**下了决心,他们要买这个房子。
    *Wǒ de kèhù **zhōngyú** xiàle juéxīn, tāmen yào mǎi zhè ge fángzi.*

FOIS

- **accomplissement ponctuel d'une action → 次** *cì*, **回** *huí*
  - Je suis déjà venu en Chine, ce n'est pas la première **fois**.
    我以前来过中国,这不是第一**次**。
    *Wǒ yǐqián láiguo Zhōngguó, zhè bù shì dì-yī **cì**.*
  - Je l'ai croisé deux **fois** cette semaine : une **fois** dans le métro et une **fois** au restaurant.
    我这个星期遇见了他两**回**:一**回**在地铁里边,
    一**回**在一家饭馆。
    *Wǒ zhè ge xīngqī yùjiànle tā liǎng **huí** : yī **huí** zài dìtiě lǐbian, yī **huí** zài yī jiā fànguǎn.*

  NOTEZ BIEN
  Ces deux classificateurs verbaux (voir p. 88) indiquent le nombre de fois qu'une action se répète. 回 *huí* est seulement utilisé à l'oral, alors que 次 *cì* peut aussi être employé à l'écrit.

TRADUCTION ▸ Finir **F**

◼ nouvel accomplissement de l'action → 遍 *biàn*

- Il aime tant cette chanson qu'il l'écoute au moins deux **fois** par jour.
  他那么喜欢这首歌，他每天至少听两遍。
  *Tā nàme xǐhuan zhè shǒu gē, tā měi tiān zhìshǎo tīng liǎng **biàn**.*

- J'aime beaucoup le roman *Au bord de l'eau*; je l'ai lu plusieurs **fois**.
  我很喜欢《水浒传》这部小说，我看过好几遍。
  *Wǒ hěn xǐhuan « Shuǐhǔ zhuàn » zhè bù xiǎoshuō, wǒ kànguo hǎo jǐ **biàn**.*

◼ multiplicateur → 倍 *bèi*, 乘以 *chéngyǐ*

- La maison d'en face est trois **fois** plus grande que la mienne.
  对面的房子比我的大三倍。
  *Duìmiàn de fángzi bǐ wǒ de dà sān **bèi**.*

- Trois **fois** cinq font quinze.
  三乘以五得十五。
  *Sān **chéngyǐ** wǔ dé shíwǔ.*

NOTEZ BIEN
Le mot 乘以 *chéngyǐ* appartient au vocabulaire des mathématiques.

◼ aller-retour (dans l'espace) → 趟 *tàng*

- Je suis déjà allé trois **fois** à Kunming. C'est une très jolie ville.
  我去过三趟昆明，是个很漂亮的城市。
  *Wǒ qùguo sān **tàng** Kūnmíng, shì ge hěn piàoliang de chéngshì.*

- Je suis parti en mission deux **fois** cette semaine.
  我这个星期出了两趟差。
  *Wǒ zhè ge xīngqī chūle liǎng **tàng** chāi.*

FUTUR (EXPRESSION DU)

◼ simple indication temporelle → nom de temps

- Je **viendrai** te voir samedi prochain.
  我下星期六来看你。
  *Wǒ **xià xīngqīliù** lái kàn nǐ.*

- Tu **iras** faire les courses ce soir avant de rentrer?
  你今晚回家前去买东西吗？
  *Nǐ **jīnwǎn** huíjiā qián qù mǎi dōngxi ma?*

◼ intention, volonté → 准备 *zhǔnbèi*, 打算 *dǎsuan*

- Je n'en peux plus, je **démissionnerai** dès que possible.
  我受不了了，我准备尽快辞职。
  *Wǒ shòu bu liǎo le, wǒ **zhǔnbèi** jǐnkuài cízhí.*

- Je n'aime pas du tout cette ville, je crois que je **vais déménager**.
  我一点儿也不喜欢这个城市，打算搬家了。
  *Wǒ yī diǎnr yě bù xǐhuan zhè ge chéngshì, **dǎsuan** bānjiā le.*

- **futur proche →** (快/就)要……了 *(kuài/jiù) yào... le*, 快……了 *kuài... le*
  - L'avion **va** décoller.
    飞机要起飞了。
    Fēijī yào qǐfēi le.
  - L'été arrive, je **vais** enfin **pouvoir** me remettre en jupe.
    夏天快要来了，终于可以再穿裙子了。
    Xiàtiān kuàiyào lái le, zhōngyú kěyǐ zài chuān qúnzi le.
  - Mon neveu **va** bientôt **avoir** huit ans.
    我侄子快八岁了。
    Wǒ zhízi kuài bā suì le.

- **forte probabilité →** 会 *huì*
  - Su Fan ne **sera** pas chez lui cet après-midi, inutile d'y aller.
    苏范下午不会在家，不用过去。
    Sū Fàn xiàwǔ bù huì zài jiā, bù yòng guòqu.

GAGNER

- **gagner de l'argent →** 挣 *zhèng*, 赚 *zhuàn*
  - Mon ancien camarade de lycée **gagne** plusieurs milliers de yuans par mois.
    我的中学老同学一个月挣好几千元。
    Wǒ de zhōngxué lǎo tóngxué yī ge yuè zhèng hǎo jǐ qiān yuán.
  - Le directeur **a gagné** beaucoup d'argent avec cette affaire.
    这笔买卖经理赚了不少钱。
    Zhè bǐ mǎimài jīnglǐ zhuànle bù shǎo qián.

- **gagner une compétition, un jeu, un lot →** 赢 *yíng*, 中 *zhòng*
  - L'équipe de Chine **a gagné** le match.
    中国队赢了这场比赛。
    Zhōngguóduì yíngle zhè chǎng bǐsài.
  - Ma Kui **a gagné** un lot.
    马魁中了奖。
    Mǎ Kuí zhòngle jiǎng.

  NOTEZ BIEN
  挣 *zhèng* signifie « gagner par le travail » et 赚 *zhuàn*, « faire un profit ».
  赢 *yíng* est utilisé pour les compétitions, 中 *zhòng* pour les jeux de chance.

- **économiser →** 省 *shěng*
  - Prends ce raccourci, on **gagnera** du temps.
    抄这条近路吧，可以省时间。
    Chāo zhè tiáo jìnlù ba, kěyǐ shěng shíjiān.

TRADUCTION ▸ Gagner

HEURE

- **durée → 小时** *xiǎoshí*
  - Je l'ai attendu une heure.
    我等了他一个小时。
    *Wǒ děngle tā yī ge **xiǎoshí**.*

- **division du temps → 点(钟)** *diǎn (zhōng)*
  - Il est 20 heures.
    现在晚上八点。
    *Xiànzài wǎnshang bā **diǎn**.*

- **moment → 时间** *shíjiān*
  - Aux heures de pointe, il y a des embouteillages partout.
    高峰时间，哪儿都堵车。
    *Gāofēng **shíjiān**, nǎr dōu dǔchē.*
  - C'est l'heure des informations.
    现在是新闻时间。
    *Xiànzài shì xīnwén **shíjiān**.*

JAMAIS

- **jamais (à un moment du passé) → 曾经** *céngjīng*
  - Avais-tu jamais vu une chose pareille ?
    你曾经见过这样的事情吗？
    *Nǐ **céngjīng** jiànguo zhèyàng de shìqing ma ?*

- **ne jamais (en aucun temps) → 从来没/不** *cónglái méi/bù,* 永远不 *yǒngyuǎn bù,* 决不 *juébù,* 再(也)没/不 *zài (yě) méi/bù*
  - Je ne connais pas cette personne, je ne l'ai jamais vue.
    我不认识那个人，从来没见过。
    *Wǒ bù rènshi nà ge rén, **cónglái méi** jiànguo.*
  - Tu ne changeras jamais !
    你永远不会改变！
    *Nǐ **yǒngyuǎn bù** huì gǎibiàn !*
  - Yuan Fang ne transige jamais sur les principes.
    在原则的问题上，袁芳决不让步。
    *Zài yuánzé de wèntí shàng, Yuán Fāng **juébù** ràngbù.*
  - Après avoir terminé mes études supérieures, je ne l'ai jamais plus revu.
    我大学毕业后，再也没有见过他。
    *Wǒ dàxué bìyè hòu, **zài yě méi**yǒu jiànguo tā.*
  - Je ne veux plus jamais te revoir !
    我再也不想见你！
    *Wǒ **zài yě bù** xiǎng jiàn nǐ !*

JOUER

- **s'amuser →** 玩 *wán*
  - Où sont les enfants ? – Ils **jouent** dans le jardin.
    孩子们在哪儿？ – 在花园里玩。
    Háizimen zài nǎr ? – Zài huāyuán lǐ wán.

- **pratiquer un sport, jouer à un jeu →** 踢 *tī*, 打 *dǎ*, 下 *xià*, 玩 *wán*
  - Luo Zhiqiang aime **jouer** au football.
    罗志强喜欢踢足球。
    Luó Zhìqiáng xǐhuan tī zúqiú.
  - Il **joue** tous les jours au tennis.
    他天天打网球。
    Tā tiāntiān dǎ wǎngqiú.
  - Cela fait longtemps que je n'ai pas **joué** aux échecs.
    我很久没下棋了。
    Wǒ hěn jiǔ méi xiàqí le.
  - Je ne sais pas **jouer** aux jeux électroniques.
    我不会玩电子游戏。
    Wǒ bù huì wán diànzǐ yóuxì.

- **jouer de la musique →** 弹 *tán*, 吹 *chuī*, 拉 *lā*, 打 *dǎ*
  - Mon oncle sait **jouer** du piano, du violon, de l'harmonica et du xylophone.
    我叔叔会弹钢琴、拉小提琴、吹口琴和打木琴。
    Wǒ shūshu huì tán gāngqín, lā xiǎotíqín, chuī kǒuqín hé dǎ mùqín.

  ### NOTEZ BIEN
  弹 *tán* signifie « pincer ou frapper les cordes ».
  拉 *lā* est utilisé pour les instruments à archet.
  吹 *chuī* est utilisé pour les instruments à vent.
  打 *dǎ* est utilisé pour les instruments de percussion.

- **jouer un rôle (au théâtre, au cinéma…) →** 演 *yǎn*, 扮演 *bànyǎn*
  - Ge You **joue** le rôle principal dans le film *Vivre* de Zhang Yimou.
    葛优在《活着》，张艺谋拍的这部戏里，演主角。
    Gě Yōu zài « Huózhe », Zhāng Yìmóu pāi de zhè bù xì lǐ, yǎn zhǔjué.

- **jouer de l'argent →** 赌 *dǔ*
  - Mon beau-fils n'a qu'une mauvaise habitude : il **joue** aux jeux d'argent.
    我女婿只有一个坏毛病，他赌博。
    Wǒ nǚxu zhǐ yǒu yī ge huài máobing, tā dǔbó.

TRADUCTION ▶ Jouer

JUSTE

à peine → 刚(刚) *gāng(gāng)*

- Quand nous nous sommes rencontrés, elle venait juste d'arriver en Chine depuis une semaine.
  我们认识的时候，她刚来中国一个星期。
  *Wǒmen rènshi de shíhou, tā **gāng** lái Zhōngguó yī ge xīngqī.*

- Il vient juste d'arriver, ne l'assomme pas de questions comme ça !
  他刚刚到，别问他这么多问题！
  *Tā **gānggāng** dào, bié wèn tā zhème duō wèntí!*

- Elle vient juste de me téléphoner.
  她刚刚给我打了电话。
  *Tā **gānggāng** gěi wǒ dǎle diànhuà.*

NOTEZ BIEN

刚(刚) *gāng(gāng)* est un adverbe. Le verbe qui le suit peut porter une indication de durée plus ou moins longue.

précisément → 正 *zhèng*, 正好 *zhènghǎo*

- J'habite juste en face de la gare.
  我住在火车站的正对面。
  *Wǒ zhùzài huǒchēzhàn de **zhèng** duìmiàn.*

- Il est midi juste.
  现在正好十二点。
  *Xiànzài **zhènghǎo** shí'èr diǎn.*

seulement → 只 *zhǐ*

- Ne sois pas jaloux : c'est juste un ami !
  别吃醋，他只是个普通朋友！
  *Bié chīcù, tā **zhǐ** shì ge pǔtōng péngyou!*

- Je trouve juste que c'est dommage de rester à la maison par un temps pareil.
  我只觉得这么好的天气呆在家很可惜。
  *Wo **zhǐ** juéde zhème hǎo de tiānqì dāizài jiā hěn kěxī.*

MAIS

légère restriction → 不过 *bùguò*, 只是 *zhǐshì*, 倒 *dào*, 却 *què*

- Son visage me dit quelque chose, mais je n'arrive pas à me rappeler son nom.
  这个人很面熟，不过我一时想不起他的名字来。
  *Zhè ge rén hěn miànshú, **bùguò** wǒ yīshí xiǎng bu qǐ tā de míngzi lai.*

- Ce costume est très beau, mais il est un peu cher.
  这套西装很好看，只是贵了一点儿。
  *Zhè tào xīzhuāng hěn hǎokàn, **zhǐshì** guìle yī diǎnr.*

- Ce produit a un emballage très vilain, **mais** il est de bonne qualité.
  这个商品的包装很难看，质量倒不错。
  *Zhè ge shāngpǐn de bāozhuāng hěn nánkàn, zhǐliàng **dào** bùcuò.*
- J'avais quelque chose à te dire, **mais** je ne m'en souviens plus.
  我本来有事要跟你说，一时却想不起来了。
  *Wǒ běnlái yǒu shì yào gēn nǐ shuō, yīshí **què** xiǎng bu qǐlai le.*

Notez bien

不过 *bùguò* et 只是 *zhǐshì* sont des conjonctions. 倒 *dào* et 却 *què* sont des adverbes. 不过 *bùguò* et 倒 *dào* expriment une contradiction plus forte que 只是 *zhǐshì* et 却 *què*.

forte contradiction → 可是 *kěshì*, 但是 *dànshì*, 然而 *rán'ér*

- Aujourd'hui il pleut, **mais** il ne fait pas froid du tout.
  今天下雨，可是一点儿也不冷。
  *Jīntiān xiàyǔ, **kěshì** yī diǎnr yě bù lěng.*
- Huang Xiufen est très jolie, **mais** elle a mauvais caractère.
  黄秀芬长得很漂亮，但是脾气不好。
  *Huáng Xiùfēn zhǎng de hěn piàoliang, **dànshì** píqi bù hǎo.*
- Cet hôtel est cher, **mais** le service n'est pas très bon.
  这家宾馆很贵，然而服务不太好。
  *Zhè jiā bīnguǎn hěn guì, **rán'ér** fúwù bù tài hǎo.*

Notez bien

可是 *kěshì*, 但是 *dànshì* et 然而 *rán'ér* sont des conjonctions. Elles ont le même sens. Cependant, 可是 *kěshì* s'emploie le plus souvent à l'oral, 然而 *rán'ér* à l'écrit et 但是 *dànshì* aussi bien à l'oral qu'à l'écrit. Elles peuvent être renforcées par les adverbes 倒 *dào* et 却 *què*.

MÊME

pour renchérir → 连……都 *lián... dōu,* 甚至 *shènzhì*

- Tu ne sais **même** pas où il habite ?
  连他住哪儿你都不知道？
  *Lián tā zhù nǎr nǐ **dōu** bù zhīdào?*
- Ce genre de dessins animés plaît aux enfants, aux adultes, et **même** aux personnes âgées.
  这种动画片小孩，大人甚至老人都喜欢看。
  *Zhè zhǒng dònghuàpiàn xiǎohái, dàrén **shènzhì** lǎorén dōu xǐhuan kàn.*

moi-même / toi-même → 亲自 *qīnzì,* 自己 *zìjǐ,* 本人 *běnrén*

- Ils vont se marier ; ils m'ont **eux-mêmes** annoncé la nouvelle.
  他们要结婚，是他们亲自告诉我的。
  *Tāmen yào jiéhūn, shì tāmen **qīnzì** gàosu wǒ de.*

TRADUCTION ▶ Même

- Tu n'as qu'à le faire **toi-même** !
  你就自己做吧！
  *Nǐ jiù **zìjǐ** zuò ba !*
- Je n'y suis **moi-même** pas opposé.
  我本人并不反对。
  *Wǒ **běnrén** bìng bù fǎnduì.*

NOTEZ BIEN

亲自 *qīnzì* est un adverbe qui signifie « faire soi-même une action ».
自己 *zìjǐ* est un pronom qui reprend un nom (animé ou inanimé) ou un pronom déjà mentionné. 本人 *běnrén* désigne « moi » ou une personne dont il est question.

MÊME (LE MÊME)

le / la même → (同)一 *(tóng) yī* + cl.

- Nous sommes dans la **même** classe.
  我们是一个班的。
  *Wǒmen shì **yī** ge bān de.*
- Elles sont arrivées au **même** moment.
  她们是同一个时间到的。
  *Tāmen shì **tóng yī** ge shíjiān dào de.*

les mêmes → 相同 *xiāngtóng*, 同样 *tóngyàng*

- Ils ont les **mêmes** goûts, les **mêmes** aspirations : ils sont faits l'un pour l'autre !
  他们有相同的兴趣和向往，他们是天生的一对！
  *Tāmen yǒu **xiāngtóng** de xìngqu hé xiàngwǎng, tāmen shì tiānshēng de yī duì !*
- Nous avons les **mêmes** inquiétudes.
  我们有同样的担心。
  *Wǒmen yǒu **tóngyàng** de dānxīn.*

le / la / les même(s) que → 跟……一样 *gēn... yīyàng*

- Il fait aujourd'hui le **même** temps qu'hier.
  今天天气跟昨天一样。
  *Jīntiān tiānqì **gēn** zuótiān **yīyàng**.*

MOINS

moins de → 少 *shǎo*

- Mange **moins de** sucreries !
  少吃糖！
  ***Shǎo** chī táng !*
- Il y a **moins de** monde sur les routes à cette heure-ci.
  这个时间路上的车少了。
  *Zhè ge shíjiān lùshang de chē **shǎo** le.*

- **moins de + quantité → 不到** *bù dào*
  - J'ai acheté trois pantalons pour **moins** de cinquante euros.
    我买了三条裤子，花了不到五十欧元。
    *Wǒ mǎile sān tiáo kùzi, huāle **bù dào** wǔshí Ōuyuán.*

- **moins (de...) que → 没有** *méiyǒu*, **比……少** *bǐ... shǎo*
  - Il est **moins** grand **que** son petit frère.
    他没有他弟弟高。
    *Tā **méiyǒu** tā dìdi gāo.*
  - Je mange **moins que** lui.
    我吃得比他少。
    *Wǒ chī de **bǐ** tā **shǎo**.*
  - Elle a **moins** de vacances **que** moi.
    她的假期比我的少。
    *Tā de jiàqī **bǐ** wǒ de **shǎo**.*

- **le moins → 最不** *zuì bù*
  - Le site olympique est l'endroit où j'ai **le moins** envie d'aller à Pékin !
    奥运场馆是我在北京最不想去的地方！
    *Àoyùn chǎngguǎn shì wǒ zài Běijīng **zuì bù** xiǎng qù de dìfang!*

  > **NOTEZ BIEN**
  > Attention ! « Le moins cher » (le plus « bon marché ») : 最便宜 *zuì piányi*.

- **de moins en moins → 越来越少** *yuèláiyuè shǎo*, **越来越不** *yuèláiyuè bù* **+ V**
  - Il fait de **moins en moins** d'erreurs en chinois.
    他说汉语错误越来越少了。
    *Tā shuō hànyǔ cuòwù **yuèláiyuè shǎo** le.*
  - Pékin a tellement changé : je la reconnais de **moins en moins**.
    北京变化那么大，我越来越不熟悉了。
    *Běijīng biànhuà nàme dà, wǒ **yuèláiyuè bù** shúxī le.*

- **moins... moins... → 越不……越不……** *yuè bù... yuè bù...*
  - **Moins** je fais du sport, **moins** j'ai envie d'en faire.
    我越不做运动，越不想做。
    *Wǒ **yuè bù** zuò yùndòng, **yuè bù** xiǎng zuò.*

- **soustraction → 减** *jiǎn*
  - Six **moins** quatre font deux.
    六减四得二。
    *Liù **jiǎn** sì dé èr.*

NI

- **ne... ni... → 不……也不……** *bù... yě bù*
  - Je **ne** peux **ni** ne souhaite le faire.
    我不能也不想做。
    *Wǒ **bù** néng **yě bù** xiǎng zuò.*

TRADUCTION ▸ Ni

- **ni... ni...** ➜ 既不/没……又不/没…… *jì bù/méi... yòu bù/méi...*,
  既不/没……也不/没…… *jì bù/méi... yě bù/méi...*
  - Avant mon opération, je ne devrai **ni** boire **ni** manger.
    动手术前，我既不能喝又不能吃东西。
    *Dòng shǒushù qián, wǒ **jì bù** néng hē **yòu bù** néng chī dōngxi.*
  - Elle n'a laissé **ni** nom **ni** adresse.
    她既没留下名字也没留下地址。
    *Tā **jì méi** liúxià míngzi **yě méi** liúxià dìzhǐ.*

- **ni... ni... (personnes)** ➜ ……和……都不/没…… *... hé... dōu bù/méi...*
  - **Ni** toi **ni** moi n'avons le droit de décider à sa place.
    你和我都没有权利替他决定。
    *Nǐ **hé** wǒ **dōu méi**yǒu quánlì tì tā juédìng.*

OBJECTIF

- **visée** ➜ 目标 *mùbiāo*
  - Elle fera tout pour atteindre les **objectifs** qu'elle s'est fixés.
    为了达到给自己定的目标，她会付出一切努力。
    *Wèile dádào gěi zìjǐ dìng de **mùbiāo**, tā huì fùchū yīqiè nǔlì.*

- **intention, résultat recherché** ➜ 目的 *mùdi*
  - L'**objectif** de ma visite est d'évaluer vos conditions de travail.
    我这次来的目的是视察你们的工作条件。
    *Wǒ zhè cì lái de **mùdi** shì shìchá nǐmen de gōngzuò tiáojiàn.*

ON

- **quelqu'un** ➜ 有人 *yǒurén*
  - **On** frappe à la porte.
    有人敲门。
    Yǒurén qiāo mén.
  - Ce matin, **on** t'a téléphoné, mais je ne sais pas qui c'est.
    今天早上，有人给你打了电话，可是不知道是谁。
    *Jīntiān zǎoshang, **yǒurén** gěi nǐ dǎle diànhuà, kěshì bù zhīdào shì shéi.*

- **ensemble de personnes défini** ➜ 人 *rén*, 人们 *rénmen*
  - **On** dîne tard en Espagne.
    西班牙人吃晚饭吃得很晚。
    Xībānyárén chī wǎnfàn chī de hěn wǎn.
    [litt. Les Espagnols dînent tard]
  - Ici, **on** est de gauche.
    在这里，人们是左派的。
    *Zài zhèli, **rénmen** shì zuǒpài de.*

- **ensemble de personnes incluant le locuteur** → 我们 wǒmen
  - On n'a pas envie de sortir ce soir. Tu ne veux pas plutôt venir dîner à la maison ?
    我们今天晚上不想出去，你要不要来我们家吃饭？
    Wǒmen jīntiān wǎnshang bù xiǎng chūqu, nǐ yào bù yào lái wǒmen jiā chīfàn ?

- **ensemble de personnes incluant le locuteur et l'interlocuteur** → 我们 wǒmen, 咱们 zánmen
  - Quand est-ce qu'on se voit ?
    我们什么时候见面？
    Wǒmen shénme shíhou jiànmiàn ?
  - Tu arrives au bon moment, il faut qu'on discute, tous les deux.
    你来得正好，咱们两个得一起谈谈。
    Nǐ lái de zhènghǎo, zánmen liǎng ge děi yīqǐ tántan.

Notez bien

我们 wǒmen désigne un ensemble de personnes qui comprend celui qui parle, il peut aussi comprendre l'interlocuteur.
咱们 zánmen désigne un ensemble de personne qui comprend celui qui parle et l'interlocuteur.

▶ Pronoms personnels p. 70

OU

- **choix dans une phrase interrogative** → 还是 háishi
  - Tu prends du thé **ou** du café ?
    你喝茶还是喝咖啡？
    Nǐ hē chá háishi hē kāfēi ?

- **choix dans une phrase affirmative** → 或(者) huò(zhě)
  - Je prends du thé **ou** du café, tout me convient !
    我喝茶或者咖啡都行！
    Wǒ hē chá huòzhě kāfēi dōu xíng !

- **absence de choix** → (不管/无论 bùguǎn/wúlùn +) V + 不/还是 bù/háishi + V
  - Que tu le veuilles **ou** non, tu vas devoir te débrouiller tout seul.
    不管你愿不愿意，你要自己想法应付。
    Bùguǎn nǐ yuàn bù yuànyì, nǐ yào zìjǐ xiǎngfǎ yìngfu.
  - Que ce soit toi **ou** moi qui y aille, ce travail doit être fait sérieusement.
    无论你去还是我去，都得认真完成这个工作。
    Wúlùn nǐ qù háishi wǒ qù, dōu děi rènzhēn wánchéng zhè ge gōngzuò.

- **sinon** → 要不(然) yàobù(rán), 否则 fǒuzé
  - Dépêche-toi **ou** tu vas manquer le train.
    快一点儿，要不然你就赶不上火车了。
    Kuài yī diǎnr, yàobùrán nǐ jiù gǎn bu shàng huǒchē le.

TRADUCTION ▸ Ou

- Tu devrais boire un peu moins **ou** tu vas le regretter demain matin.
  你少喝一点儿酒，否则你明天早上会后悔的。
  *Nǐ shǎo hē yī diǎnr jiǔ, **fǒuzé** nǐ míngtiān zǎoshang huì hòuhuǐ de.*

  NOTEZ BIEN

  要不(然) *yàobù(rán)* et 否则 *fǒuzé* ont le même sens. Le premier est plus oral, le second plus écrit.

▸ **ou... ou...** → 要么……要么…… *yàome... yàome...*,
  或者……或者…… *huòzhě... huòzhě...*

  - Ou tu y vas, ou j'y vais.
    要么你去，要么我去。
    Yàome nǐ qù, yàome wǒ qù.

  - Comme cadeau d'anniversaire, je pense l'inviter à manger ou l'emmener à un concert.
    作为生日礼物，我想或者请她吃饭，或者带她去听音乐会。
    *Zuòwéi shēngrì lǐwù, wǒ xiǎng **huòzhě** qǐng tā chīfàn, **huòzhě** dài tā qù tīng yīnyuèhuì.*

PAR

▸ **au travers de** → 从 *cóng*

  - Il a lancé tes affaires **par** la fenêtre.
    他把你的东西从窗口扔了出去。
    *Tā bǎ nǐ de dōngxi **cóng** chuāngkǒu rēngle chūqu.*

▸ **lieu par où l'on passe** → 经过 *jīngguò*, 通过 *tōngguò*

  - Ce train passe **par** Nankin.
    这趟车经过南京。
    *Zhè tàng chē **jīngguò** Nánjīng.*

  - Chaque jour, environ 94 000 véhicules passent **par** le pont du Yang-Tsé.
    每天通过长江大桥的车流在9.4万辆左右。
    *Měi tiān **tōngguò** Cháng Jiāng dàqiáo de chēliú zài jiǔ diǎn sìwàn liàng zuǒyòu.*

▸ **par le biais de** → 通过 *tōngguò*

  - Nous nous sommes rencontrés **par** un ami commun.
    我们是通过一个共同的朋友介绍认识的。
    *Wǒmen shì **tōngguò** yī ge gòngtóng de péngyou jièshào rènshi de.*

▸ **agent** → 被 *bèi*, 让 *ràng*, 叫 *jiào*

  - Un passant a été renversé **par** un vélo.
    一个行人被一辆自行车撞倒了。
    *Yī ge xíngrén **bèi** yī liàng zìxíngchē zhuàngdǎo le.*

  - La fenêtre a été ouverte **par** le vent.
    窗户让风吹开了。
    *Chuānghu **ràng** fēng chuīkāi le.*

- Mon petit frère s'est fait gronder **par** mon père.
  我弟弟叫我父亲说了一顿。
  *Wǒ dìdi **jiào** wǒ fùqin shuōle yī dùn.*

  NOTEZ BIEN
  让 *ràng* et 叫 *jiào* appartiennent à un registre oral, 被 *bèi* à un registre plus écrit. Avec 被 *bèi*, l'agent peut être omis.

  ▸ **PASSIF P. 166**

fréquence (chaque) → 每 *měi*
- Zheng Long dépense plusieurs milliers de yuans **par** jour.
  郑龙每天花几千块钱。
  *Zhèng Lóng **měi** tiān huā jǐ qiān kuài qián.*

PENSER

avoir dans l'esprit → 想 *xiǎng*
- À quoi **penses**-tu ? – Tu le sais bien, c'est à elle que je **pense** !
  你在想什么？ – 你知道我在想什么，我在想她！
  *Nǐ zài **xiǎng** shénme ? – Nǐ zhīdào wǒ zài **xiǎng** shénme, wǒ zài **xiǎng** tā !*
- J'ai pour habitude de dire ce que je **pense**.
  我习惯怎么想就怎么说。
  *Wǒ xíguàn zěnme **xiǎng** jiù zěnme shuō.*

avoir l'intention de → 想 *xiǎng*, 打算 *dǎsuan*
- Que **pensez**-vous faire dimanche ?
  星期天，你们想干什么？
  *Xīngqītiān, nǐmen **xiǎng** gàn shénme ?*
- Je **pense** partir étudier à l'étranger l'an prochain.
  我打算明年出国留学。
  *Wǒ **dǎsuan** míngnián chūguó liúxué.*

estimer → 认为 *rènwéi*, 觉得 *juéde*
- Je **pense** que tu as tort.
  我认为你说得不对。
  *Wǒ **rènwéi** nǐ shuō de bù duì.*
- Je **pense** qu'il va pleuvoir cet après-midi.
  我觉得下午会下雨。
  *Wǒ **juéde** xiàwǔ huì xiàyǔ.*

se rappeler → 记得 *jide*
- **Pense** à l'appeler demain, c'est son anniversaire.
  明天是他生日，记得给他打电话。
  *Míngtiān shì tā shēngrì, **jide** gěi tā dǎ diànhuà.*

TRADUCTION ▸ Penser

- **évoquer** → 联想 *liánxiǎng*, 想到 *xiǎngdào*
  - Dans cette tenue, tu me fais **penser** à une peinture de Renoir.
    你穿这身衣服让我联想到雷诺瓦的一幅画。
    Nǐ chuān zhè shēn yīfu ràng wǒ liánxiǎng dào Léinuòwǎ de yī fú huà.
  - À chaque fois que je le vois, il me fait **penser** à son frère.
    每次看见他，他就让我想到他哥哥。
    Měi cì kànjian tā, tā jiù ràng wǒ xiǎngdào tā gēge.

- **croire à tort** → 以为 *yǐwéi*
  - Je **pensais** que le facteur ne viendrait pas.
    我以为邮递员不会来呢。
    Wǒ yǐwéi yóudìyuán bù huì lái ne.

PERDRE

- **égarer** → 丢 *diū*
  - Hier, j'ai **perdu** les clefs de chez moi.
    昨天，我把家里钥匙丢了。
    Zuótiān, wǒ bǎ jiāli yàoshi diū le.

- **cesser d'avoir** → 失去 *shīqù*
  - Nous ne devons pas **perdre** espoir.
    我们不要失去希望。
    Wǒmen bù yào shīqù xīwàng.

- **être vaincu (jeu, compétition)** → 输 *shū*
  - L'équipe de Chine **a perdu** le match.
    中国队输了比赛。
    Zhōngguóduì shūle bǐsài.

- **gaspiller** → 浪费 *làngfèi*
  - Ne **perds** pas ton temps ici, rentre chez toi.
    别在这里浪费时间，回家吧。
    Bié zài zhèli làngfèi shíjiān, huíjiā ba.

- **manquer** → 错过 *cuòguò*
  - J'ai **perdu** une occasion de rencontrer mon auteur préféré.
    我错过了见我最喜欢的作家的机会。
    Wǒ cuòguòle jiàn wǒ zuì xǐhuan de zuòjiā de jīhuì.

- **être en deuil de** → 死 *sǐ*
  - Liang Jing vient de **perdre** son père.
    梁静刚死了父亲。
    Liáng Jìng gāng sǐle fùqin.

- **s'égarer** → 迷路 *mílù*
  - Il est facile de **se perdre** dans les hutongs [ruelles] de Pékin !
    北京胡同里很容易迷路！
    Běijīng hútòng lǐ hěn róngyì mílù !

PETIT

- **par la taille** → 矮 *ǎi*
  - Jiang Hai est **petit** : il ne mesure qu'un mètre soixante.
    江海个子**矮**，只有一米六高。
    *Jiāng Hǎi gèzi **ǎi**, zhǐ yǒu yī mǐ liù gāo.*

- **par l'âge** → 小 *xiǎo*
  - Ma fille est encore trop **petite** pour aller à l'école primaire.
    我女儿还太**小**，不能上小学。
    *Wǒ nǚ'ér hái tài **xiǎo**, bù néng shàng xiǎoxué.*

(UN) PEU (DE)

- **peu (quantité)** → 少 *shǎo*, 不多 *bù duō*, 不太 *bù tài*, 不大 *bù dà*
  - Il mange **peu**.
    他吃得很**少**。
    *Tā chī de hěn **shǎo**.*
  - Il parle **peu**.
    他话说得**不多**。
    *Tā huà shuō de **bù duō**.*
  - Tu ne devrais pas le croire, c'est quelqu'un de **peu** fiable.
    你不应该相信他，他是个**不太**可靠的人。
    *Nǐ bù yīnggāi xiāngxìn tā, tā shì ge **bù tài** kěkào de rén.*
  - Nous nous voyons **peu** ces derniers temps.
    我们最近**不大**见面。
    *Wǒmen zuìjìn **bù dà** jiànmiàn.*

- **un peu (un instant)** → 一下 *yī xià*
  - Attends-moi **un peu** !
    等我**一下**！
    *Děng wǒ **yī xià** !*

- **un peu + adjectif** → 有一点儿 *yǒu yī diǎnr*
  - J'ai **un peu** froid.
    我**有一点儿**冷。
    *Wǒ **yǒu yī diǎnr** lěng.*

- **un peu de + nom** → 一点儿 *yī diǎnr*, 一些 *yī xiē*
  - Je voudrais acheter **un peu de** fruits.
    我想买**一点儿**水果。
    *Wǒ xiǎng mǎi **yī diǎnr** shuǐguǒ.*

- **un peu de (quantité)** → 一点儿 *yī diǎnr*
  - Je voudrais boire **un peu de** thé.
    我想喝**一点儿**茶。
    *Wǒ xiǎng hē **yī diǎnr** chá.*

TRADUCTION ▸ Petit

PLUS (DE)

- **plus de** → 更多 *gèng duō*, 更大 *gèng dà*
  - J'ai besoin de **plus de** temps pour réfléchir.
    我需要更多的时间考虑。
    Wǒ xūyào gèng duō de shíjiān kǎolù.
  - Il a **plus de** responsabilités dans son nouveau travail.
    在新工作中，他有更大的责任。
    Zài xīn gōngzuò zhōng, tā yǒu gèng dà de zérèn.

- **plus de + quantité** → 多 *duō*
  - Ce restaurant peut accueillir **plus de** deux cents convives.
    这家饭店能容纳两百多位宾客。
    Zhè jiā fàndiàn néng róngnà liǎngbǎi duō wèi bīnkè.
    ▸ PLACE DE 多 *duō* P. 65

- **plus (de)... que** → ……比…… ... *bǐ*...
  - Ta petite sœur est **plus** grande **que** toi.
    你妹妹比你高。
    Nǐ mèimei bǐ nǐ gāo.
  - Il a eu beaucoup **plus** d'enveloppes d'étrennes **que** moi pour le Nouvel an.
    他过年收到的红包比我多。
    Tā guònián shōudào de hóngbāo bǐ wǒ duō.

- **le plus** → 最 *zuì*
  - Juillet est le mois **le plus** chaud de l'année dans le Guizhou.
    七月是一年中贵州最热的月份。
    Qīyuè shì yī nián zhōng Guìzhōu zuì rè de yuèfèn.

- **de plus en plus** → 越来越 *yuèláiyuè*
  - L'air est **de plus en plus** pollué en ville.
    城市的空气污染越来越厉害。
    Chéngshì de kōngqì wūrǎn yuèláiyuè lìhai.

- **plus... plus...** → 越……越…… *yuè... yuè...*
  - **Plus** il gagne de l'argent, **plus** il en dépense.
    他越挣钱，越花得多。
    Tā yuè zhèngqián, yuè huā de duō.

- **addition** → 加 *jiā*
  - Un **plus** un font deux.
    一加一等于二。
    Yī jiā yī děngyú èr.

- **ne... plus** → 不……了 *bù... le*
  - Je **ne** fume **plus**.
    我不抽烟了。
    Wǒ bù chōuyān le.

POINTS CARDINAUX

▸ **à l'intérieur ou à l'extérieur d'une zone géographique :** 东 *dōng* (est), 西 *xī* (ouest), 南 *nán* (sud), 北 *běi* (nord) (+ 边/面 *biān/miàn*)

- L'entrée du métro se trouve à l'**ouest** de la poste.
  地铁站口就在邮局的西面。
  Dìtiě zhànkǒu jiù zài yóujú de xīmiàn.

- Le Vietnam est au **sud-ouest** de la Chine.
  越南在中国的西南边。
  Yuènán zài Zhōngguó de xīnánbiān.

▸ **à l'intérieur d'une zone géographique :** 东部 *dōngbù* (est), 西部 *xībù* (ouest), 南部 *nánbù* (sud), 北部 *běibù* (nord)

- En hiver, la température peut atteindre -30° dans le **nord** de la Chine.
  中国北部的冬天会到零下三十多度。
  Zhōngguó běibù de dōngtiān huì dào língxià sānshí duō dù.

- Canton est au **sud-est** de la Chine.
  广州在中国的东南部。
  Guǎngzhōu zài Zhōngguó de dōngnánbù.

NOTEZ BIEN

Les termes suivants désignent des zones géographiques bien précises :

北方	南方	西部
běifāng	*nánfāng*	*xībù*
nord de la Chine	sud de la Chine	ouest de la Chine
西方	东方	
xīfāng	*dōngfāng*	
Occident	Orient	

POUR

▸ **dans le but de → phrase complexe,** 为了 *wèile*

- Il est parti au Tibet **pour** étudier le bouddhisme.
  他去西藏学习佛教。
  Tā qù Xīzàng xuéxí fójiào.

- **Pour** apprendre le chinois, il a habité en Chine pendant cinq ans.
  为了学中文，他在中国住了五年。
  Wèile xué zhōngwén, tā zài Zhōngguó zhùle wǔ nián.

NOTEZ BIEN

Lorsque le but découle de l'action, 为了 *wèile* devient inutile ; les propositions sont alors juxtaposées.

Il va acheter une bouteille d'eau **pour** se désaltérer.
他去买一瓶水解渴。［他去买一瓶水为子解渴。］
Tā qù mǎi yī píng shuǐ jiěkě.

TRADUCTION ▸ Points cardinaux

- **à destination de** ➜ 向 *xiàng*, 往 *wǎng*, 到 *dào*
  - L'avion **pour** Shanghai va bientôt décoller.
    飞向上海的飞机快要起飞了。
    Fēixiàng Shànghǎi de fēijī kuàiyào qǐfēi le.
  - Le train **pour** Lyon va bientôt partir.
    开往里昂的火车快要启动了。
    Kāiwǎng Lǐ'áng de huǒchē kuàiyào qǐdòng le.
  - Demain après-midi, il y a deux trains **pour** le Shandong.
    明天下午有两趟到山东的火车。
    Míngtiān xiàwǔ yǒu liǎng tàng dào Shāndōng de huǒchē.

- **en ce qui concerne** ➜ 对(于) *duì(yú)*
  - Fumer n'est pas bon **pour** la santé.
    抽烟对身体有害。
    Chōuyān duì shēntǐ yǒuhài.

- **à l'intention de (bénéficiaire de l'action)** ➜ 给 *gěi*, 为 *wèi*
  - J'ai une surprise **pour** toi !
    我给你个惊喜！
    Wǒ gěi nǐ ge jīngxǐ !
  - Guo Sheng travaille **pour** une entreprise étrangère.
    郭胜给一家外国公司工作。
    Guō Shèng gěi yī jiā wàiguó gōngsī gōngzuò.
  - Je suis content **pour** toi.
    我为你高兴。
    Wǒ wèi nǐ gāoxìng.

- **à la place de** ➜ 替 *tì*, 为 *wèi*
  - Je n'ai pas d'argent sur moi, peux-tu payer **pour** moi ?
    我身上没带钱，你能不能替我付钱？
    Wǒ shēnshang méi dài qián, nǐ néng bù néng tì wǒ fùqián ?

- **pour une durée de** ➜ V + complément de durée
  - Il est là **pour** trois jours.
    他要在这里呆三天。
    Tā yào zài zhèli dāi sān tiān.
  - Je pars à l'étranger **pour** six mois.
    我要到国外去六个月。
    Wǒ yào dào guówài qù liù ge yuè.

    ▸ **COMPLÉMENT DE DURÉE P. 141**

- **être pour** ➜ 赞成 *zànchéng*
  - Je **suis pour** l'interdiction de fumer dans les lieux publics.
    我赞成在公共场合禁止吸烟。
    Wǒ zànchéng zài gōnggòng chǎnghé jìnzhǐ xīyān.

POUVOIR

● **capacité → 能** *néng*, **composé verbal d'obtention du résultat**
- Si tu t'entraînes tous les jours, tu **pourras** bientôt courir le marathon.
  你要是天天练，过不久就能跑马拉松了。
  *Nǐ yàoshi tiāntiān liàn, guò bùjiǔ jiù **néng** pǎo mǎlāsōng le.*
- Je suis très occupé aujourd'hui, je ne **pourrai** pas t'accompagner faire du lèche-vitrine.
  我今天很忙，不能陪你去逛街。
  *Wǒ jīntiān hěn máng, bù **néng** péi nǐ qù guàngjiē.*
- Ne commande pas tant de plats, on ne **peut** pas tout manger à nous deux.
  你别点这么多菜，咱们两个人吃不了。
  *Nǐ bié diǎn zhème duō cài, zánmen liǎng ge rén **chī bu liǎo**.*
- Le wagon est plein, on ne **peut** pas y monter.
  车厢满了，上不去。
  *Chēxiāng mǎn le, **shàng bu qù**.*

Notez bien
Le composé verbal d'obtention du résultat exprime la capacité ou non de réaliser l'action en raison de circonstances précises.
能 *néng* exprime la capacité propre du locuteur, sans influence des conditions de l'action.

▸ **Composé verbal d'obtention du résultat p. 132**

● **possibilité → 可以** *kěyǐ*
- Liu Xiang s'est blessé, il devra attendre un mois et demi avant de **pouvoir** marcher normalement.
  刘翔受伤了，要等一个半月才可以正常走路。
  *Liú Xiáng shòushāng le, yào děng yī ge bàn yuè cái **kěyǐ** zhèngcháng zǒulù.*

Notez bien
Les verbes 能 *néng* et 可以 *kěyǐ* sont synonymes lorsque le sujet est le patient de l'action.

Tu crois qu'on **peut** boire l'eau du robinet ici ?
你说这儿的自来水能喝吗?
*Nǐ shuō zhèr de zìláishuǐ **néng** hē ma?*

On **peut** réparer ce vélo.
这辆自行车可以修。
*Zhè liàng zìxíngchē **kěyǐ** xiū.*

Lorsque le sujet est l'agent de l'action, 能 *néng* met l'accent sur sa capacité, alors que 可以 *kěyǐ* met l'accent sur la possibilité offerte par les circonstances.

▸ **Verbes auxiliaires p. 94**

TRADUCTION ▸ Pouvoir

- **autorisation** → 能 *néng*, 可以 *kěyǐ*
  - Puis-je te déranger un instant ?
    能不能打扰你一下？
    Néng bù néng dǎrǎo nǐ yī xià ?
  - Vous ne **pouvez** pas fumer ici.
    你们不可以在这里抽烟。
    Nǐmen bù kěyǐ zài zhèli chōuyān.

  NOTEZ BIEN
  能 *néng* et 可以 *kěyǐ* sont synonymes dans les phrases interrogatives et négatives. Dans les phrases affirmatives, seul 可以 *kěyǐ* peut exprimer l'autorisation.

- **probabilité** → 可能 *kěnéng*
  - Il se **peut** que nous ayons un peu de retard.
    我们可能要迟到了。
    Wǒmen kěnéng yào chídào le.

PRÉFÉRER

- **considérer comme meilleur** → 更喜欢 *gèng xǐhuan*
  - Entre la cuisine chinoise et la cuisine française, tu **préfères** laquelle ?
    中国菜和法国菜，你更喜欢吃哪种？
    Zhōngguócài hé fǎguócài, nǐ gèng xǐhuan chī nǎ zhǒng ?

- **considérer comme le meilleur** → 最喜欢 *zuì xǐhuan*
  - De tous les écrivains chinois, c'est Zhu Ziqing que je **préfère**.
    中国作家当中，我最喜欢朱自清。
    Zhōngguó zuòjiā dāngzhōng, wǒ zuì xǐhuan Zhū Zìqīng.

- **choisir par raison** → 与其……宁愿/不如…… *yǔqí… nìngyuàn/bùrú…*, 宁愿……也不/也要…… *nìngyuàn… yě bù/yě yào…*
  - Je **préfère** rentrer tranquillement à pied plutôt que d'attendre le bus.
    与其等车，我宁愿慢慢地走回去。
    Yǔqí děng chē, wǒ nìngyuàn mànman de zǒu huíqu.
  - Li Junjie **préfère** ne pas dormir de la nuit mais finir son travail.
    李俊杰宁愿一夜不睡觉也要把工作做完。
    Lǐ Jùnjié nìngyuàn yī yè bù shuìjiào yě yào bǎ gōngzuò zuòwán.

  ▸ **PHRASES COMPLEXES P. 177**

- **choisir faute de mieux** → 与其……宁可…… *yǔqí… nìngkě…*, 宁可……也不/也要…… *nìngkě… yě bù/yě yào…*
  - Je **préfère** demander plutôt que de deviner.
    与其猜测，我宁可去问个清楚。
    Yǔqí cāicè, wǒ nìngkě qù wèn ge qīngchu.

- Je **préfère** marcher tout seul plutôt que de faire le voyage avec ce bavard.
  我宁可一个人走路也不跟这个唠叨不完的人同路。
  Wǒ **nìngkě** yī ge rén zǒulù **yě bù** gēn zhè ge láodao bu wán de rén tónglù.
- Je **préfère** avoir faim plutôt que de lui emprunter de l'argent.
  我宁可饿着也不愿向他借钱。
  Wǒ **nìngkě** èzhe **yě bù** yuàn xiàng tā jièqián.

▶ **Phrases complexes p. 177**

PRESQUE

差点儿 chàdiǎnr
- Il a **presque** battu le record du monde.
  他差点儿破了世界记录。
  Tā **chàdiǎnr** pòle shìjiè jìlù.

差不多 chàbuduō
- Cela fait **presque** dix ans que l'on ne s'est pas vus.
  我们差不多十年没见。
  Wǒmen **chàbuduō** shí nián méi jiàn.

几乎 jīhū
- Maintenant, à la ville comme à la campagne, **presque** tous les foyers ont l'ADSL.
  现在，不管是城市还是农村，几乎家家都有宽带。
  Xiànzài, bùguǎn shì chéngshì háishi nóngcūn, **jīhū** jiājiā dōu yǒu kuāndài.

PROBABLEMENT

forte conviction → 得 děi
- Il passera **probablement** un mois à l'hôpital.
  他可能得一个月才能出院。
  Tā kěnéng **děi** yī ge yuè cái néng chūyuàn.

simple conviction → 会 huì
- Il a dit qu'il viendrait **probablement** me voir.
  他说他可能会来看我的。
  Tā shuō tā kěnéng **huì** lái kàn wǒ de.

Notez bien
可能 kěnéng peut renforcer 得 děi et 会 huì. Employé seul, il a le sens de « peut-être ».

TRADUCTION ▸ Presque

QUAND

- **quand ? → 什么时候?** *shénme shíhou ?*
  - **Quand** est-ce que vous comptiez venir nous voir ?
    你们打算**什么时候**来看我们?
    *Nǐmen dǎsuan **shénme shíhou** lái kàn wǒmen ?*

- **lorsque →** (当)……时 *(dāng)... shí*, (当)……的时候 *(dāng)... de shíhou*
  - **Quand** je l'ai croisé dans la rue, je ne l'ai pas reconnu tout de suite.
    当我在大街上遇见他**时**,我没有马上认出他来。
    Dāng wǒ zài dàjiē shàng yùjiàn tā shí, wǒ méiyǒu mǎshàng rènchū tā lai.
  - **Quand** Qin Xi a entendu la nouvelle, elle a sauté de joie !
    秦夕听到消息**的时候**,她高兴地跳了起来!
    *Qín Xī tīngdào xiāoxi **de shíhou**, tā gāoxìng de tiàole qǐlai !*

RAISON

- **motif pour lequel une action a lieu → 理由** *lǐyóu*
  - Il a toujours été froid avec moi, je n'ai aucune **raison** d'être gentil avec lui.
    他向来都对我很冷淡,我没有**理由**对他很客气。
    *Tā xiànglái dōu duì wǒ hěn lěngdàn, wǒ méiyǒu **lǐyóu** duì tā hěn kèqi.*

- **cause entraînant un résultat → 原因** *yuányīn*
  - La police enquête sur les **raisons** de l'accident.
    警察在调查车祸的**原因**。
    *Jǐngchá zài diàochá chēhuò de **yuányīn**.*

RAPPELER

- **appeler de nouveau par téléphone → 再……打电话** *zài... dǎ diànhuà*
  - Je vous **rappelle** demain pour fixer un rendez-vous.
    我明天**再**给您**打电话**定约会。
    *Wǒ míngtiān **zài** gěi nín **dǎ diànhuà** dìng yuēhuì.*

- **appeler pour faire revenir → 叫回(来/去)** *jiào huí(lai/qu)*
  - J'allais justement partir lorsqu'il m'a **rappelé**.
    我正要离开的时候他又把我**叫回去**了。
    *Wǒ zhèngyào líkāi de shíhou tā yòu bǎ wǒ **jiào huíqu** le.*

- **remettre en mémoire → 提醒** *tíxǐng*
  - Ma secrétaire m'a **rappelé** la réunion de cet après-midi.
    我秘书**提醒**我下午开会。
    *Wǒ mìshu **tíxǐng** wǒ xiàwǔ kāihuì.*

- **évoquer par ressemblance → 让/使……联想** *shǐ/ràng... liánxiǎng*
  - Cette personne me **rappelle** mon grand-père.
    这个人**让**我**联想**到我爷爷。
    *Zhè ge rén **ràng** wǒ **liánxiǎng** dào wǒ yéye.*

- **ne pas avoir oublié → 记得** *jide*
  - Tu **te rappelles** son frère ?
    你还记得他哥哥吗？
    Nǐ hái jìde tā gēge ma ?

- **retrouver le souvenir de → 记起(来)** *jì qǐ(lai)*, **想起(来)** *xiǎng qǐ(lai)*
  - Tu **te rappelles** ton premier amour ?
    你还能记起你的初恋吗？
    Nǐ hái néng jì qǐ nǐ de chūliàn ma ?
  - Je **me le rappelle** maintenant, j'ai déjà lu ce livre il y a longtemps.
    我现在想起来了，这本书我很久以前看过。
    Wǒ xiànzài xiǎng qǐlai le, zhè běn shū wǒ hěn jiǔ yǐqián kànguo.

- **se remémorer → 回想** *huíxiǎng*, **回忆** *huíyì*
  - Lorsque tu **te rappelles** le passé, tu es heureux ou triste ?
    当你回想往事时，你是快乐还是感伤？
    Dāng nǐ huíxiǎng wǎngshì shí, nǐ shì kuàilè háishi gǎnshāng ?
  - Les personnes âgées aiment **se rappeler** le passé.
    上了年纪的人喜欢回忆过去。
    Shàngle niánjì de rén xǐhuan huíyì guòqù.

RÉALITÉ

- **la réalité → 实际** *shíjì*, **现实** *xiànshí*
  - Les politiques sont détachés de la **réalité**, ils ne partent pas des faits pour analyser les problèmes.
    领导们太脱离实际，分析问题都不从实际出发。
    Lǐngdǎomen tài tuōlí shíjì, fēnxi wèntí dōu bù cóng shíjì chūfā.
  - Si nous persévérons, nos espoirs deviendront **réalité**.
    如果继续努力，我们的希望会成为现实。
    Rúguǒ jìxù nǔlì, wǒmen de xīwàng huì chéngwéi xiànshí.

  #### Notez bien
  现实 *xiànshí* et 实际 *shíjì* peuvent aussi être employés comme des verbes qualificatifs ; ils signifient alors « être réaliste ».

- **en réalité → 实际上** *shíjìshang*, **其实** *qíshí*, **原来** *yuánlái*
  - Deng Rong paraît jeune, **en réalité** il aura bientôt quarante ans.
    邓熔看起来很年轻，实际上已经快四十岁了。
    Dèng Róng kàn qǐlai hěn niánqīng, shíjìshang yǐjing kuài sìshí suì le.
  - Je pensais que cet acteur était Japonais, mais **en réalité** il est Coréen.
    我以为这个演员是日本人，其实他是韩国人。
    Wǒ yǐwéi zhè ge yǎnyuán shì Rìběnrén, qíshí tā shì Hánguórén.
  - Je t'ai cherché tout l'après-midi, **en réalité** tu dormais ici !
    我找了你一个下午，原来你就在这里睡觉！
    Wǒ zhǎole nǐ yī ge xiàwǔ, yuánlái nǐ jiù zài zhèli shuìjiào !

TRADUCTION ▸ Réalité

REFUSER

- **rejeter → 拒绝** *jùjué*, **谢绝** *xièjué*
  - Ce projet de construction a été refusé par le bureau de l'urbanisation.
    这项工程计划被城市规划局拒绝了。
    Zhè xiàng gōngchéng jìhuà bèi chéngshì guīhuàjú **jùjué** le.
  - Je voulais lui offrir un cadeau d'anniversaire, il a refusé.
    我想送给他一份生日礼物，他谢绝了。
    Wǒ xiǎng sòng gěi tā yī fèn shēngrì lǐwù, tā **xièjué** le.

- **décliner poliment → 推辞** *tuīcí*
  - Je l'ai invité à déjeuner de nombreuses fois, mais il a toujours refusé.
    我请他吃饭请过很多次，可是他每次都推辞。
    Wǒ qǐng tā chīfàn qǐngguo hěn duō cì, kěshì tā měi cì dōu **tuīcí**.

- **ne pas vouloir → 不愿意** *bù yuànyi*
  - Il refuse de voir la réalité en face.
    他不愿意面对现实。
    Tā **bù yuànyi** miànduì xiànshí.

- **interdire → 不允许** *bù yǔnxǔ*
  - Mes parents refusent que je sorte le week-end.
    我父母不允许我周末出去。
    Wǒ fùmǔ **bù yǔnxǔ** wǒ zhōumò chūqu.

RENCONTRER

- **comme prévu → 见面** *jiànmiàn*, **会见** *huìjiàn*
  - Je l'ai rencontré dans son bureau.
    我在他的办公室跟他见了面。
    Wǒ zài tā de bàngōngshì gēn tā **jiàn**le **miàn**.
  - Le président français a rencontré le président chinois.
    法国总统会见了中国主席。
    Fǎguó zǒngtǒng **huìjiàn**le Zhōngguó zhǔxí.

- **à l'improviste → 遇见** *yùjiàn*, **碰见** *pèngjiàn*
  - Je l'ai rencontrée en sortant du bureau !
    我在办公室门口遇见了她！
    Wǒ zài bàngōngshì ménkǒu **yùjiàn**le tā !
  - J'ai rencontré un vieil ami dans la rue.
    他在街上碰见了一个老朋友。
    Tā zài jiēshang **pèngjiàn**le yī ge lǎopéngyou.

SAVOIR

- **savoir qqch.** → 知道 *zhīdào*
  - Je ne **sais** pas comment il s'appelle.
    我不知道他叫什么名字。
    *Wǒ bù **zhīdào** tā jiào shénme míngzi.*

- **savoir faire qqch. par apprentissage** → 会 *huì*
  - La nouvelle secrétaire du patron **sait** parler quatre langues, alors que l'ancienne n'en maîtrisait que deux.
    老板的新秘书会说四种语言，原来那个只会两种。
    *Lǎobǎn de xīn mìshu **huì** shuō sì zhǒng yǔyán, yuánlái nà ge zhǐ **huì** liǎng zhǒng.*

  ### Notez bien
  会 *huì* peut être utilisé comme verbe auxiliaire, mais aussi comme verbe suivi d'un objet ; il se traduit alors par « maîtriser », « connaître ».
  Je **sais** le chinois.
  我会汉语。
  *Wǒ **huì** hànyǔ.*

SELON

- **en référence à une information** → 根据 *gēnjù*
  - **Selon** le bulletin météo, il neigera beaucoup demain.
    根据天气预报，明天下大雪。
    Gēnjù tiānqì yùbào, míngtiān xià dàxuě.

  ### Notez bien
  Pour faire référence à une information dans la presse, on utilise seulement 据 *jù*.
  Selon l'agence Chine Nouvelle, un navire chinois aurait sauvé cinq pêcheurs coréens.
  据新华社报道，一只中国船救了五个韩国渔民。
  Jù Xīnhuáshè bàodào, yī zhī Zhōngguó chuán jiùle wǔ gè Hánguó yúmín.

- **en référence à une opinion** → 在……看来 *zài... kànlai*, 依……看(来) *yī... kàn(lai)*
  - **Selon** moi, il y a trop de violence à la télévision.
    在我看来，电视上有太多的暴力。
    *Zài wǒ **kànlai**, diànshì shàng yǒu tài duō de bàolì.*
  - Que devrais-je faire **selon** toi ?
    依你看，我该怎么办？
    *Yī nǐ **kàn**, wǒ gāi zěnme bàn ?*

- **en référence à une procédure** → 按照 *ànzhào*
  - Agis **selon** ses indications et tu ne pourras pas te tromper.
    你按照她说的办法去做，不会错的。
    *Nǐ **ànzhào** tā shuō de bànfǎ qù zuò, bù huì cuò de.*

TRADUCTION ▸ Savoir

SENS

- **signification → 意思** yìsi, **意义** yìyì
  - Je n'ai pas compris le **sens** de ta phrase.
    我没听明白你这句话的意思。
    Wǒ méi tīng míngbai nǐ zhè jù huà de **yìsi**.
  - Ce caractère a de nombreux **sens**.
    这个字有好多不同的意义。
    Zhè ge zì yǒu hǎo duō bùtóng de **yìyì**.

- **valeur, portée → 意义** yìyì
  - Ce que tu fais n'a aucun **sens**.
    你这么做没有意义。
    Nǐ zhème zuò méiyǒu **yìyì**.

- **direction → 方向** fāngxiàng
  - À Lhassa, on tourne autour des temples dans le **sens** des aiguilles d'une montre.
    在拉萨，人们围着寺庙顺时针方向转。
    Zài Lāsà, rénmen wéizhe sìmiào shùn shízhēn **fāngxiàng** zhuàn.

SÉVÈRE

- **rigoureux → 严格** yángé
  - Dans le travail, il faut être **sévère** avec soi-même.
    在工作上要严格要求自己。
    Zài gōngzuò shàng yào **yángé** yāoqiú zìjǐ.

- **grave → 严重** yánzhòng
  - On déplore des pertes **sévères** dans les deux camps.
    两方军队都伤亡严重。
    Liǎng fāng jūnduì dōu shāngwáng **yánzhòng**.

- **austère → 严肃** yánsù
  - C'est un homme d'allure **sévère**.
    他看起来是个很严肃的人。
    Tā kàn qǐlai shì ge hěn **yánsù** de rén.

- **ferme → 严厉** yánlì
  - Les sanctions prises envers les élèves en retard sont très **sévères**.
    学校对迟到学生的处分非常严厉。
    Xuéxiào duì chídào xuésheng de chǔfèn fēicháng **yánlì**.

SI

- **hypothèse** → 如果/要是(……的话) *rúguǒ/yàoshi (...dehuà)*, ……的话 *...dehuà*

  - Si vous voulez, nous pouvons aller au théâtre ce soir !
    如果你们愿意，我们晚上可以去看话剧！
    Rúguǒ nǐmen yuànyi, wǒmen wǎnshang kěyǐ qù kàn huàjù !
  - Si tu as le temps, viens manger chez moi demain.
    你要是有空，明天到我家来吃饭吧。
    Nǐ yàoshi yǒu kòng, míngtiān dào wǒ jiā lái chīfàn ba.
  - S'il pleut, je préfère ne pas sortir.
    下雨的话，我宁愿不出去。
    Xiàyǔ dehuà, wǒ nìngyuàn bù chūqu.

  NOTEZ BIEN
  要是 *yàoshi* et ……的话 *dehuà* s'emploient surtout à l'oral.

- **interrogative indirecte** → 是不是 *shìbushì*, 有没有 *yǒu méiyǒu*

  - Je ne sais pas si ce qu'il dit est vrai.
    我不知道他说的是不是真的。
    Wǒ bù zhīdào tā shuō de shìbushì zhēn de.
  - Je ne me souviens pas si nous avons déjà abordé cette question.
    我不记得我们有没有谈过这个问题。
    Wǒ bù jìde wǒmen yǒu méiyǒu tánguo zhè ge wèntí.

- **intensité** → 多么 *duōme*, 这么 *zhème*, 如此 *rúcǐ*

  - L'automne à Pékin est si beau !
    北京的秋天多么美丽！
    Běijīng de qiūtiān duōme měilì !
  - C'est un homme si aimable !
    这个人这么客气！
    Zhè ge rén zhème kèqi !
  - Vous habitez une si jolie ville !
    你们生活在一个如此美丽的城市！
    Nǐmen shēnghuó zài yī ge rúcǐ měilì de chéngshì !

  ▸ **TELLEMENT P. 327**

- **concession** → 尽管……但(是) *jǐnguǎn...dàn(shì)*

  - Si dégourdie qu'elle soit, elle a mis du temps à monter ses meubles en kit !
    尽管她很心灵手巧，但组装家具还是用了不少时间！
    Jǐnguǎn tā hěn xīnlíngshǒuqiǎo, dàn zǔzhuāng jiājù háishi yòngle bù shǎo shíjiān !

TRADUCTION ▸ Si

- **si seulement → 但愿** *dànyuàn*
  - Si seulement tu avais raison !
    但愿你说得对！
    Dànyuàn nǐ shuō de duì !

- **si et seulement si → 只有** *zhǐyǒu*
  - Il ne viendra que **si** c'est toi qui l'invites.
    只有你邀请，他才会来。
    Zhǐyǒu nǐ yāoqǐng, tā cái huì lái.

- **réponse à une phrase négative → reprise du verbe**
  - Il n'est pas venu hier ! – Si, je l'ai vu.
    他昨天没来！－ 来了，我看见他了。
    Tā zuótiān méi lái ! – Lái le, wǒ kànjian tā le.

SOUHAITER

- **espérer → 希望** *xīwàng*
  - Je **souhaite** que tu puisses venir à mon anniversaire.
    我希望你能来参加我的生日晚会。
    Wǒ xīwàng nǐ néng lái cānjiā wǒ de shēngrì wǎnhuì.

- **vouloir → 希望** *xīwàng*
  - Je **souhaiterais** vous rencontrer dès que possible pour un entretien.
    我希望您能尽早参加面试。
    Wǒ xīwàng nín néng jǐnzǎo cānjiā miànshì.

- **présenter des vœux → 祝** *zhù*
  - Je **souhaite** une bonne santé à toute votre famille !
    祝你们全家身体健康！
    Zhù nǐmen quánjiā shēntǐ jiànkāng !

SOUVENT

- **fréquence → 常常** *chángcháng*, **经常** *jīngcháng*
  - Yao Hua va **souvent** faire du cerf-volant dans les jardins du Temple du Ciel.
    姚华常常去天坛公园放风筝。
    Yáo Huá chángcháng qù Tiāntán gōngyuán fàng fēngzheng.
  - Après ton retour, j'espère que nous nous verrons plus **souvent**.
    希望等你回来以后，我们能经常见面。
    Xīwàng děng nǐ huílai yǐhòu, wǒmen néng jīngcháng jiànmiàn.

- **habitude** → 往往 *wǎngwǎng*
  - Ils partent **souvent** en voyage pendant les vacances du Nouvel an.
    新年假期他们往往出去旅游。
    *Xīnnián jiàqī tāmen **wǎngwǎng** chūqu lǚyóu.*

  NOTEZ BIEN
  Les adverbes 常常 *chángcháng*, 经常 *jīngcháng* et 往往 *wǎngwǎng* sont interchangeables lorsque le contexte temporel de l'action est clairement précisé (à telle date, à telle période…).
  往往 *wǎngwǎng* marque la régularité d'une expérience habituelle et déjà constatée ; il ne peut pas être employé pour le futur.
  ▸ **ADVERBES DE FRÉQUENCE P. 105**

SÛREMENT

- **simple probabilité** → 一定 *yīdìng*
  - J'arriverai **sûrement** à me libérer pour t'accompagner à la gare, ne t'inquiète pas.
    我一定能抽出时间送你到火车站，别担心。
    *Wǒ **yīdìng** néng chōuchū shíjiān sòng nǐ dào huǒchēzhàn, bié dānxīn.*

- **forte probabilité** → 肯定 *kěndìng*
  - Nous aurons **sûrement** l'occasion de nous revoir.
    我们肯定还有机会见面的。
    *Wǒmen **kěndìng** hái yǒu jīhuì jiànmiàn de.*

SURTOUT

- **plus que toute autre chose** → 特别是 *tèbié shì*, 尤其是 *yóuqí shì*
  - J'aime beaucoup les peintures de Xu Ke, **surtout** ses paysages.
    我很喜欢徐可画的画，特别是他的山水画。
    *Wǒ hěn xǐhuan Xú Kě huà de huà, **tèbié shì** tā de shānshuǐhuà.*
  - Il cuisine très bien chinois, **surtout** les raviolis !
    他很会做中国菜，尤其是饺子。
    *Tā hěn huì zuò zhōngguócài, **yóuqí shì** jiǎozi.*

- **pour renforcer une demande, un ordre, un conseil** → 千万 *qiānwàn*
  - Une fois arrivés, n'oubliez **surtout** pas de me téléphoner !
    到了以后你们千万别忘了给我打个电话！
    *Dàole yǐhòu nǐmen **qiānwàn** bié wàngle gěi wǒ dǎ ge diànhuà !*
  - **Surtout**, fais bien attention en traversant la route !
    过马路千万要小心！
    *Guò mǎlù **qiānwàn** yào xiǎoxīn !*

TRADUCTION ▸ Sûrement

TELLEMENT (QUE)

- **tellement** → 那么 *nàme*, 多么 *duōme*, 这样 *zhèyàng*, 如此 *rúcǐ*
  - Elle avait **tellement** maigri, tu ne l'aurais pas reconnue.
    她瘦了那么多，你几乎认不出她来。
    *Tā shòule **nàme** duō, nǐ jīhū rèn bu chū tā lai.*
  - Il me manque **tellement** !
    我多么想他啊！
    *Wǒ **duōme** xiǎng tā a!*
  - Ce paysage est **tellement** beau, j'en suis bouche bée !
    这里风景如此美丽，我都说不出话来了！
    *Zhèli fēngjǐng **rúcǐ** měilì, wǒ dōu shuō bu chū huà lai le!*

- **tellement... que** → V + 得 *de* + V
  - Il est **tellement** ivre **qu'**il ne peut même plus marcher.
    他醉得连路都走不了了。
    *Tā zuì **de** lián lù dōu zǒu bu liǎo le.*

TOUJOURS

- **invariablement** → 总(是) *zǒng(shì)*, 老(是) *lǎo(shì)*
  - Hong Baosheng est **toujours** en retard ces derniers temps.
    洪宝胜最近总是迟到。
    *Hóng Bǎoshèng zuìjìn **zǒngshì** chídào.*
  - Mon camarade de chambre reste **toujours** confiné dans le dortoir.
    我同屋老呆在宿舍里不出门。
    *Wǒ tóngwū **lǎo** dāizài sùshè lǐ bù chūmén.*

- **depuis toujours** → 从(来) *cóng(lái)*, 向来 *xiànglái*, 一向 *yīxiàng*, 历来 *lìlái*
  - Il fait **toujours** ce qu'il dit.
    这个人从来说话算话。
    *Zhè ge rén **cónglái** shuōhuà suànhuà.*
  - Il a **toujours** été comme ça.
    他向来就这样。
    *Tā **xiànglái** jiù zhèyàng.*
  - Ma sœur a **toujours** tenu ses promesses.
    我姐一向遵守诺言。
    *Wǒ jiě **yīxiàng** zūnshǒu nuòyán.*
  - Il a **toujours** été sérieux dans le travail.
    他历来工作认真。
    *Tā **lìlái** gōngzuò rènzhēn.*

  #### Notez bien
  向来 *xiànglái* et 一向 *yīxiàng* sont souvent utilisés dans des phrases affirmatives, alors que 从来 *cónglái* est le plus souvent utilisé dans des phrases négatives. Il est alors traduit par « jamais ».

- **sans interruption** ➔ 一直 *yīzhí*, 始终 *shǐzhōng*
  - Après l'université, nous avons **toujours** gardé contact.
    大学毕业后我们一直保持联系。
    Dàxué bìyè hòu wǒmen yīzhí bǎochí liánxì.
  - Au collège, il a **toujours** eu de très bons résultats.
    上初中的时候，他的功课始终很好。
    Shàng chūzhōng de shíhou, tā de gōngkè shǐzhōng hěn hǎo.

  NOTEZ BIEN
  一直 *yīzhí* peut s'employer pour le passé et le futur,
  tandis que 始终 *shǐzhōng* s'applique seulement à un événement passé.

- **pour toujours, éternellement** ➔ 永远 *yǒngyuǎn*
  - Je me souviendrai **toujours** de toi.
    我会永远记住你的。
    Wǒ huì yǒngyuǎn jìzhù nǐ de.

  NOTEZ BIEN
  永远 *yǒngyuǎn* ne s'utilise que pour le futur.

- **encore** ➔ 还(是) *hái(shi)*, 仍然 *réngrán*
  - Cet homme a un très fort accent, il a répété plusieurs fois, mais je n'ai **toujours** pas compris.
    这个人的口音很重，重复了几次，我还是听不懂。
    Zhè ge rén de kǒuyin hěn zhòng, chóngfùle jǐ cì, wǒ háishi tīng bu dǒng.
  - Tu es **toujours** aussi jeune.
    你仍然那么年轻。
    Nǐ réngrán nàme niánqīng.

TOUT, TOUS, TOUTE, TOUTES

- **sans exception** ➔ 都 *dōu*, 所有 *suǒyǒu*, 全部 *quánbù*, 一切 *yīqiè*
  - J'ai déjà dépensé **tout** mon salaire.
    我已经把工资都花完了。
    Wǒ yǐjing bǎ gōngzī dōu huāwán le.
  - **Tous** les syndicats ont voté pour la poursuite de la grève.
    所有的工会都投票决定继续罢工。
    Suǒyǒu de gōnghuì dōu tóupiào juédìng jìxù bàgōng.
  - Il met **toute** son énergie dans ce projet.
    他把全部精力放在这项计划上。
    Tā bǎ quánbù jīnglì fàngzài zhè xiàng jìhuà shàng.
  - **Tout** va bien ici.
    这里一切都好。
    Zhèli yīqiè dōu hǎo.

Traduction ▶ **Tout, tous, toute, toutes**

Notez bien
都 *dōu* est un adverbe qui sert à totaliser, il est souvent employé avec 全部 *quánbù*, 所有 *suǒyǒu* et 一切 *yīqiè*.
全部 *quánbù* est un nom et 所有 *suǒyǒu* un verbe qualificatif, mais ils désignent tous deux une totalité à l'intérieur d'un cadre donné.
一切 *yīqiè* est un pronom qui représente une totalité pour des choses quantifiables.

- **fréquence (chaque)** → 每 *měi*
  - Il change d'avis **tous** les jours.
    他每天改变主意。
    Tā měi tiān gǎibiàn zhǔyì.
    ▶ Chaque p. 275

- **entièrement** → (完)全 *(wán)quán*, 整整 *zhěngzhěng*
  - Il porte une paire de chaussures **toute** neuve.
    他穿着一双全新的鞋。
    Tā chuānzhe yī shuāng quán xīn de xié.
  - Nous l'avons attendu à l'aéroport **toute** la journée.
    我们在机场等了他整整一天。
    Wǒmen zài jīchǎng děngle tā zhěngzhěng yī tiān.

UTILISER

- **concret** → 用 *yòng*, 使用 *shǐyòng*
  - Nous n'avons jamais **utilisé** cette machine dans notre usine.
    我们厂里从来没用过这种机器。
    Wǒmen chǎng lǐ cónglái méi yòngguo zhè zhǒng jīqì.
  - Je ne sais toujours pas **utiliser** mon nouveau mp3.
    我还是不会使用我新买的mp3。
    Wǒ háishi bù huì shǐyòng wǒ xīn mǎi de mp sān.

- **abstrait** → 利用 *lìyòng*
  - Le maire **utilise** sa position pour trouver du travail à son fils.
    市长利用他的地位为儿子找一份好工作。
    Shìzhǎng lìyòng tā de dìwèi wèi érzi zhǎo yī fèn hǎo gōngzuò.

  #### Notez bien
  利用 *lìyòng* peut aussi avoir un sens péjoratif : « manipuler ».

VERS (PRÉPOSITION)

- **direction** → 朝 *cháo*, 向 *xiàng*, 往 *wǎng*
  - Pour aller à Qianmen, marchez quelques minutes **vers** le nord.
    去前门，朝北走几分钟就到了。
    Qù Qiánmén, cháo běi zǒu jǐ fēn zhōng jiù dào le.

- Quand l'alarme incendie s'est déclenchée, tout le monde s'est précipité **vers** la sortie.
 火警响起来的时候，大家立刻向出口跑去。
 Huǒjǐng xiǎng qǐlai de shíhou, dàjiā lìkè **xiàng** chūkǒu pǎoqù.
- Il s'est dirigé **vers** Hu Jintao et lui a serré la main.
 他往胡锦涛身边走去，并跟他握手。
 Tā **wǎng** Hú Jǐntāo shēnbiān zǒuqù, bìng gēn tā wòshǒu.

Notez bien
Après 朝 cháo et 向 xiàng, la direction peut être exprimée par un circonstanciel de lieu, un locatif spatial, et aussi un nom commun seul, ce qui est impossible avec 往 wǎng.

approximation dans le temps → 左右 zuǒyòu, 前后 qiánhòu
- Le film commence **vers** 20 heures.
 电影八点左右开始。
 Diànyǐng bā diǎn **zuǒyòu** kāishǐ.
- Je rentre en France **vers** Noël.
 我圣诞节前后回法国。
 Wǒ Shèngdànjié **qiánhòu** huí Fǎguó.

approximation dans l'espace → 附近 fùjìn
- Li Baiqiu habite **vers** la gare.
 李白秋住在车站附近。
 Lǐ Báiqiū zhùzài chēzhàn **fùjìn**.

VOULOIR

forte envie → 要 yào
- Il **veut** acheter un nouveau téléphone portable.
 他要买一部新手机。
 Tā **yào** mǎi yī bù xīn shǒujī.

simple envie → 想 xiǎng
- Je t'invite à déjeuner, où **veux**-tu aller ?
 我中午请客，你想去哪儿吃？
 Wǒ zhōngwǔ qǐngkè, nǐ **xiǎng** qù nǎr chī?

Notez bien
要 yào et 想 xiǎng sont synonymes seulement dans les phrases affirmatives à la 1re et à la 3e personnes et dans les phrases interrogatives. La négation des phrases à la 1re et à la 3e personnes est 不想 bù xiǎng et non pas 不要 bù yào.
Je **ne veux pas** d'un nouveau téléphone portable, celui-ci fonctionne encore très bien.
我不想买新手机，这台还很好使。
Wǒ **bù xiǎng** mǎi xīn shǒujī, zhè tái hái hěn hǎoshǐ.

INDEX

A

(au) contraire p. 281
(un) peu (de) p. 312
à p. 99, 100, 264
a 啊 p. 150
āyā 啊呀 p. 150
accepter p. 265
accompagner p. 265
adverbes p. 104-110
adverbes de degré p. 111-112
âge p. 66, 184, 191
an p. 59, 232, 266
ànzhào 按照 p. 103
apprendre p. 266
après p. 78, 176, 267
arrêter p. 267
arriver p. 268
aspect de l'action réalisée p. 118
aspect de l'état prolongé p. 122, 291
aspect de l'expérience vécue p. 124
assez p. 268
aucun p. 269
aussi p. 163, 269
autant p. 270
autre p. 270
avant p. 78, 272
avec p. 100, 272
avis p. 273

B

ba 吧 p. 148, 150
bǎ 把 p. 56, 167, 169-172
bàn 半 p. 64
bèi 被 p. 166-168, 310
bǐ 比 p. 161, 306, 313
bié 别 p. 95, 109, 151, 268

bien p. 273
bìng 并 p. 175, 292
bù 不 p. 108
bùdàn... érqiě/hái/yě
不但,……而且/还/也 p. 176
bùguǎn... (háishi)... yě (dōu)
不管……(还是)……也（都）
p. 179, 308
bùguāng... érqiě/hái/yě
不光……而且/还/也 p. 176
bùguò 不过 p. 180, 303
bùjǐn... érqiě/hái/yě
不仅……而且/还/也 p. 176
bù shì... érshì...
不是……而是…… p. 180
bù shì... jiùshì...
不是……就是…… p. 117, 177

C

cái 才 p. 116, 176
céngjīng 曾经 p. 104, 124, 283, 301
chàbuduō 差不多 p. 65, 318
chàdiǎnr 差点儿 p. 295, 318
chance p. 274
chángcháng 常常 p. 105, 325
changer p. 275
chaque p. 275
chez p. 77, 276
chúfēi... cái... 除非……才……
p. 179
chúfēi... fǒuzé/bùrán/yàobù...
除非……否则/不然/要不
p. 179
chúle... yǐwài 除了……以外 p. 82, 103
cì 次 p. 56, 88, 298
classificateurs nominaux p. 56
classificateurs verbaux p. 88
combien? p. 66, 277
comme p. 277

commencer p. 278
complément de durée p. 141-143, 285, 315
complément de degré voir composé verbal d'appréciation
composé verbal d'obtention du résultat p. 132-135, 268, 316
composé verbal d'appréciation p. 126-128, 134-135
composé verbal directionnel p. 136-140, 291
composé verbal résultatif p. 129-131
comprendre p. 279
cóng 从 p. 99, 279, 283, 286, 309
connaître p. 280
construction shì... de 是……的 p. 173
continuer de p. 281
coverbes p. 99-103
croire p. 282

D

dàgài 大概 p. 65
dànshì 但是 p. 180, 304
dào 到 p. 99, 101, 129, 137, 264, 268, 283, 290, 303-304, 315
de p. 283
de 地 p. 106, 273
de 得 p. 126, 132, 134-135, 327
de 的 p. 73-75, 283
děi 得 p. 95, 287, 318
déjà p. 283
demander p. 284
démonstratifs p. 76-77
depuis p. 99, 285
dernier p. 285
dès p. 286
deux p. 62, 286
devoir p. 92-93, 95, 287
dì 第 p. 62, 63
dire p. 288

discuter p. 289
dōu 都 p. 68, 107, 110, 283, 328
duì 对 p. 99, 102, 265
duì... láishuō 对……来说 p. 103
duìyú 对于 p. 103, 315
duō 多 p. 65-67, 110, 151, 162, 165, 270, 277, 313
duōshao 多少 p. 66, 68, 277

E-F

effectivement p. 289
en p. 100, 122, 290, 291
encore p. 113-114, 291
ér 儿 p. 55
ér 而 p. 175, 180
et p. 292
être p. 90-91, 96, 293
être en train de p. 123, 293
façon p. 294
factitifs voir phrases à pivot
faillir p. 295
faire attention p. 296
fermer p. 296
finalement p. 297
finir p. 129, 298
fois p. 56, 88, 298
futur (expression du) p. 299

G-H

gagner p. 300
gāng(gāng) 刚（刚） p. 104, 303
gànmá 干吗 p. 67
gěi 给 p. 100, 102, 264, 315
gēn... yīyàng 跟……一样 p. 162, 270, 305
gēn 跟 p. 100, 102, 162, 265, 270, 272, 288
gèng 更 p. 161, 313
gēnjù 根据 p. 103, 322
guānyú 关于 p. 103
guo 过 p. 124-125, 137, 283

hái 还 p. 113, 161, 176, 291, 328
háishi 还是 p. 67, 148, 177, 308, 328
háiyào 还要 p. 161
hé 和 p. 55, 270, 272, 292
hěn 很 p. 96, 111-112, 151, 273,
heure p. 59, 301
huí 回 p. 137, 298
huì 会 p. 92, 94, 300, 318, 322
huòzhě 或者 p. 148, 177, 309

I-J

il faut p. 92, 296
indéfinis p. 68-69
interrogatifs p. 66-68
jamais p. 124-125, 301
jí 及 p. 55, 133, 292
jíle 极了 p. 131
jǐ 几 p. 67, 68, 277
jì... yòu... 既……又…… p. 175, 307
jiǎrú... nàme... 假如……那么…… p. 178
jiāngyào 将要 p. 104
jiào 叫 p. 152, 159, 168, 288, 309
jíshǐ... yě 即使……也 p. 181
jìrán... jiù/nàme... 既然……就/那么…… p. 178
jǐnguǎn ...dànshì 尽管……但是…… p. 181
jīngcháng 经常 p. 105, 325
jiù 就 p. 69, 115, 286
jiùshì...yě 就是……也…… p. 181
jiùyào 就要 p. 105, 300
jouer p. 302
juste p. 303

K-L

kěshì 可是 p. 181, 304
kěyǐ 可以 p. 92, 94, 268, 316-317
kuài 快 p. 105, 151, 300
kuàiyào 快要 p. 105, 300

le même p. 305
le 了 (aspect réalisé) p. 118-121, 155
le 了 (part.finale d'actualisation) p. 153-155, 121
lí 离 p. 100
lián... yě/dōu 连……也/都 p. 176, 304
locatifs p. 78-83, 314

M-N

ma 吗 p. 118, 124, 147
mais p. 180-181, 304
méiyǒu 没有 p. 85, 108, 164, 269, 306, 324
měi 每 p. 275, 310, 329
même p. 176, 304
men 们 p. 71
modaux voir verbes auxiliaires
moins p. 110, 151, 305
nǎ 哪 p. 67, 68
nà 那 p. 76
nǎli 哪里 p. 67
nàme 那么 p. 77, 151, 163-164, 269, 270, 327
nǎpà...yě... 哪怕……也…… p. 182
nǎr 哪儿 p. 68-69
nàyang 那样 p. 77, 164
ne 呢 p. 148, 151, 294
néng 能 p. 92, 94, 109, 268, 316, 317
ni p. 306
nìngkě... yě yào... 宁可……也要…… p. 177, 317
nombres p. 60-65
noms p. 52-55

O-P

o 哦 p. 150
objectif p. 307
on p. 70, 308
ordre des mots p. 144, 170

ou p. 308
par p. 309
particule finale d'actualisation
   了 *le* p. 153-155
passif p. 166, 309
penser p. 310
perdre p. 311
petit p. 312
phrase à pivot p. 159-160
phrase comparative p. 161-165
phrase d'existence p. 156-158
phrase en *ba* 把 p. 169-171
phrase exclamative p. 150-152
phrase interrogative p. 147-149
phrases complexes p. 175-182
plus (de) p. 80, 82, 313
points cardinaux p. 79, 314
politesse (marques de politesse)
   p. 72
pour p. 315
pouvoir p. 132, 316
préférer p. 317
préfixes p. 53
prépositions p. 99-103
presque p. 65, 318
probablement p. 318
pronoms personnels p. 70-72

Q-R

qián 前 p. 63, 79, 81, 272
qualificatifs p. 96-98
qualificatifs non verbaux p. 97
quand p. 319
què 却 p. 180, 303-304
raison p. 319
rán'ér 然而 p. 180, 304
ràng 让 p. 120, 152, 159, 168, 288, 309
rappeler p. 319
réalité p. 320
refuser p. 321

rencontrer p. 321
rénjia 人家 p. 71, 271
rúguǒ (dehuà), jiù 如果（的话），就
   p. 178, 324

S-T

savoir p. 322
selon p. 322
sens p. 323
sévère p. 323
shàngxià 上下 p. 65
shǎo 少 p. 110, 151, 305-306, 312
shéi 谁 p. 66, 68
shénme shíhou 什么时候 p. 66, 68, 319
shénme 什么 p. 66, 68
shènzhì 甚至 p. 176, 304
shǐ 使 p. 159
shì 是 p. 90-91, 156, 159, 293
si p. 178, 324
souhaiter p. 325
souvent p. 105, 325
spécificatifs voir classificateurs
suffixes p. 53
suīrán… kěshì/què/dànshì 虽然……
   可是/却/但是 p. 180
sûrement p. 326
surtout p. 326
tellement p. 327
thème p. 144
tì 替 p. 100, 315
tōng 通 p. 130
tóu 头 p. 54, 63, 79
toujours p. 327
tout, tous, toute, toutes p. 107, 328

U-V

utiliser p. 329
verbe + *shì* 是 + verbe p. 181
verbe-objet p. 85

Index ▸ Q-Z

verbes p. 84-89
verbes à double objet p. 86
verbes auxiliaires p. 92-95
verbes de posture p. 86, 122
verbes impersonnels p. 157
verbes qualificatifs p. 96-97
verbes subjectifs p. 87
vers p. 100, 329
vouloir p. 92, 95, 330

W-X

wǎng 往 p. 100, 315, 329
wǎngwǎng 往往 p. 105-106, 326
wèile 为了 p. 103, 182, 314
wèishénme 为什么 p. 67
wǒmen 我们 p. 70-71, 308
wú 无 p. 109
wù 勿 p. 109
wúlùn… (háishi)… dōu 无论……(还是)……都 p. 179, 308
xiàqu 下去 p. 139
xiān… ránhòu/zài/jiēzhe 先……然后/再/接着 p. 176
xiàng 像 p. 277
xiàng 向 p. 100, 265, 315, 330
xiē 些 p. 58

Y-Z

yào 要 p. 92, 95, 284, 287, 296, 330
yàome… 要么…… p. 177, 309
yàoshi… jiù 要是……就…… p. 178, 324
yě 也 p. 68, 108, 176, 269, 292
yī (fāng) miān… yī (fāng) miān… 一(方)面……一(方)面…… p. 175
yī… jiù… 一……就…… p. 176
yībiān… yībiān… 一边……一边…… p. 175, 290
yǐjí 以及 p. 292, 293
yǐjīng 已经 p. 104, 110, 124, 283

yīncǐ 因此 p. 178
yīn'ér 因而 p. 178
yīnwèi… suǒyǐ 因为……所以…… p. 177, 277
yīnggāi 应该 p. 92-93, 287, 296
yòng 用 p. 100, 273, 329
yóu 由 p. 100, 168
yǒu 有 p. 85, 156, 159
yòu 又 p. 113, 175, 292
yòu… yòu… 又……又…… p. 175
yóuyú… 由于…… p. 178, 288
yǔ 与 p. 55, 292
yǔqí… bùrú… 与其……不如/宁可 p. 177, 317
yuè… yuè… 越……越…… p. 165, 306, 313
yuèláiyuè… 越来越…… p. 165, 306, 313
zài 再 p. 114, 165, 291
zài 在 p. 100, 101, 123, 264, 290, 293-294
zánmen 咱们 p. 71, 308
zěnme 怎么 p. 67-68
zěnmeyàng 怎么样 p. 67-68
zhè 这 p. 76
zhe 着 p. 122-123, 157, 291
zhème 这么 p. 77, 151, 163-164, 270, 324
zhèyang 这样 p. 77, 164, 269, 327
zhèngzài 正在 p. 123, 294
zhī suǒyǐ… shì yīnwèi… 之所以……是因为…… p 178
zhǐ 只 p. 107, 303
zhǐshì 只是 p. 180-181, 303-304
zhǐyào 只要 p. 179
zhǐyǒu 只有 p. 179, 325
zhìyú 至于 p. 103
zhōngjiān 中间 p. 80
zuì 最 p. 162, 313
zuǒyòu 左右 p. 65, 330
zuò 坐 p. 100, 290

335

Cet ouvrage est composé
en Meta Pro et 黑体 (Adobe Heiti) pour les titres,
Meta Pro pour le texte d'explication,
Schneidler et 楷体 (ST Kaiti) pour les exemples,
Stone Sans pour les lexiques
et Tarzana pour les notes

Hatier s'engage pour
l'environnement en réduisant
l'empreinte carbone de ses livres.
Celle de cet exemplaire est de :
1.1 kg éq. CO$_2$
Rendez-vous sur
www.hatier-durable.fr

Achevé d'imprimer par Rotolito Lombarda à Pioltello en Italie
dépôt légal : 97888-3/01 - Juin 2014